Ute Tietje

Cowboy- und Ranchküche des mittleren Südwestens

BUFFALO VERLAG

Cowboy- und Ranchküche des mittleren Südwestens

ISBN 978-3-9468600-3-7

27283 Verden/Aller – Auf der Höhe 10
www.buffalo-verlag.de

Autor: Ute Tietje
Cover Layout: Nils Heise
Lektorat: Daniela Mertens
Grafiken: Ute Tietje
Fotos: Ute Tietje

Weitere Fotos und Abbildungen → Bilderverzeichnis

Inhalt

Schmackhafte Mahlzeiten

stellten in der Wildnis

des alten Westens

oft den einzigen Luxus dar

Vorwort

Die Cowboy- und Ranch-Küche hat viele Facetten, je nachdem wo, wann und für wen welches Gericht zubereitet wurde. Die fast immer schmackhaften Mahlzeiten ließen sich zudem meist einfach zubereiten, da das rustikale Leben nicht viel Raum und Zeit für raffinierte Spielereien beim Kochen ließ. Außer zu bestimmten Anlässen, zu denen es teilweise recht arbeits- und zeitaufwändige Gerichte gab, überwog eine dem Alltag angepasste, unkomplizierte Küche.

Nicht nur die Rezepte dieses Buches stammen größtenteils aus Pionierzeiten, sondern auch etliche Fotos, die Einblick in das damalige Leben geben. Das Buch ist eine kulinarische Reise zurück in die Vergangenheit dreier Staaten des mittleren Südwestens: Texas, Oklahoma und New Mexiko. Dazu gehören nicht nur die historischen Hintergründe, sondern ebenso die Lebensart der Pioniere. Denn diese drei Staaten haben nicht nur eine unterschiedliche Entwicklungs- und Besiedlungsgeschichte, sondern die geografischen Gegebenheiten und Klimazonen differieren ebenfalls, manchmal sogar innerhalb eines Staates. Vom Norden mit kalten Wintern über eine trockene, heiße Region bis hin zu einer tropischen Landschaft mit üppiger Vegetation im Süden.

Die Essgewohnheiten, die die Einwanderer aus der Alten Welt mit in ihr neues Heimatland brachten, passten sie notwendigerweise den jeweiligen Lebensbedingungen an, insbesondere im Hinblick auf die örtlich vorhandenen Lebensmittel. Sie lernten, ihnen fremde Nahrungsmittel anzubauen, und übernahmen etliche Gerichte mit ihnen teilweise unbekannten Zutaten von dortigen Bewohnern. In Texas und New Mexico ist der geschichtlich bedingte mexikanische Einfluss insbesondere bei den Gewürzen deutlich spürbar. In Ost-Texas etablierten sich nach dem Bürgerkrieg zudem auch einige Gerichte aus dem Französisch geprägten Louisiana.

Die Zutaten der Mahlzeiten wurden häufig nicht nur von der Jahreszeit bestimmt, die jeweilige Vegetationszone spielte eine ebenso große Rolle. Manchmal eingeschränkte Vorräte erforderten zudem beim Kochen oft viel Kreativität und Flexibilität, insbesondere ohne umfangreiches Küchenequipment. Viele Rezepte wurden auch nicht aus der Situation „man nehme“, sondern „man hat zur Verfügung“ geboren. Man lernte, mit dem auszukommen, was da war, und notfalls Nichtvorhandenes durch etwas anderes zu ersetzen. So hat sich eine vielfältige, praktikable Küche entwickelt, den jeweiligen örtlichen Gegebenheiten und erreichbaren Lebensmitteln angepasst.

Nach diesen altbewährten und meist mündlich in den Familien und von den Köchen an ihre Nachfolger weitergegebenen Rezepten bereiten deren Nachkommen noch heute gerne ihre Mahlzeiten zu. Nicht nur zu Hause oder wenn Familie und Freunde zu Besuch kommen, sondern auch bei kürzeren oder längeren Aufenthalten in der freien Natur, die einen hohen Stellenwert genießen.

Ursprung der Rezepte

Seit 1991 bereise ich insbesondere die südwestlichen Bundesstaaten der USA sowie auch viele andere, beruflich bedingt manchmal sogar mehrmals im Jahr. Auf diesen Reisen habe ich unendlich viele freundliche und aufgeschlossene Menschen getroffen. Die Rezepte habe ich im Zeitraum von 1991 bis 2018 gesammelt.

Ich hatte das Privileg, Gast auf vielen der großen, aber auch kleineren Ranches sein zu dürfen. Ebenso genoss ich die Gastfreundschaft und Herzlichkeit vieler anderer Menschen in Texas, Oklahoma und New Mexico. Es war oft eine lebendige Reise in die Vergangenheit, deren Abende sehr lang werden konnten.

Ich habe die Augen insbesondere vieler älterer Menschen leuchten sehen, wenn sie begeistert von der Pionierzeit berichteten, auch wenn die nicht immer sehr friedlich gewesen war und manches Opfer gefordert hatte.

Menschen, die noch aus dem Mund der Eltern oder Großeltern von den abenteuerlichen Geschehnissen und Schicksalen erfuhren. Sie waren ihren Vorfahren sehr dankbar dafür, dass diese ihnen durch ihren damaligen Mut und ihre Entschlossenheit gezeigt hatten, wie man schwierigen und auch mageren Zeiten trotzt.

Darunter pensionierte Cowboys, deren Väter und Großväter auf der gleichen Ranch wie sie gearbeitet hatten und damals noch bei Cattle-Drives mitgeritten waren. Oder sogar Quanah Parker und andere bedeutende Häuptlinge gekannt hatten.

Ich sprach mit Männern und Frauen, die in dritter oder vierter Generation ein kleines Familienrestaurant führten und mit gestandenen Rancherfrauen, die nach den Rezepten ihrer Groß- und Urgroßmütter kochten. Voller Stolz auf die Küche ihrer Vorfahren gaben sie mir gerne ihre Familienrezepte für meine Projekte.

Abseits der Highways findet man Orte, in denen die Zeit stehen geblieben zu sein scheint, ständen dort nicht die großen Pick-ups anstatt der Kutschen und Pferde. Viele kleine Orte sind jedoch inzwischen fast zu Geisterstädten mit zerfallenden Häusern geworden, da die jungen Leute mangels Arbeit abgewandert sind. Städte, die ehemals durch Rinder-Trails, Öl oder Baumwolle groß geworden waren. Doch der alte Pioniergeist ist draußen, abseits der großen Städte immer noch deutlich zu spüren. Sei es im Umgang mit Freunden, Nachbarn oder Fremden. Zusammenhalt, Hilfsbereitschaft, Gastfreundschaft, aber ebenso Wehrhaftigkeit, wenn es gilt, Familie oder Eigentum zu schützen, prägen das Zusammenleben.

Hält man auf einer abgelegenen Straße an, um ein Foto zu schießen oder um die

Landschaft zu genießen und den Geräuschen der Natur zu lauschen, stoppt sofort der nächste Wagen und sein Insasse fragt, ob er helfen könne. Auch aus solchen Begegnungen ergaben sich manchmal spontane Einladungen.

Meine bevorzugten Restaurants auf Reisen sind die, in denen sich die Einheimischen gerne zum Frühstück treffen – daran zu erkennen, dass viele Pick-ups davor parken, oft auch der Wagen des Sheriffs. Man frühstückt gerne im Restaurant, um auf dem Weg zur Arbeit Nachbarn zu treffen und Neuigkeiten auszutauschen. Ist es voll, wird man als Single von der netten Kellnerin manchmal an einen nicht voll besetzten Tisch geleitet. Schnell kommt man hier ins Gespräch, da die Leute gerne wissen wollen, was einen hergeführt hat. Mehr als einmal wurde ich anschließend zum Lunch, Dinner (damit war eine einfache Mahlzeit gemeint) oder auch zum BBQ eingeladen, wenn sie mein Interesse an der Landesgeschichte bemerkten. Gab es kein Motel im Ort, bot mir der jeweilige Gastgeber gelegentlich sogar sein Gästezimmer an. Ganz so, wie es dem alten Pioniergeist entsprach.

Auf den kleineren Ranches fühlte man sich bei den Mahlzeiten wie ein Teil der Familie. Es mag kitschig klingen, aber es war fast so wie in den bekannten historischen Serien, auch wenn Haushaltsgeräte und die Technik natürlich meist moderner Art sind. Einige der Ranches existieren heute leider nicht mehr. Sie wurden meist von größeren geschluckt. Häufig war Verschuldung der Grund. Oder die Kinder hatten nach dem Tod der Eltern kein Interesse an der Ranch.

Manchmal wurde ich in abgelegenen Gegenden von den Besitzern des Motels, deren einziger Gast ich war, zum Abendessen eingeladen, da sie sich freuten, einen ausländischen Besucher zu haben. Diese Motels waren meist recht alt und das Mobiliar stammte häufig aus den 50er oder 60er Jahren.

In den Camp-Grounds der Naturparks boten mir häufig Camper von den Nebenplätzen, die mit der gesamten Familie angereist waren, etwas von ihren im Dutch-Oven oder auf dem Grill zubereiteten Mahlzeiten an. Manchmal luden sie mich auch an ihr Lagerfeuer ein, da sie sahen, dass ich alleine dort war.

In kleineren Orten schließen die meist familiengeführten Restaurants häufig spätestens um 21.00 Uhr. Dort setzte sich abends manchmal, wenn alle anderen Gäste gegangen waren, der Besitzer oder die Besitzerin zu mir und verriet mir nicht nur alte Familienrezepte, sondern erzählte mir von der Historie des Ortes. Dazu durfte ich kleine Häppchen verschiedener Pasteten oder anderer kalt servierter Speisen kosten und mir wurde Bier oder Wein aus privaten Beständen angeboten. Vorher wurde jedoch das „Closed-Schild“ an den Eingang gehängt, denn der offizielle Ausschank war verboten, da die kleinen Restaurants keine teure Alkohol-Lizenz besitzen.

Viele dieser kleinen von mir besuchten Familien-Restaurants gibt es heute nicht mehr. Hinweggefegt vom Bauboom mit gut zahlenden Investoren der sich immer weiter ausbreitenden Städte. Dort, wo das Restaurant einmal gestanden hatte, ragt heute ein Hotel, eine Bank oder eine luxuriöse Apartmentanlage in den Himmel. Manchmal war der gebotene Grundstückspreis so hoch, dass sich der Besitzer damit seinen Lebensabend sorgenfrei finanzieren konnte. Oder er war gestorben und seine Erben hatten teuer verkaufen können. Doch auch in ländlichen Regionen war bei einem späteren Besuch anstelle des Restaurants manchmal nur noch ein zerfallendes Gebäude zu finden, weil der Besitzer gestorben war und seine Erben kein Interesse hatten. Zumal die Grundstücke weiter draußen in kleinen Ortschaften kaum etwas wert sind.

Natürlich kann ich mich nicht bei jedem der vielen Gerichte erinnern, wo ich es von wem bekommen habe. Und nicht immer erzählte man mir die Story dazu. Dennoch sind alle mit vielen Erinnerungen an meine Reisen verbunden.

Die Gerichte habe ich nach Personen benannt, die so freundlich waren, sie mir zu geben, oder nach Orten, an denen ich über sie stolperte. Manchmal habe ich den Namen von der Speisekarte oder den mir genannten übernommen. Deshalb sind die Namen manchmal in Deutsch, manchmal in Englisch. Es sind keine Rezepte von hochstilisierten Gourmetköchen, sondern von bodenständigen Menschen. Daher wird bei der Zubereitung eine einfache, verständliche Sprache verwendet.

Die Rezepte sollen dazu ermuntern, die Gerichte durchaus nach eigenem Gusto abzuwandeln, so wie es die Pioniere taten, wenn etwas nicht ganz dem eigenen Geschmack entsprach oder die eine oder andere Zutat nicht zur Verfügung stand. So ist es noch heute auf abgelegenen Ranches üblich, wo man nur einmal die Woche einen Großeinkauf tätigt. Hat man etwas vergessen, muss man improvisieren.

Ich erfuhr natürlich auch von für uns ungewöhnlichen Gerichten und aß manche sogar. Rezepte dafür sind jedoch nicht im Buch zu finden, da die Tiere entweder nicht in Deutschland leben oder hier zum Verzehr bejagt werden. Dazu gehören: Bisamratte (Muskrat), Beutelratte (Opossum), Stinktier (Skunk), Hörnchen (Squirrel), Erdhörnchen (Prairie Dog), Stachelschwein (Porcupine), Schildkröte (Turtle), Waschbär (Raccoon) oder Klapperschlange (Rattlesnake), sowie einige weitere. Die Tiere werden entweder gebraten oder dienen als Fleischeinlage in einem Eintopf.

Wer je im Südwesten unterwegs war, kennt den würzigen Geruch am Abend, wenn Feuer und Grills fürs BBQ angezündet werden. Während in Texas häufig der Mesquite-Geruch wahrzunehmen ist, überwiegt in anderen Staaten des Südwestens der Geruch von Hickory-Feuer. BBQ ist ein seit den Pionierzeiten nicht wegzudenkender Bestandteil des gesellschaftlichen Lebens im Südwesten. Die oft weit entfernt wohnenden Nachbarn trafen sich auf einer Ranch oder im Zentrum ihrer Gemeinde und verbrachten den Nachmittag, den ganzen Tag oder auch den Abend gemeinsam. Dabei wurden riesige Fleischstücke oder ganze Tiere über großen Holzscheiten gegart. Eine BBQ-Einladung bedeutet daher nichts anderes, als dass die gesamte Veranstaltung, ebenso wie die Essenszubereitung über Feuer, im Freien stattfindet, sagt aber nichts über die Garmethode.

Beim BBQ ist rustikale Schlichtheit angesagt und es kommt neben der Fleischqualität besonders auf Aroma und Würze an. Hier greifen die Gastgeber gerne zu ihren alten Familienrezepten, sei es beim Aromatisieren und Würzen des Grillgutes oder auch bei der Zubereitung der vielfältigen Beilagen.

Für Liebhaber des rauchigen Grillgeschmacks gibt es zur Aromatisierung des Grillguts je nach Grill verschiedene Methoden. Im Südwesten werden Mesquite, Hickory und Eiche als Aroma bevorzugt, allerdings befindet man sich dort auch direkt an der Quelle, sodass teilweise auf Holzscheiten dieser Bäume gegrillt wird. In Europa kann man spezielle Holzspäne bzw. Chips aus Mesquite und Hickory oder solche, die aus dem Eichenholz alter Lagerfässer für Whiskey hergestellt werden, verwenden. Sie sind in einigen Spezial-Geschäften oder Online-Shops zu beziehen.

Sie werden meist 30 Minuten in Bier oder Wasser getränkt und seitlich im Grill entweder in einer Smoker-Box oder eingewickelt in eine angestochene Folie platziert. Dazu muss der Grill auf höchste Stufe gestellt sein. Beginnt das Holz zu räuchern, wird die Temperatur auf normale Grilltemperatur heruntergestellt. Beim Kohlegrill kann man die Chips oder Holzspäne kurz vor Auflegen des Fleisches auf die Kohlen geben. Bei geschlossener Haube verteilt sich der Rauch im gesamten Grill.

Historischer Hintergrund Texas

Wer an Texas oder Tejas (indianisch: Freunde, Freundschaft) denkt, sieht vor seinem geistigen Auge Cowboys, Rinderherden und Ölpumpen. Texas ist ein Land mit einer jungen, abenteuerlichen Geschichte und Ranches mit Ausmaßen größer als manche Bundesländer Deutschlands.

Bereits früh entstanden Ortschaften und vor allem Missionen im heutigen Staatsgebiet von Texas, gegründet von den spanischen Eroberern. So 1621 die Stadt Corpus Christi de la Isleta und 1681 eine Missionsstation bei El Paso. San Antonio erhielt seinen Namen zwar schon 1691, wurde jedoch erst 1718 gegründet. In unmittelbarer Nähe entstanden drei Missionen. Diese sowie die kleine Mission San Francisco de la Espada von 1690 gehören zum Weltkulturerbe. Darunter auch die 1718 erbaute Mission San Antonio de Valero, die später ausgebaut zu Fort Alamo, als „The Alamo" in die Geschichte einging.

1821 wird Texas Teil des von Spanien unabhängig gewordenen Mexikos, welches, um das riesige Land urbar zu machen, großzügig Land an jeden vergab, der es bebauen wollte. 1823 erhielt Stephen F. Austin (1793–1836) die Genehmigung Mexikos, 300 Familien, denen noch tausende folgen sollten, am Brazos River anzusiedeln, und gründete die Stadt San Felipe de Austín.

Ein Versuch der USA, 1825 das Land östlich des Rio Grande für 1 Million Dollar zu kaufen, schlug fehl. 1832 übernahm General Antonio López de Santa Anna (1794–1876) als Diktator von Mexiko die Regierung und erlaubte in Texas nur noch Besiedlung durch Mexikaner. Denn inzwischen befanden sich nur 7.800 Mexikaner, aber fast 30.000 amerikanische Siedler in Texas. Die steigende Zahl der Neuankömmlinge führte zu großen Spannungen, denn unterschiedlichste Mentalitäten prallten aufeinander: traditionsverhaftete, häufig protestantische Neusiedler und katholische, lebensfreudige Mexikaner.

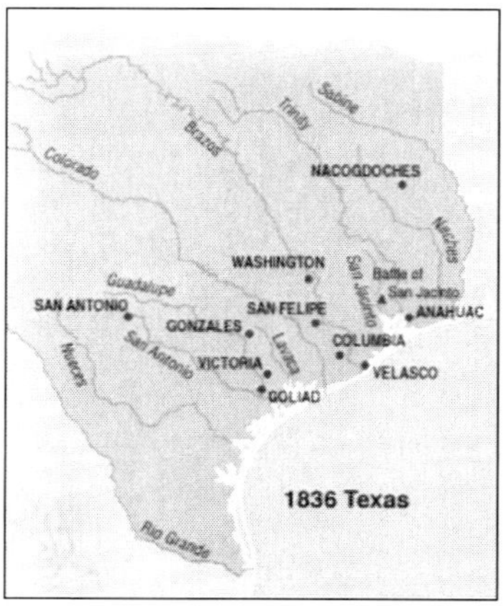

1833 reiste Austin mit einer Bittschrift für seine Siedler nach Mexiko, wurde dort inhaftiert und kehrte 1835 als kranker Mann zurück. Es kam zur offenen Rebellion der Kolonisten gegen Mexiko, die Santa Anna mit einer Truppenentsendung beantwortete. Am 2.10.1835 begann mit dem Gefecht von Gonzales der Texanische Unabhängigkeitskrieg. Am 7. November bildete sich die erste provisorische Regierung von Texas und nahm unter Austin als Kommandeur am 9.12.1835 San Antonio ein. Dem folgte am 20. Dezember in Goliad die erste Unabhängigkeitserklärung.

Santa Anna setzte daraufhin eine Armee mit 7.000 Mann nach Texas in Bewegung, nahm unter anderem die Hauptstadt San Felipe de Austín ein und erreichte am 23.2.1836 San Antonio. Dort hatten sich rund 180 Freiwillige im Fort Alamo verschanzt, um die ihnen gegenüberstehenden 1.400 Mexikaner aufzuhalten.

Vertrauend auf den Beistand der Vereinigten Staaten sagte sich Texas von Mexiko los und rief am 2.3.1836 die Republik Texas aus. Am 6.3.1836 wurde „The Alamo" nach 13-tägiger Belagerung von den Mexikanern eingenommen. Alle Verteidiger kamen dabei ums Leben, darunter Jim Bowie, David Crockett und William B. Travis. Die Schlacht um den Alamo, eine der bekanntesten in der Geschichte Amerikas, wurde allgemein ein Symbol für den Freiheitskampf. Mit dem Schlachtruf „Remember The Alamo!" gewann General Sam Houston mit 800 Mann am 21. April die kriegsentscheidende Schlacht am San Jacinto River. Am 14.5.1836 erkannte der dort festgenommene mexikanische Präsident General Santa Anna die texanische Unabhängigkeit in den Verträgen von Velasco an.

Texas wurde unabhängige Republik mit Sam Houston als erstem Präsidenten.

Der mexikanische Kongress weigerte sich jedoch, den Vertrag und damit die Existenz der Republik Texas anzuerkennen, sodass Feindseligkeiten und mexikanische Übergriffe andauerten. Dies und fortwährende Indianerüberfälle hatten die junge Republik so geschwächt, dass Texas am 29.12.1845 als der 28. Staat den USA beitrat. Nach dem daraus folgenden Krieg (1846–1848) musste Mexiko nicht nur auf Texas, dessen Grenze nun wunschgemäß am Rio Grande verlief, verzichten, sondern auch auf Kalifornien und die Nuevo Méjico genannten Gebiete, die sich im Norden bis zur Grenze Oregons erstreckten. →*Karten 1834 + 1854 – S. 16*

1850 lebten 200.000 Einwanderer, davon 20 % Deutsche, in Texas. Im Sezessionskrieg (1861–1865) gehörte Texas zur Südstaaten-Konföderation und versorgte sich und die Konföderation mit Rindfleisch von seinen Ranches und mit Waren, die aus oder über Mexiko eingeführt wurden.

1876 wurde Texas jedoch wieder ein Bundesstaat der Union.

Die Anfänge der Viehzucht in Texas werden auf ca. 1830 datiert. Die Rancher übernahmen die Methoden der nordmexikanischen Vaqueros, das heißt, die Rinder konnten auf jedem öffentlichen Land grasen. Die Zeit der „Open Range“ begann. Verstreuten sich die Rinder zu weit, warben die Rancher Cowboys an, die ihnen halfen, die Tiere wieder zusammenzutreiben. Der Aufstieg der Viehzucht begann ab 1860, entwickelte sich jedoch erst nach dem Bürgerkrieg zu einem wichtigen Wirtschaftszweig. Nach Auflösung der texanischen Regimenter kehrten die Rancher auf ihre Ranches zurück. Sie stellten fest, dass sich ihre Viehherden während ihrer Abwesenheit – frei über die „Graslands“ wandernd – vielfach vermehrt hatten. Ungefähr 5 Millionen Rinder, die niemandem gehörten und kein Brandzeichen trugen, zogen durch das Land. Der Nachkriegsmarkt in Louisiana konnte nur einen geringen Teil dieser Mengen vertragen, da der Süden ausgeblutet war und die Hauptschlachthäuser in St. Louis und Chicago unerreichbar weit entfernt lagen.

1868 baute die Kansas Pacific Company eine Eisenbahnlinie zu einer kleinen Stadt namens Abilene in Kansas, deren Bau für die Rancher die Lösung ihres Problems war. Die bis dahin wertlosen Longhorns, sie kosteten nur 2 $ das Stück, erzielten auf den Märkten des Nordens und Ostens jedoch 20 bis 40 $. Das veranlasste die Rancher, die Herden zusammenzutreiben und sie mit ihren eigenen Brandzeichen zu versehen, um sie anschließend über tausend Meilen und mehr zu den nördlich gelegenen Cowtowns mit Eisenbahnanschluss zu treiben.

Eine der ersten Longhorn-Trailrouten war der Shawnee-Trail, auch Sedalia-Trail genannt. Startpunkt der etwa 1.500 Kilometer langen Strecke war die Region am Nueces River südlich von San Antonio und sie endete in Sedalia/Missouri. Es handelte sich ursprünglich dabei um eine Route von Emigranten, die ab 1840 von

Osten in Richtung Südwesten zogen. Ab 1853 begannen Schwierigkeiten, als gesund wirkende Longhorns beim Durchziehen die dort lebenden Rinder mit der später „Texas Fever“ genannten Krankheit infizierten und diese daran starben. Entsprechende Gesetze, denen sich bis 1867 sechs Staaten anschlossen, wurden erlassen. Da sie den Viehtrieb quasi unmöglich machten, sahen sich die texanischen Viehzüchter gezwungen, andere Routen zu finden.
Der „Chisholm Trail“ (1867–1880), mehr als 1.200 Kilometer lang und eine der bekanntesten Trailrouten, zog sich fast von der mexikanischen Grenze durch San Antonio bis nach Abilene oder Ellsworth in Kansas.
Der „Goodnight Loving Trail“ (1866 bis in die 80er) wurde nach den Rinderzüchtern Charles Goodnight und Oliver Loving, die ihre erste gemeinsame Longhorn-Herde 1866 entlang dieser Route getrieben hatten, benannt. Goodnight war ehemaliger Texas Ranger sowie ein bekannter Scout, der auch gegen die Comanche gekämpft hatte. Der Trail begann am Brazos River und führte über San Angelo/TX, Carlsbad/NM und anschließend am Rio Pecos entlang nach Fort Sumner/NM. Dann zur Grenze über den Raton Pass über Pueblo nach Denver/CO und weiter in den Norden. Auf dieser Route streifte er die berüchtigten Staked Plains (Llano Estacado) nur an der Westseite. Eine extrem trockene baum- und strauchlose Grasebene – größer als Bayern – deren wenige Wasserlöcher fast ausschließlich den Indianern bekannt waren. Ab 1870 konnten die Rinder bereits in Denver auf die Bahn verladen werden. 1876 erreichte der erste Zug aus Kansas die südlich von Denver gelegene Stadt Pueblo.

Der weniger bekannte „Western Trail“ (1874 bis in die 90er) erstreckte sich von San Antonio bis nach Dodge City. In dieser Zeit hatten die Texas Rangers, die 1823 von Stephen F. Austin gegründet und am 24.11.1835 von der texanischen Regierung offiziell anerkannt wurden, Hochkonjunktur. Denn Banditen, Viehdiebe und über den Rio Grande kommende Pistoleros machten das Land unsicher. Die Texas Rangers wurden ursprünglich gegründet, um die Siedler vor Grenzbanditen und Indianerüberfällen zu schützen.
Anfang des 19. Jahrhunderts lebten in Texas Comanche, Apache, Kiowa, Tonkawa, Lenni Lenape (Delaware), Karankawa, Caddo, Wichita sowie Cherokee. Einige Stämme hassten sich abgrundtief, führten Krieg gegeneinander und raubten sich gegenseitig bei Überfällen Pferde, Frauen und Kinder. Durch den ständig wachsenden Strom der Neuankömmlinge, die sich auf ihrem Land niederließen, fühlten sich die Indianer in ihrer Lebensweise bedroht. Ebenso wie durch die Siedlertrecks, die durch ihr Land in Richtung Westen zogen.

Schnell stellten einige Stämme fest, dass die Siedler, völlig überrascht von den hier lebenden Indianern, leichte Beute waren. In kriegerischen Banden überfielen sie kleinere Siedlungen, Ranches und Farmen und entdeckten den lukrativen Handel mit Geiseln sowie geraubten Vieh- und Pferdeherden. Trotz etlicher Strafexpeditionen dauerten die Indianerfälle an. Obwohl nicht alle Stämme sich kriegerisch zeigten, war die Folge eine konsequente Vertreibungspolitik gegen alle Indianer.

1874–1875 fand der letzte Indianerkrieg, Red River War genannt, auf texanischem Boden statt. Mitglieder der Comanche, Kiowa und Cheyenne flohen im Frühjahr 1874 wegen unhaltbarer Zustände, vor allem wegen fehlender Lebensmittel, aus den Reservaten in Oklahoma. Sie zogen sich in den Palo Duro Canyon in Texas zurück, errichteten dort ihr Lager und lebten wie in alter Zeit.

50 Kompanien wurden in Bewegung gesetzt, um sie zu besiegen. Die Armee überraschte die Indianer Ende September 1874 im Canyon, erbeutete alle Pferde der Kiowa und Comanche und erschoss etwa 1.000 Tiere. Den meisten Cheyenne gelang es, mit ihren Pferden zu fliehen. Viele der Kiowa und Comanche kehrten resigniert in die Reservation zurück. Die Cheyenne und einige Kiowa- und Comanche-Gruppen flüchteten in die Plains, obwohl es problematisch war, dort mit Frauen und Kindern zu überwintern.

Ein neuer Feldzug 1875 trieb die letzten freien Kiowa und Cheyenne im Frühjahr zurück in die Reservate nach Oklahoma. Im Juni 1875 ergaben sich auch die Comanche unter Führung des legendären Häuptlings Quanah Parker. Zu dieser Zeit wurde eine der letzten großen Bisonherden in den südlichen Plains gesehen.

1879 war die Zeit der „Open Range“ vorbei, als die „Homesteaders“, die neuen Siedler, ihre Felder mit Stacheldraht einzäunten oder ihre Schafe einpferchten. Zunächst zerschnitten die Rinderbarone die Drähte, doch schon bald zäunten auch sie ihr Land ein. 1884 wurde per Gesetz verboten, Zäune durchzuschneiden.

Ab 1901 gab es erste Ölfunde in Texas, jedoch waren in ganz Amerika erst 9.000 Autos registriert, sodass noch kein großer Bedarf vorhanden war.

1930 brachte die Depression die Wirtschaft zum Erliegen. In den frühen 1930er Jahren herrschte dann auch noch eine langjährige Dürre und damit eine fast zehn Jahre andauernde, als Dustbowl bekannte Katastrophe. Verursacht dadurch, dass alleine in den Southern Plains bis 1931 die bis dahin brachliegende, mit Büffelgras bewachsene Steppe von mehr als der Größe des Bundesstaats Ohio in Ackerland verwandelt worden war. Der stetige Wind der Plains verwehte den erodierten Boden in riesigen Staubstürmen kilometerweit durch das ganze Land, vernichtete die Ernten, ließ die Tiere verenden und bedeckte den Boden manchmal mit einer meterhohen Sandschicht. Die Menschen, vor allem Kinder, litten unter Staublungen. Besonders betroffen waren der Nordwesten von Texas, der Nordosten von New Mexico sowie südliche Teile von Colorado und Kansas.

Die Depression und die Dürreperioden, die das Vieh zu tausenden verdursten ließen, zwangen viele Rancher und Farmer der betroffenen Regionen aufzugeben und billig zu verkaufen. Andere hatten Glück und konnten durch große Ölfunde auf ihrem Land überleben. Aus den verarmenden Rinderbaronen wurden reiche Ölbarone. Einige der ganz großen historischen Ranches sind noch im ursprünglichen Familienbesitz, andere aufgrund der vielen Nachkommen, die Erbansprüche stellten, zersplittert oder verkauft.

Die organisierte deutsche Einwanderung ab 1834 mit Hauptsiedlungsgebiet in Zentral-Texas und der Gründung von Städten hat den Staat nicht unwesentlich mitgeprägt. Noch heute werden an vielen Orten Wurstfeste und Oktoberfeste gefeiert. Nicht um die Deutschen nachzuahmen, sondern aus der Tradition der Vorfahren heraus.

Ebenso ist der Einfluss der spanisch-mexikanischen Epoche im südwestlichen Teil von Texas bis heute deutlich spürbar. Seien es die mexikanische Küche oder die mexikanisch geprägten Bauten und Ruinen. In manchen Regionen wie dem Rio Grande Valley kann man sich auch heute eher in Spanisch als in Englisch verständlich machen und zwischen Laredo und Brownsville findet man mexikanische Fiestas aller Art, wie sie typischer selbst in Mexiko nicht sein könnten.

Historischer Hintergrund Oklahoma

Oklahoma bedeutet so viel wie „Das Land der roten Menschen“ und stammt aus der Choctaw-Sprache. Innerhalb der Vereinigten Staaten nahm Oklahoma, dessen natürliche Grenze zu Texas der Red River ist, lange eine Sonderstellung ein. Das Gebiet fiel im Rahmen des Louisiana Purchase 1803, bei dem US-Präsident Thomas Jefferson dem französischen Kaiser Napoleon ein sehr großes Gebiet zwischen Mississippi und den Rocky Mountains abkaufte, an die USA. Da man keinen großen Wert in diesem Gebiet sah, wurden zwischen 1817 und 1830 etwa 50.000

Indianer der Stämme Muskogee, Seminolen, Cherokee, Choctaw und Chickasaw (die „Fünf zivilisierten Nationen“) aus den östlicheren Staaten dorthin zwangsumgesiedelt. Man brauchte Platz für die schnell expandierende Besiedlung und die damit verbundene Landwirtschaft. Eine Umsiedlung, die als „Trail of Tears“ in die Geschichte einging. Ihnen sollten weitere Stämme aus dem Süden, Westen und Norden folgen.

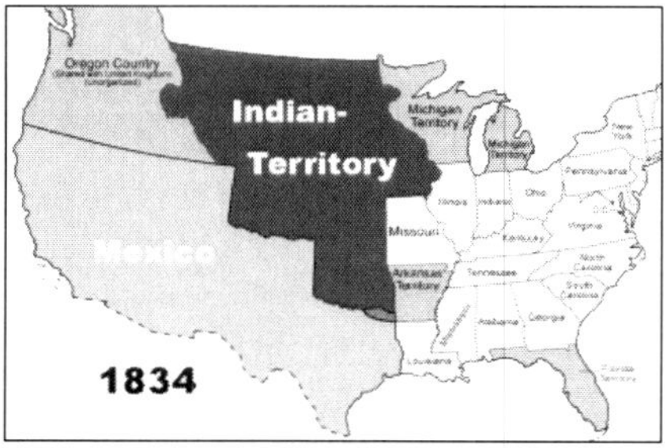

Ziel war die Gründung eines dauerhaften Indianer-Territoriums, das ihnen per Indianer-Umsiedlungs-Gesetz von 1830 den Besitz garantierte, „solange das Gras wächst und solange das Wasser fließt“. 1834 erklärte der Kongress der Vereinigten Staaten das Gebiet, welches sich bis zur kanadischen Grenze hochzog, mit dem Indian Trade and Intercourse Act zum Indian-Territory.

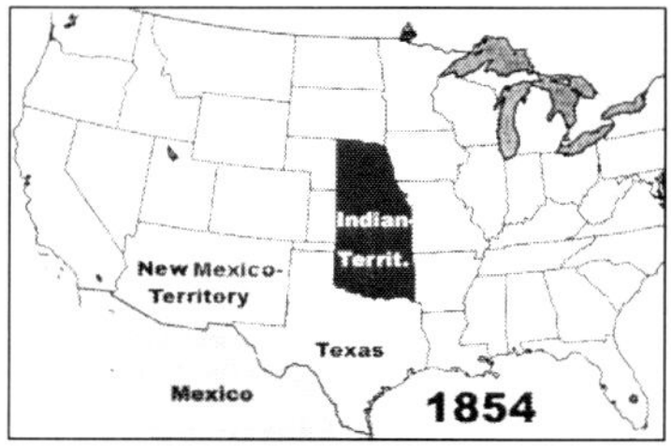

1854 gehörten nur noch die Hälfte von Nebraska und Kansas sowie Oklahoma zum Indian-Territory. Die Idee des Indian-Territory wurde jedoch endgültig zunichte gemacht, als ab 1860 die Erschließung des Westens durch den Eisenbahn-Bau vorangetrieben wurde. Auf den gesamten Plains und auch im Indian-Territory wurden die Bisons, die Nahrungsgrundlage der Indianer, durch professionelle Bisonjäger bis 1865 fast ausgerottet. Die letzten freien Jäger mussten sich der Militärgewalt beugen und wurden nach der Vereinbarung von Medicine Lodge/Kansas 1867 in Reservate im Indian Territory umgesiedelt.

Die ehemals frei umherziehenden Ureinwohner Nordamerikas fanden sich in Reservate eingepfercht wieder, wo man erwartete, dass sie ab sofort Landwirtschaft betreiben würden. Zu den von der Regierung festgesetzten Rationen gehörten Pökelfleisch, Weizenmehl, Zucker, Salz und Alttextilien. Weizenmehl war allerdings ein Novum für die meisten Indianer. Korrupte Indianeragenten verkauften teilweise die Lebensmittel, das Saatgut sowie auch Wolldecken und Bekleidung privat, anstatt sie an die in den Reservaten dahinvegetierenden Bewohner weiter zu geben.

Wer sich nicht im zugewiesenen Reservat aufhielt, weil sich zum Beispiel jagdbare Tiere außerhalb der Reservats-Grenze befanden, wurde gnadenlos von der Armee gejagt und bestraft. Diese menschenunwürdigen Zustände in den Reservaten veranlassten die Mitglieder einiger Stämme im Frühjahr 1874 auszubrechen. → *Texas*

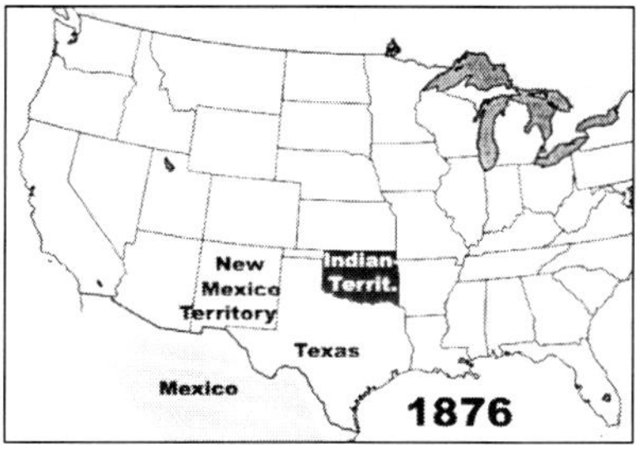

1876 mit der Aufnahme von Kansas und Nebraska in die Union wurde die Fläche des Indian-Territory auf die Grenzen des heutigen Staates Oklahoma, mit Ausnahme des Panhandles, reduziert. Obwohl die Regierung 1880 offiziell die Besiedlung durch die Weißen untersagt hatte, kam es zu vielen Grenzübertretungen.

Das Allgemeine Landzuteilungsgesetz von 1887 löste die Stammesbesitze – die den Stämmen als Reservat zugewiesenen Ländereien – im Indian-Territory auf. Den einzelnen Indianer-Familien wurde parzelliertes Land zugewiesen, das ihnen teilweise durch den Verkauf von Whiskey wieder abgegaunert wurde, da Indianer mit dem Begriff Landbesitz nichts anfangen konnten.

Entgegen den Zusagen, dass das Land auf ewig den Indianern gehören sollte, begann die Besiedlung. 1866, kurz nach dem Bürgerkrieg, hatte Washington viele der Stämme zu Zugeständnissen gezwungen, indem es sie beschuldigte, bestehende Verträge gebrochen und die Konföderierten Staaten unterstützt zu haben, und konfiszierte 8.100 Quadratkilometer Land des Indian-Territory mitten im Herzen des heutigen Oklahoma. Dieses Land wurde als erstes am 22. April 1889 zur Besiedlung freigegeben.

Zehntausende Siedler, darunter auch ehemalige Sklaven, warteten auf den Startschuss zum ersten „Land Run“ in der territorialen Geschichte. Als das Rennen am Mittag begann, rasten tausende Menschen mit Pferden, Wagen, Kutschen, Karren und anderem hinüber, um angeblich nicht besiedeltes und vergebenes Land in Besitz zu nehmen. Es kam vereinzelt bei der Inbesitznahme durchaus zu Kämpfen zwischen den Siedlern. Nur gerade 1.000 von den 14.000 Siedlungswilligen erhielten ein Stück Land. Riesige Zeltstädte wuchsen über Nacht bei den Siedlungen, die bereits unerlaubterweise seit 1880 als Erstes besiedelt worden waren.

Am 2.5.1890 verabschiedete der US-Kongress den Oklahoma Organic Act, welcher die Osthälfte des Indian-Territory unter indianischer Führung ließ und die Westhälfte zum Staatsgebiet, dem Oklahoma-Territory, erklärte. Der US-Kongress gab weitere Gebiete zur Besiedlung frei.

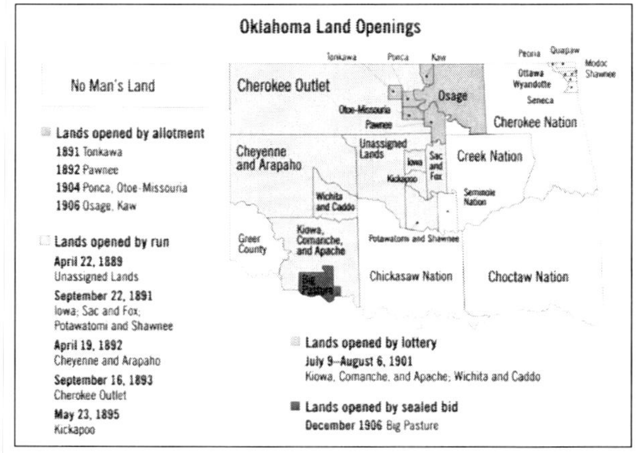

Im September 1891 wurden die Iowa und Potawatomi Reservate im östlichen Teil des Oklahoma-Territory für die Besiedlung geöffnet. Im folgenden Frühling die Gebiete der Cheyenne und Arapaho in der Mitte des Territoriums. Am 16. September 1893 folgte das Cherokee Outlet als Besiedlungsgebiet. 1895 war es das Kickapoo Reservat. Kiowa, Comanche, Apache und Wichita Reservate waren ebenfalls betroffen. Viele Indianer verhungerten oder starben an Krankheiten, die die Weißen eingeschleppt hatten. Die Friedhöfe der Indianer zeigen, dass ein großer Teil von ihnen, insbesondere sehr viele Kinder, zwischen 1890 und 1911 starben.

1898 trat ein Gesetz in Kraft, das die Stammesregierungen auflöste und die Souveränität aller Stämme zerstörte. Bis 1906 kam es zur stetigen Ausweitung der Siedlungsgebiete. Der Versuch, zwischen 1902 und 1905 den Ostteil Oklahomas als eigenständigen neuen Bundesstaat Sequoyah zu organisieren, schlug fehl, da Präsident Theodore Roosevelt den Vorschlag ablehnte. Das Oklahoma-Territory bestand vom 2.5.1890 bis zum 16.11.1907. Es wurde mit dem Indianer-Territory vereinigt und trat als 46. Bundesstaat mit dem Namen Oklahoma der Union bei. Durch die Vereinigung zu einem Einheitsstaat verloren die Stammesregierungen ihre Hoheitsrechte.

Nachdem in Texas 1901 die erste größere Ölquelle angezapft worden war, geriet auch Oklahoma in den Fokus des Ölgeschäfts.

1928 brachten reiche Erdöl- und Erdgasfunde dem Land Aufschwung und Wohlstand. Selbst vor dem State Capitol wurden Bohrtürme errichtet.

1924 wurden die in den USA lebenden Ureinwohner zu amerikanischen Staatsbürgern erklärt.

1988 verabschiedete der US-Kongress den Indian Gaming Regulatory Act (Indianisches Glücksspiel-Regulationsgesetz), der den von der Regierung anerkannten „Indian Nations“ erlaubt, auf ihrem Stammes-Territorium Kasinos zu betreiben. Die meisten Stämme finanzieren mit diesen Einnahmen Schulen, für besonders Begabte auch College- oder auch Universitätsausbildungen, z. B. für Ärzte, Lehrer, Rechtsanwälte, oder Krankenschwestern. Ein weiterer Teil der Einnahmen geht in indianische Kulturprojekte und Museen, die die Stammesgeschichte präsentieren sowie die Pflege alter Traditionen.

Historischer Hintergrund New Mexico

New Mexico, als „Land of Enchantment“ (Land der Verzauberung) bezeichnet, wurde erstmals 1540 vom spanischen Eroberer Francisco Vásquez de Coronado durchquert. Damals lebten dort lediglich Pueblo-Indianer, insbesondere Hopi und Zuñi. Unzählige Missionsstationen entstanden und entwickelten sich bald zu großen Vieh- und Pferdezuchtbetrieben mit tausenden von Tieren, die für die spanischen Expeditionen benötigt wurden. Mit Hilfe des Militärs versklavten die Missionare die Ureinwohner und untersagten ihnen die Ausübung ihrer traditionellen Religionen.

1610 wurde das auf 2.194 m Höhe liegende Santa Fe der Gouverneurs-Sitz der Provinz Nuevo Méjico, des Vizekönigreiches Neuspanien. Santa Fe ist nicht nur die älteste Bundeshauptstadt der USA, sondern beherbergt auch die älteste Kirche der USA, die San-Miguel-Kapelle, die im selben Jahr errichtet wurde. Die spanische Herrschaft endete vorläufig 1680 mit der Pueblo-Revolte, bei der sich die widerwillig christianisierten Stämme erhoben und mehr als tausend Spanier töteten.

Die riesigen, nun herrenlosen Pferdeherden begannen ihre Wanderung in Richtung Norden und erreichten 100 Jahre später die kanadische Grenze. Durch ideale Lebensbedingungen in der Prärie vermehrten sich diese Pferde, später Mustangs genannt, sehr stark und wurden zu einem unerschöpflichen Pool von Reit- und Packtieren für die nomadisierenden Indianerstämme.

Doch bereits 1692 kehrten die Spanier nach New Mexico zurück. Ihre Herrschaft endete 1821 nach dem mexikanischen Unabhängigkeitskampf, bei dem auch General Santa Anna eine wesentliche Rolle gespielt hatte, sodass über allen Gebieten von Texas bis Kalifornien nun die mexikanische Flagge wehte. →*Karte 1834 – S. 15.*

Zu Mexiko gehörend entwickelte Santa Fe, zuvor von der Außenwelt nahezu abgeschieden, Handelsbeziehungen zum amerikanischen Osten. Es entstand der legendäre Santa Fe Trail, eine betriebsame Handelsroute, die im etwa 1.500 Kilometer entfernten Missouri begann und auf der Plaza in Santa Fe endete.

Lange Zeit war das 1833 gegründete Bent's Old Fort/CO der einzige feste Stützpunkt auf dem Weg. Erst ab 1847 entstanden für den Strom von Handels- und Siedlertrecks entlang der Route weitere militärische und zivile Forts als Raststationen. Die gefahrvolle Reise dauerte zwischen drei und vier Monaten. Als die Eisenbahn 1880 Santa Fe erreichte, verlor der Santa Fe Trail seine Bedeutung.

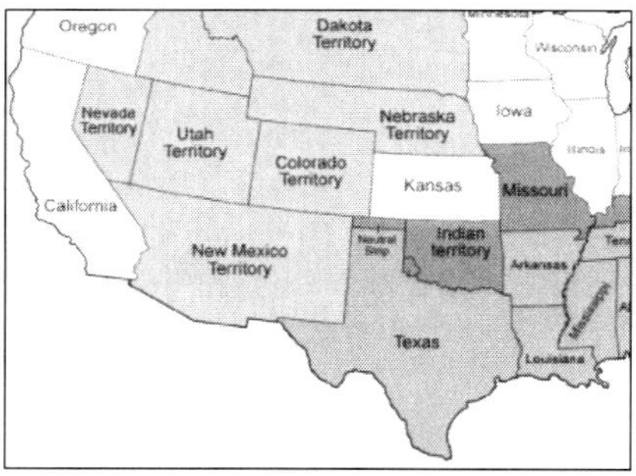

Nach dem mexikanisch-amerikanischen Krieg (1846–1848) wurden die Staaten Kalifornien und Texas sowie das Nuevo Mexico genannte Territorium, das sich bis dahin von Texas bis Kalifornien erstreckte und zu dem auch die heutigen Staaten Nevada, Utah und Teile Colorados gehörten, an den Sieger USA abgetreten.

Der Gadsden-Kauf 1853 von Mexiko und die Gebietsabtretung östlicher Gebiete von Texas erweiterten das Territorium außerordentlich. Erst die Schaffung des Colorado-Territory 1861 und des Arizona-Territory 1863 ließen das New Mexico-Territory bis 1866 in seinen späteren Grenzen als Bundesstaat New Mexico zurück.

Da die Amerikaner bereits 1848 den Wert der Bodenschätze in den Bergen des Navajolandes, das damals noch zum New Mexico-Territory gehörte, erkannt hatten, verfolgten sie den Stamm jahrelang unerbittlich. 1864 gaben die Navajo im Canyon de Chelly halbverhungert auf, nachdem das Militär ihre Siedlungen und Felder zerstört und ihr Vieh getötet hatte.

8.000 Navajo wurden in das 500 Meilen weit entfernte Konzentrationslager bei Fort Sumner im New Mexico-Territory verschleppt, das eigentlich für nur 500 Mescalero-Apache gebaut worden war. Viele starben auf dem Weg dorthin, noch mehr unter den unmenschlichen Bedingungen im Lager. 1868 wurde den Navajo

ein Reservat in ihrer alten Heimat im Arizona-Territory zugewiesen.
1853 begann die Erschließung des Apache-Gebietes im New Mexico-Territory, gegen das sich seine Bewohner erbittert wehrten. Um endlich die Bodenschätze fördern und das Land an weiße Siedler verteilen zu können, wurden 1874 die Mitglieder verschiedener Apache-Stämme teils in unwirtliche und für jegliche Landwirtschaft ungeeignete Wüstenlandstriche der Territorien New Mexico, Arizona, teilweise auch Oklahoma umgesiedelt.

Unerträgliche Zustände in der San Carlos Reservation im Arizona-Territory, unter anderem Hunger, führten zur Flucht Geronimos (1829–1909) und seiner Stammesgenossen. Von 5.000 Mann Kavallerie gejagt, endet sein daraufhin geführter Guerillakrieg 1886, als er sich mit seinen letzten 20 Kriegern sowie deren Frauen und Kindern ergab. Geronimo (*erste Reihe, Vierter von links*) und seine Krieger steckte man entgegen den Vereinbarungen in wechselnde Militärgefängnisse. Sein Grab befindet sich in Fort Sill/OK auf dem Apachen-Friedhof und ist für diese ein Wallfahrtsort geworden, an dem sie kleine Geschenke für ihn hinterlassen.
Nach dem Sezessionskrieg (1861–1865) wurde Rinderzucht zu einem der wichtigsten Wirtschaftsfaktoren des New Mexico-Territory. Bis dahin dominierten riesige Schafherden das Land. Sie gehörten sehr reichen Familien, die das Land noch von den Spaniern erhalten hatten. Die vielen anderen großen unbesiedelten Weideflächen zogen Rinderzüchter oder solche, die es werden wollten, magisch an. Dazu führte eine der großen Trailrouten, der Goodnight Loving Trail, ab 1866 im Gegensatz zu den meisten anderen durch das New Mexico-Territory, sodass die Route in Richtung Norden einen guten Rinder-Absatz versprach. Die einzige ernsthafte Bedrohung in jenen Tagen waren die plötzlichen und teilweise massiven Angriffe der Apache und Comanche.

Das New Mexico-Territory war seit Beendigung des mexikanisch-amerikanischen Krieges lediglich Hoheitsgebiet der Vereinigten Staaten, bis es am 6.1.1912 den USA unter dem Namen New Mexico als 47. Bundesstaat beitrat.
Der Bau der Eisenbahn bis Santa Fe in den 1880er Jahren und die Entdeckung von Öl Ende des 19. Jahrhunderts führten zu einem schnellen Wachstum der Region. Nach der Entwicklung der Atombombe in Los Alamos fand am 16. Juli 1945 mit dem Trinity Test die erste Kernwaffenexplosion der Weltgeschichte in Alamogordo,

280 Kilometer südlich von Albuquerque, statt.
In Santa Fe, heute noch die Hauptstadt New Mexicos, sind nicht nur die alte Plaza um den Gouverneurspalast, sondern unzählige weitere historische Bauten erhalten geblieben und wurden restauriert. Ebenso wurde der gesamte Stadtkern, sowie viele umliegende Gebiete im traditionellen Pueblo-Baustil, der Adobe-Bauweise, gebaut.

Die Pioniere

Gerade mal fünf bis sechs Generationen ist es her, dass die Jagd auf das Land westlich des Mississippis begann. Aufgrund des 1862 in Kraft getretenen Homestead Acts, das jeder Person über 21 Jahren erlaubte, sich auf einem bis dahin unbesiedelten Stück Land niederzulassen, strömten die Siedler anstatt an die Westküste Amerikas nun auch in dazwischen liegende Regionen. Jeder Homesteader durfte ein 160 Acre (etwa 64 ha) großes Stück Land abstecken, um es zu bewirtschaften. Nach einer Dauer von fünf Jahren wurde der Siedler zum Eigentümer.

Diese Frist konnte durch Bezahlen von 1,25 US-Dollar pro Acre Land (insgesamt also 200 US-Dollar) auf sechs Monate verkürzt werden. Waren erwachsene Kinder mit dabei, konnte eine Familie ihr Land entsprechend vergrößern.
Während Louisiana, das 1812 als 18. Staat der Union beitrat, zu Zeiten des Bürgerkriegs bereits viele größere Städte hatte und das Land mit großen Plantagen besiedelt war, galten Texas, Oklahoma und New Mexico als unbekanntes, wildes und gefährliches Indianerland. Viele Siedler überlebten den Treck zu ihrem neuen Landbesitz nicht, da Informationen über die Landschaft und die klimatischen Bedingungen der Regionen, die man durchreisen wollte oder in denen man sich vielleicht niederlassen konnte, recht spärlich waren.
Allein Texas, zweimal so groß wie Deutschland, unterteilt sich in sehr verschiedene Landschafts- und Klimazonen, in denen Temperaturstürze von 10 bis 20 °C innerhalb von zwei bis drei Stunden ebenso dazugehören wie Tornados, Hurricanes und Blizzards. Im etwas regenreicheren Nordosten erhebt sich ein wellenförmiges, hügeliges, teilweise waldreiches Land. Im südwestlichen Teil von Texas mit seinen trockenen und teilweise wüstenähnlichen Regionen sind Temperaturen bis 40 °C

in den Sommermonaten normal, die Winter dagegen mild. Der Nordwesten besteht aus Berg- und Hochland und zum Teil aus einem 1.300 m hohen Sandsteinplateau, dem Llano Estacado oder High Plains, dem südlichsten Ausläufer der Great Plains. Ein relativ flaches, baum- und strauchloses sowie extrem trockenes Tafelland, in dem die Winter recht kalt und schneereich sein können. Durchschnitten vom 197 Kilometer langen Palo Duro Canon, dem zweitgrößten Canyon der USA.

New Mexico liegt ebenfalls auf dem Hochplateau. Von Osten steigt das Gelände von den Prärien der High Plains aus flach an. Im Südwesten befindet sich die Chihuahua-Wüste. Von Nordwesten ragt das Colorado-Plateau bis nach New Mexico. Hitze und Trockenheit prägen die Landschaft in der Ebene genauso wie im Gebirge. Im Sommer kommt es zu längeren Hitzeperioden, deren Temperaturen zwischen Juni und August trotz Höhenlage durchaus 38 °C betragen können. Im Winter kann es aufgrund der Höhenlage bitter kalt werden, insbesondere nördlich von Santa Fe, wo die südlichsten Teile der Rocky Mountains nach New Mexico hereinragen. Dort befinden sich heute einige Wintersportregionen, denn im Winter ist dort eine beachtliche Niederschlagsmenge zu verzeichnen.

Das in der sogenannten Tornado-Alley liegende, relativ flache Oklahoma mit nur wenigen Berglandschaften wird insbesondere in den Monaten März bis Juni, aber auch zu anderen Zeiten, von Tornados heimgesucht, wenn die heiße Luft des Südens auf die kalte Luft der nördlich gelegenen Rocky Mountains trifft. Ebenso können zwischen Spätherbst und Frühjahr Blizzards durch das Land toben, die innerhalb weniger Stunden Temperaturen von 20 °C bis auf den Gefrierpunkt senken können. Temperaturen von 34 °C im Hochsommer sind nicht selten, ebenso können im Winter die Temperaturen auch unter 0 °C fallen.

Die Pioniere gehörten allen Gesellschaftsschichten an und hatten ihr altes Leben in Europa oder östlichen Staaten der USA aus vielfältigen Gründen hinter sich gelassen. Sie nahmen die Strapazen auf sich, um mit ihrer Familie oder alleine ein neu-

es, besseres Leben zu finden. Verarmte Bauern oder ehemalige Tagelöhner aus Europa, die Land für eine Farm oder Viehzucht suchten; Industriearbeiter aus dem Norden der USA, die nun zu Landbesitzern werden wollten; Kaufleute, die in neu entstehenden Städten Geschäfte eröffnen wollten; ehemalige Sklaven mit guten handwerklichen Fähigkeiten, die vom eigenen Geschäft träumten; Huren, die hofften, ihrem alten Leben entkommen zu können und zu ehrbaren Ehefrauen zu werden. Oder auch junge, arbeitsame Männer, ehemalige Soldaten, Abenteurer und Glücksritter, die hofften, auf unentdeckte Minen zu stoßen.

Die Trecks waren meist mit Planwagen unterwegs. Relativ leicht gebaute sogenannte „Prairie Schooner", für die als Zugtiere Ochsen, Maulesel oder auch Pferde ein- oder mehrspännig verwendet wurden.

Mit den meist von langsameren, aber dafür genügsamen Ochsen gezogenen Planwagen zogen die Pioniere je nach Landschaftsstruktur mit einer Tagesgeschwindigkeit von 10 bis 25 Kilometern ihrem Traum vom besseren Leben entgegen. Auf dem Wagen befanden sich neben Erinnerungsstücken aus dem alten Leben, Werkzeuge, Haushaltsgegenstände, Bettzeug, Decken und Stoffe, haltbare Lebensmittel wie Mehl, Trockenfleisch, Bohnen, Reis, Maismehl, Kaffee, Tee und Zucker sowie ein oder zwei Wasserfässer. Vorhandenes Geld war meist in der Kleidung eingenäht worden.

Die Augen waren auf den nicht näher kommen wollenden Horizont gerichtet, der das Gefühl der Unerreichbarkeit vermittelte. Unter dem endlosen Himmel ebenfalls nichts. Keine Siedlungen, keine Menschen, nur unwirtliches Land. Und trotzdem mit der keimenden Hoffnung im Herzen, dass hinter der nächsten kleinen Bodenerhebung doch etwas kommen müsste. Etwas anderes als zerbrochene Wagenräder, in Verzweiflung weggeworfener Hausrat, verblichene Gebeine von Zugtieren oder Gräber am Wegesrand.

Wer je in der heutigen Zeit in den abgelegenen Regionen von Texas oder New Mexico unterwegs war, kann vielleicht einen Bruchteil dessen nachempfinden. Es gibt heute noch Strecken in Texas, an denen 100 Meilen lang keine Besiedlung zu

finden ist, sondern nur Staub und Wüste. So wie die Strecke von Laredo nach Eagle Pass parallel zum Rio Grande, die mit ihren 180 Kilometern größtenteils über eine nicht asphaltierte, manchmal von feinem Staub zugewehte Straße führt. Auch wenn man auf der etwa vierstündigen Fahrt in einem klimatisierten PKW sitzt, der sich mit 40 bis 50 Kilometer pro Stunde fortbewegt, hofft man immer, dass hinter dem nächsten Hügel irgendwas kommt, obwohl man weiß, dass nichts kommen wird.

Im Gegensatz zu heute hatten die Menschen damals wenig Ahnung, wie zermürbend lang sich der Weg tatsächlich noch hinziehen könnte. Meist neben den Wagen laufend, auf dem Planwagen oder zu Pferd mussten sie Hitze und Staub ertragen, immer in der Hoffnung, unterwegs auf Wasser zu stoßen, das nicht womöglich giftig für Mensch und Vieh ist. Die Pioniere brachen mit viel Selbstvertrauen und großen Erwartungen auf, doch sehr häufig endete der Traum von der neuen Zukunft tödlich. Nicht nur die Überfälle von Indianern und Banditen, die ihnen ihre Habe raubten, sie töteten oder verschleppten, bedrohten sie.

Auch der Kampf mit der Natur bestimmte den Alltag auf den Trecks: Trockenheit, Stürme, Unwetter, die alles wegschwemmten und die Reit-, Pack- und Zugtiere durch Blitz und Donner in alle Winde zerstreuten, oder auch Schnee und Präriebrände. Dazu kamen unbekannte wilde Tiere, Schlangenbisse und Krankheiten, die sich wie eine Epidemie in der ganzen Wagenkolonne ausbreiteten, oder schwere Unfälle mit den Wagen.

Die Highlights auf ihrer Reise waren Abende, an denen sie gemeinsam um das Feuer saßen, jemand auf der Fidel spielte und sie tanzten und sangen. Wie einer von ihnen es treffend formulierte:

„Ein Feuer in der Mitte macht aus der schlimmsten Wildnis ein Zuhause“.

Selbst wenn sie ihr Ziel erreichten, waren die ersten Jahre für die Pioniere meist sehr hart. Sie lebten häufig anfangs in Zelten, unter Planen oder auch in Erdlöchern, denen dann oft Grassoden-Häuser folgten. Die Art ihrer Behausung hing davon ab, wo sie sich niederließen.

In Regionen mit Bäumen bauten sie Holzhütten oder Blockhäuser. Das Wichtigste war jedoch immer, Zugang zu gutem Wasser zu haben. So mancher Traum von der eigenen Ranch oder Farm scheiterte daran.

Visionäre

Einer der großen Visionäre von Texas war Richard King, Sohn einer armen irischen Familie aus New York, der sich bereits mit 16 Jahren zum Dampfschiffkapitän hochgearbeitet hatte. Er gründete 1848 auf dem Rio Grande eine Dampfschifffahrtgesellschaft und sah sich nach Land um. 1852 fand er sein Land am Santa Gerdrudis Creek, in dessen Grenzen das heutige Kingsville liegt, und kaufte ein paar Jahre später die angrenzenden Ländereien, die in mexikanischem Besitz waren. Er vertrieb im Gegensatz zu anderen Ranchern die auf diesem Land ansässigen Mexikaner nicht, die schnell zu geschickten Vaqueros wurden. Die Nachkommen der Kineños genannten Mexikaner leben und arbeiten bis heute auf der Ranch. Die King Ranch wurde die größte Ranch der Welt mit Ländereien auf vielen Kontinenten.

Im Bürgerkrieg war sie der Hauptlieferant des Fleisches für die Konföderierten. Die King Ranch züchtete später eine eigene anerkannte Rinderrasse, die Santa Gertrudis Rinder, und war Züchter des ersten eingetragenen American Quarter Horses.

Auch der 20-jährige Daniel Waggoner, der 1848 mit seinem ganzen Besitz, sechs Pferden, 242 Longhorns und einem 15-jährigen Sklavenjungen nach Texas aufbrach, gründete ein Ranch-Imperium, das die größte flächenmäßig zusammenhängende Ranch der USA werden sollte. Von der Größe her ist diese im Nordwesten von Texas liegende Ranch etwas kleiner als das Saarland. Sie wurde 2016 wegen Erbstreitigkeiten für 725 Millionen Dollar verkauft.

King und Waggoner waren nicht die Einzigen, denen es vor mehr als 150 Jahren gelang, das Land zu bezwingen. Viele weitere noch heute existierende große und kleine Ranches in Texas, Oklahoma und New Mexiko gehen auf die damalige Zeit zurück.

Die Cowboys

„Cowboy sein ist kein Job, sondern eine Berufung. Es ist nicht romantisch, es ist harte Arbeit. Man kommt müde und dreckig nach einem langen Tag nach Hause und möchte am liebsten nie mehr rausreiten. Aber dann, wenn man am Tisch im eigenen Haus oder im Bunkhouse sitzt und eine leckere Mahlzeit gegessen hat und am nächsten Morgen ausgeruht aufsteht, kann man es kaum erwarten, wieder rauszureiten. Dieses Leben würde man mit keinem tauschen wollen", beschrieb der seinerzeit 79-jährige pensionierte Cowboy G. Proctor, der 1937 mit 13 Jahren begann für die Waggoner Ranch zu arbeiten, 2003 mit leuchtenden Augen seine Arbeit.

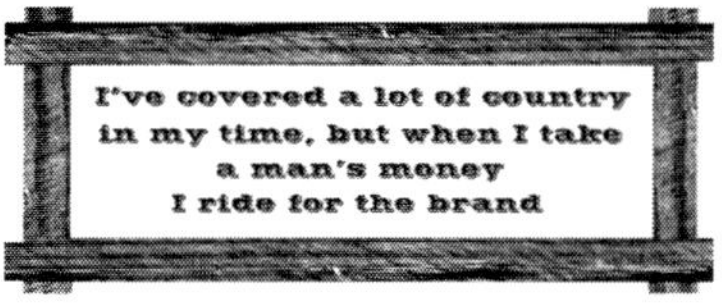

Das Bild auf den Ranches hat sich gewandelt. Der Geländewagen hat das Pferd teilweise verdrängt und die Longhorns wurden schon längst durch andere, profitablere Rinder-Rassen ersetzt. Trotzdem wird die Wahrung der Tradition auf den Ranches groß geschrieben, da man es als seine Pflicht ansieht, das Erbe der Väter zu bewahren. Das gleiche gilt für die Cowboys, deren oberste Regel „Ride for the Brand" hieß, die absolute Loyalität gegenüber dem Brandzeichen, das damals das Markenzeichen einer Ranch war. Diese und auch andere Regeln des Cowboy-Codex haben heute noch Bestand.

Das Outfit der Cowboys hat sich kaum geändert. Außer dass der moderne Cowboy heute unter seinem fleckigen Hut eine verspiegelte Sonnenbrille trägt und über seinem Hemd manchmal eine Softshell-Jacke, mit einem Smartphone in der Brusttasche.

Obwohl die moderne Technik das klassische Ranching verändert hat, werden die Cowboys immer noch gebraucht und verbringen auch heute noch, vor allem in unzugänglichen Regionen, viele einsame Stunden im Sattel. Nach wie vor müssen die Herden zum Branding oder Herbst-Round-Up für die Vermarktung zusammengetrieben werden. Heute werden sie teilweise mit dem Helikopter ausfindig gemacht, wodurch auch versteckte Tiere leichter gefunden werden können. Die restliche Arbeit ist die gleiche wie vor 100 Jahren, denn einzelne Tiere können nur zu Pferd aus dem Unterholz getrieben werden. Trailritte dauern heute nur wenige Tage oder sogar nur einen. Sie werden dann durchgeführt, wenn die Herde entweder von einem Stück Weideland auf ein anderes oder in die großen Corrals zum Branding oder zum Sammelplatz getrieben werden soll, wo große Trucks die schlachtreifen Rinder abtransportieren.

Die Arbeit der Cowboys ist die gleiche wie früher, nur geht sie etwas komfortabler vonstatten. Nach dem Frühstück steigen die Cowboys nicht aufs Pferd, um zu ihrem jeweiligen Arbeitsplatz zu gelangen, um Rinder zu suchen oder Zäune zu reparieren. Sondern in ihren Geländewagen, auf dessen Anhänger die gesattelten Pferde stehen und selbst bestens versorgt mit einer Kühlbox für das Mittagessen. Eine einsame Übernachtung am Lagerfeuer ist eher selten. Bei Brandings oder Round-Ups begleiteten auf den großen Ranches bis in die 70er Jahre noch motorisierte Chuck Wagons und Essenszelte die Cowboys, die draußen aßen und schliefen. Heute verbringt ein Cowboy die Nacht meist in seinem Bett und das Essen wird dorthin gebracht, wo die Männer arbeiten.

Was bei den Cowboys auf den Ranches so einfach aussieht, ist in Wirklichkeit harte körperliche Arbeit, die auch heute noch das Alltagsleben der Cowboys bestimmt. Bei ungeregelten Arbeitszeiten arbeiten sie länger, härter und oft unter schwierigeren und gefährlicheren Bedingungen für weniger Geld, als viele andere Arbeiter heute. Aber nicht, weil sie keinen anderen Job finden könnten, bei dem sie besser bezahlt werden, sondern weil es ihre Wahl ist. Cowboys verdienen nicht sehr viel, durchschnittlich 1.600 $ inklusive Kost und Logis. Oft haben sie heute einen College-Abschluss, manche lediglich einen Highschool-Abschluss. Viele Cowboys wachsen in dieses Leben hinein, andere entscheiden sich bewusst gegen Büroarbeit oder Ähnliches.

Genauso wie damals gibt es auch heute fest angestellte Cowboys und solche, die für Saisonarbeiten wie Branding, Round-Up und früher Cattle-Trails zusätzlich angestellt werden. Fest angestellte Cowboys wohnten/wohnen mit ihrer Familie in Häusern nahe dem Ranch-Headquarter oder als Single manchmal im Bunkhouse, das ebenfalls als Unterkunft für Saison-Cowboys dient.

Die jeweilige Tätigkeit eines Cowboys bestimmte früher die Art seiner Mahlzeiten. Fand seine Arbeit in der Nähe des Headquarters statt und er konnte mittags oder abends nach Hause, wurde er in der Regel dort verpflegt. Oft war er jedoch bei seiner üblichen Rancharbeit allein draußen, auch über Nacht, und verfügte nur über eine sehr begrenzte Auswahl an Lebensmitteln. Und zwar nur solche, die er in seinen Satteltaschen mitnehmen konnte: Pökelfleisch oder geräucherter

Speck, Bohnen, ein bisschen Maismehl, Schmalz, Baking Soda, Kaffee, Salz und Zucker. Dazu eine Pfanne, der Kaffeepott, Besteck und ein Becher.

Das Branding findet meist zwischen März und Mai statt. Dazu werden die Kühe mit ihren Kälbern in eingezäuntes Gelände mit einer Sortiergasse getrieben und dort getrennt. Die Kälber kommen auf einen eingezäunten Platz, hinter dem der Branding Corral liegt. Ihre Mütter befinden sich derweil auf einer Weide daneben. Je nach Größe und Anzahl der Cowboys werden etwa 10 Kälber in den Branding Corral gelassen. Zwei Roper fangen das jeweilige Kalb an Hinterfüßen und Hals, sodass es auf den Boden gelegt und anschließend kurz fixiert werden kann. Danach wird das Kalb mit dem Brand versehen, wenn es ein männliches Tier ist, kastriert und zu seiner Mutter auf die Weide gelassen.

Beim Herbst-Round-Up, dem jährlichen Viehtrieb am Ende der Weidesaison, werden die Kühe mit Kälbern an zentralen Orten zusammengetrieben und die schlachtfähigen Rinder aussortiert. Nicht nur die Cowboys der jeweiligen Ranch, sondern häufig auch die Nachbarn halfen bei dieser Aufgabe mit. Ein Round-Up fordert zwar den Cowboy mehr als die meisten anderen Tätigkeiten, doch jeder Cowboy fieberte ihm insbesondere in früheren Zeiten ungeduldig entgegen. Denn dabei traf er alte Bekannte, schloss neue Freundschaften und konnte seine Leistungsfähigkeit und sein Können beweisen.

Zur Zeit der Cattle-Drives fanden Round-Up und Branding gelegentlich zusammen statt, da es sich nach dem Termin der jeweiligen Trailritte ausrichtete. Häufig starteten diese im Frühjahr, um nicht im Herbst im Norden in Frost und Schnee zu geraten. Die Rinder mussten als Lebendfleisch mehr als tausend Meilen zu den Cowtowns getrieben werden, um von dort aus mit der Bahn in die Zentren des Nordens und Ostens transportiert zu werden. Der Ritt konnte 3 bis 4 Monate und, wenn die Bedingungen sehr widrig waren, sogar noch länger dauern.

Viele Cowboys waren erforderlich, um vor der Herde, dahinter und an den Flanken zu reiten, die Herde in Bewegung zu halten und sie zu beschützen. Jeder Mann hatte mehrere Pferde zur Verfügung, um immer mobil zu sein. Auf bekannten Trailrouten zogen die Herden mit einer Geschwindigkeit von 16 bis 20 Kilometer am Tag von Wasserloch zu Wasserloch.

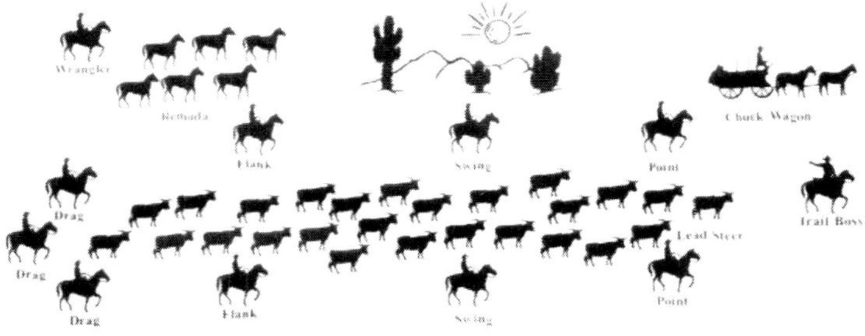

Diese Cattle-Drives waren nicht ungefährlich. Neben den sich gegen die Eindringlinge wehrenden Indianern, denen man ihre Lebensgrundlage, die Bisons, genommen hatte und die Fleisch brauchten, um ihre Familien zu ernähren, bedrohten zusätzlich Naturgewalten die Cowboys. Präriebrände, Wassermangel, Hochwasser an Flüssen, Treibsand, Blizzards, Sandstürme oder auch wildlebende Tiere stellten eine ständige Gefahr dar. Zu einer der gefürchtetsten Gefahren zählte eine Stampede der Herde, eine panikartige Flucht, häufig durch Blitzschlag ausgelöst, bei der alles niedergetrampelt wurde, was im Weg stand. Die Stampede forderte meist nicht nur viele Opfer unter den Rindern, sondern auch unter den Cowboys.

All diese Widrigkeiten schweißten die Männer zusammen und ließen sie auf dem Trailritt, an dessen Ende jeder wieder seines eigenen Weges ging, zu Brüdern werden. Während des Cattle-Drives galt ihre Verantwortung allein ihrem Pferd und der Herde sowie den anderen Männern. Alles außerhalb davon zählte auf dem Viehtrieb nicht.

Nach einem komplikationslosen Trailtag verwöhnte der Koch sie unterwegs gelegentlich mit kleinen Köstlichkeiten wie Brotpudding mit Whiskey-Sauce oder auch Früchtepasteten aus getrocknetem Obst. Sie liebten diese Art von Nachtisch, den frischen Kaffee und das abendliche Lagerleben mit vielen Geschichten und fieberten dennoch dem Ende des Trails entgegen.

Millionen von Rindern wurden über diese Trails getrieben, um dann die wichtigsten „Cowtowns“ zu erreichen. Diese Städte boten den Cowboys nach den monatelangen, entbehrungsreichen Trails alles, was sie sich wünschten: ein Bett, ein Bad, einen Friseur und natürlich Whiskey, Frauen, Musik, Unterhaltung und Spieltische. Hier brachten sie ihr hart verdientes Geld wieder unters Volk.

Cookie und Chuck Wagon

Gute Mahlzeiten waren für die Lebensqualität der hart arbeitenden Cowboys unabdingbar und einer der wenigen erreichbaren Genüsse im Leben der Männer. Ein Rancher, der einen guten Koch beschäftigte oder eine Ehefrau hatte, die über gute Kochkünste verfügte, konnte sich der Treue seiner Cowboys sicher sein. Ein schlechter Koch dagegen konnte für einen Mann der Grund sein, warum er eine Ranch verließ. Denn nur satte, zufriedene Männer waren in der Lage, die anstrengenden Arbeiten bei jedem Wetter zu verrichten.

Der Lohn eines guten Kochs, der liebevoll „Cookie“ genannt wurde, lag drei- bis viermal so hoch wie der eines Cowboys. Er war nach dem Rancher oder dem Trailboss eine der wichtigsten Personen im Betrieb und nahm eine Sonderstellung ein. Der Grund dafür sowie auch der für seine Autorität lagen darin, dass er für eine der wichtigsten Annehmlichkeit der Männer zu sorgen hatte. Daneben versah er noch die Arbeit eines Friseurs oder bei Verletzungen die eines Arztes, und nicht selten fiel sogar die Buchführung in seinen Arbeitsbereich. Auf der Ranch schlief er getrennt von den übrigen Männern im Küchenschuppen, bei Trailritten und Round-Ups breitete er seine Bettrolle unter dem Chuck Wagon aus.

Der Küchenschuppen auf der Ranch war das Reich des Cookies, die Privatdomäne eines streitbaren Diktators, der dafür sorgte, dass ihm die Cowboys den gebührenden Respekt erwiesen. Als fester Angestellter der Ranch hatte er noch mehr Macht als die bei Round-Ups und Cattle-Trails eingestellten Wanderköche.

Wie der Küchenschuppen bzw. die Küche, die fast immer außerhalb des Wohnhauses lag, um der Brandgefahr vorzubeugen, ausgestattet war, richtete sich nach der Größe und dem Budget der jeweiligen Ranch. Und danach, ob die Ranchersfrau selbst kochte oder ein Koch.

Sowohl auf der Ranch als auch auf dem Trail rief eine meist gut zu hörende Triangel zum Essen.

Auf den Cattle-Trails, die Wochen und Monate dauern konnten, beim Branding oder den Round-Ups kam der legendäre Chuck Wagon, die rollende Küche, zum Einsatz. Diesen Chuck Wagon mit seinen vier oder sechs Maultieren oder auch Pferden kutschierte der Koch stets selbst, denn niemand anderem hätte er seine unentbehrlichen Schätze anvertrauen mögen.

Größere Ranches haben teilweise die Tradition wieder aufleben lassen und für einige Monate Küchenzelte aufgestellt, in denen Cowboys, Manager und auch Sekretärinnen ihr Essen zusammen einnehmen und der Koch die Gerichte nach alter Tradition zubereitet.

Der Chuck Wagon musste unwegsamem Gelände standhalten können und gleichzeitig so konstruiert sein, dass Gerätschaften und mitgeführte Lebensmittel unbeschadet transportiert werden konnten. In diesem Planwagen, dessen Grundgestell häufig aus einem alten Armeewagen mit besonders haltbaren Eisenachsen bestand, wurde jeder Winkel ausgenutzt. Charles Goodnight soll den besten konstruiert haben. Er wurde später von bekannten Wagenherstellern nachgebaut.

In den hinteren Teil des Wagens baute Goodnight eine Art Kommode ein, die während der Fahrt durch die hintere Wagenklappe verdeckt wurde. Klappte man diese herunter, diente sie durch ein oder zwei Holzbeine gehalten als Arbeitstisch und die Innereien der fahrenden Küche wurden sichtbar. Fächer für Kaffeekanne, Brotkasten, Kautabakdose, Essigballon, Whiskey- und Sirup-Flaschen sowie Schubladen für Salz, Baking Soda, Schweinefett und andere Zutaten, nicht zu vergessen ausreichend Streichhölzer und ein Feuerzeug.

Unter der Kommode fanden im Kutschkasten gusseiserne Pfannen und Töpfe, Besteck und Geschirr sowie der Nähkasten und Arznei- und Verbandskasten und vor allem das Sauerteigfass Platz. Im Wagenkasten lagerten die Bettrollen der Cowboys, Waffen, Munition und auch die Lebensmittelvorräte fanden hier Platz. Grundnahrungsmittel wie Mehl, Bohnen, Zucker, getrocknete Äpfel, Getreide, Kartoffeln und Zwiebeln waren in Säcken und Kisten säuberlich am Boden gestapelt. Dazu Fleischvorräte, die meist aus Pökelfleisch und Rauchspeck bestanden. Konservendosen, eigentlich erfunden, um Soldaten auf ihren langen Märschen zu verpflegen und 1825 in den USA patentiert, wurden zwar nach Erfindung des Dosenöffners 1855 zu einer richtigen Erfolgsgeschichte, spielten jedoch auf den Trails keine große Rolle. Auf den Ranches, die über entsprechende Lager-

kapazitäten verfügten, waren sie recht beliebt, insbesondere Obst- und Gemüsekonserven, wenn man sie nicht selbst einmachen konnte.
Zu den besonderen Delikatessen auf dem Trail zählten Trail Pickles, die der Cookie ebenso wie den Sauerteig-Ansatz bereits vor der Abfahrt zubereitete. Dazu befüllte er ein Deckelglas von einer Gallone (etwa 4 Liter) mit kleinen bis mittleren Gurken. Dazu kamen zwei Esslöffel Salz und eine große Menge Dill. Eine Wasser-Essigmischung im Verhältnis 3:1 wurde zum Kochen gebracht und das Glas mit den Gurken damit randvoll gefüllt. Anschließend kam der Deckel drauf und es wurde etwa zwei Wochen lang in die Sonne gestellt. Nachdem die Gurken verbraucht waren, fügte der Koch dem Gurkensaft manchmal hart gekochte Eier hinzu, ließ sie eine Woche lang darin ziehen und bot den Cowboys einen weiteren Leckerbissen an. → *Ranch Pickled Eggs*
An den hölzernen Rundbögen, die das Leinendach stützten, befanden sich sorgfältig mit Lederriemen befestigte oder an Haken aufgehängte weitere wichtige Gerätschaften. An einer Außenseite des Wagens befanden sich ein oder zwei Wasserfässer, auf der anderen die dringend benötigte Werkzeugkiste. Gelegentlich fand auch noch ein transportabler Herd auf dem Wagen Platz.
Töpfe, Pfannen sowie der Wasserkessel waren gewöhnlich aus schwerem Gusseisen. Sie waren so dimensioniert, dass sie mühelos ineinander passten und wenig Raum beanspruchten. Teilweise einhängbare Henkel ermöglichten es, das Kochgeschirr sowohl über dem Feuer hängend als auch auf einem Kochgestell oder Herd stehend zu verwenden.

Zu den vielseitigsten, aus den Pionierzeiten nicht wegzudenkenden Kochgeräten gehört der Dutch Oven, ein gusseisernes, dreibeiniges Multifunktionsgerät aus den Niederlanden, das 1704 patentiert wurde. Dieser Topf mit 25 bis 50 cm Durchmesser war ein unverzichtbares Utensil für Chuck Wagon Köche. Die Beine ermöglichen es, ihn direkt über die Kohlen zu stellen. Und auf den Deckel können heiße Kohlen gelegt werden. Offen dient der Topf als Kochgefäß, verschlossen erfüllt er die Funktion eines Schmortopfes oder eines Backofens. Der umgedrehte Deckel kann auf einem speziellen Gestell ebenfalls als Bratpfanne benutzt werden.
Auf den Cattle-Trails richtete der Koch, wenn er abends mit der Arbeit fertig war, die Wagendeichsel des Chuck Wagons nach dem Nordstern aus, sodass der Trailboss am Morgen immer eine zuverlässige Orientierung hatte, in welche Richtung die Herde bewegt werden musste.

Waren alle Cowboys versorgt und zufrieden, rollte der Cookie sich zum Schlafen abseits der lagernden Cowboys unter seinem Chuck Wagon zusammen, um frisch ausgeruht bei Sonnenaufgang das Frühstück für die Männer zubereiten zu können.

Cup

Das nordamerikanische Volumenmaß Cup (Tasse), ein nützlicher Helfer in der Outdoorküche, stammt noch aus der Zeit der Besiedlung Nordamerikas. Man behalf sich beim Abwiegen von Lebensmitteln mit Löffeln und einem Becher, da man beides ohnehin immer mit sich führte.

Ein Cup (Tasse) entspricht 236,59 ml Wasser oder Milch. Jedoch lässt sich ein Cup nicht einfach in Milliliter oder Gramm umrechnen, da das spezifische Gewicht (Dichte) einzelner Stoffe unterschiedlich groß ist. Diese Dichte wird anhand einer physikalischen Formel aus dem Verhältnis der Masse zum Volumen ermittelt. Jeder weiß, dass eine Tasse voll Federn leichter ist als eine Tasse voll Bleikugeln. So besitzen beispielsweise auch Mehl und Zucker jeweils eine unterschiedliche Dichte. Das heißt: Zwei Zutaten der gleichen Volumenmenge (Cups) können ein gänzlich unterschiedliches Gewicht auf die Waage bringen.

Die folgende Tabelle enthält die Umrechnungswerte, mit denen man grob und gerundet die Gegenwerte in Gramm oder Milliliter ermitteln kann. Notfalls kann man sich, wenn nichts anderes zur Verfügung steht, auch mit Teelöffeln und Esslöffeln behelfen – bei größeren Mengen allerdings ein recht mühsames Unterfangen. Ein Messbecher, der neben europäischen Maßen ebenfalls eine Cup-Skala enthält, ein amerikanischer Cup-Messbecher oder ein ineinandersteckbares Messlöffel-Cup-Set, die auch in Europa erhältlich sind, könnten daher Outdoor hilfreich sein.

Umrechnungstabelle

Cup	Esslöffel	Teelöffel	ml	Gramm	Gramm
			Flüssigkeiten	Volumenreiches Mehl, Puderzucker	Festeres Zucker, Fette
4	64 EL	192 TL	960 ml	480 g	900 g
3	48 EL	144 TL	720 ml	360 g	675 g
2	32 EL	96 TL	480 ml	240 g	450 g
1 3/4	28 EL	84 TL	420 ml	210 g	395 g
1 1/2	24 EL	72 TL	360 ml	180 g	340 g
1 1/4	20 EL	60 TL	300 ml	150 g	280 g
1	16 EL	48 TL	240 ml	120 g	225 g
3/4	12 EL	36 TL	180 ml	90 g	170 g
2/3	10,5 EL	32 TL	160 ml	80 g	150 g
1/2	8 EL	24 TL	120 ml	60 g	115 g
1/3	5 EL	16 TL	80 ml	40 g	75 g
1/4	4 EL	12 TL	60 ml	30 g	55 g
1/8	2 EL	6 TL	30 ml	15 g	30 g
1/16	1 EL	3 TL	15 ml	8 g	15 g

Maßeinheiten und Abkürzungen

TL	- Teelöffel - 5 ml	Msp.	- Messerspitze
EL	- Esslöffel - 15 ml - 3 TL	Pck.	- Päckchen
g	- Gramm		handelsübliche Größe z. B.:
kg	- Kilogramm - 1.000 g		- Vanillezucker = 8 g
l	- Liter - 1.000 ml		- Backpulver = 15 g
ml	- Milliliter		

Wenn nicht anders angegeben, sind die Zutaten der Gerichte in der Regel für vier Personen gedacht.

Größe Konservendosen

klDo	= kleine Dose	unter 300 ml
miDo	= mittlere Dose	300 - 500 ml
grDo	= große Dose	500 - 800 ml

Temperaturen und Garzeiten

Die für ein Gericht tatsächlich benötigte Temperatur und Garzeit hängt von der jeweiligen Hitzequelle (Gaskocher, Elektroplatte, Gasgrill, Holzkohlegrill, Lagerfeuer oder auch Dutch Oven) ab. Daher handelt es sich bei den Angaben von Temperatur und Garzeiten in den Rezepten um Richtwerte, die über- oder unterschritten werden können. Das benutzte Kochgeschirr beeinflusst ebenfalls die Garzeiten. So leiten schwere Gusstöpfe und -pfannen die Wärme wesentlich besser als leichtere und sind weniger außentemperaturabhängig.

sehr niedrige Hitze	125 - 150 °C
niedrige Hitze	150 - 165 °C
gemäßigte Hitze	165 - 190 °C
mittlere Hitze	190 - 205 °C
heiß	205 - 230 °C
sehr heiß	230 - 260 °C

Küchentipps zur Vorbereitung

→ *Dieser Pfeil weist darauf hin, dass im Buch entsprechende Rezepte bzw. Informationen zu dem genannten Begriff vorhanden sind.*

Brühe Fleisch- oder Gemüsebrühe notfalls aus Brühpulver herstellen.

Chili Sollte immer vorsichtig dosiert werden, denn nicht alle Menschen vertragen soviel Schärfe, wie die, die seit Generationen daran gewöhnt sind. Gibt das Rezept die Chilisorte nicht vor, sollte man die Sorte wählen, die den eigenen Geschmacksinn am ehesten trifft. Die Schärfe der Chili ist hauptsächlich in den Samenkörnern enthalten, die vor der Verwendung sorgfältig entfernt werden müssen, am besten unter fließendem kalten Wasser. Zum Entkernen die Chilischoten der Länge nach aufschlitzen und mit einem scharfen Messer die Kerne rauskratzen. *Da die Kerne teilweise brennend scharf sind, ist es unabdingbar, danach die Hände mit kaltem Wasser zu waschen und keinesfalls die Augen zu reiben!*

Fleisch, Fisch, Geflügel usw. – Es handelt sich bei der Zutatenangabe in der Regel um kochfertig vorbereitete Stücke, sodass nicht in jedem Rezept extra darauf hingewiesen werden muss.

Getrocknetes Gemüse – Falls keine Zeit bleibt, getrocknetes Gemüse, wie Bohnen oder Mais, über Nacht einzuweichen, hilft folgendes Schnellverfahren: das Gemüse mit Wasser bedecken und aufkochen lassen. Anschließend mindestens eine Stunde lang quellen lassen.

Gewürze Steht keine Menge dabei, sollte individuell gewürzt werden, denn jeder empfindet Salz, Pfeffer oder ähnliche Gewürze unterschiedlich stark.

Hefe Zwei Päckchen Trockenhefe, mit je 7 bis 9 g pro Päckchen, entsprechen der Triebkraft eines Würfels Frischhefe. Ein Päckchen Trockenhefe bzw. ein halber Würfel frische Hefe reichen in der Regel für 500 g. Das kann jedoch aufgrund der Zutatenzusammensetzung auch mal variieren.

Knoblauch – Eine Knoblauchzehe wird entweder immer sehr fein gehackt oder als Ganzes mit Schale zerdrückt verwendet.

Milchprodukte – Auf fast jeder Ranch wurde mindestens eine Kuh gehalten, um die Familie mit Milchprodukten zu versorgen, sodass Käse, Butter und Sahne eine große Rolle spielten und großzügig verwendet wurden. Da die Ursprungs-Rezepte auf körperlich sehr hart arbeitende Menschen abzielten, sollte man notfalls die Menge, insbesondere bei Käse, bei Bedarf reduzieren oder ganz weglassen, wenn das Gericht sonst zu wuchtig erscheint.

Lorbeerblätter oder Gewürzzweige – Sollten immer vor dem Servieren entfernt werden. Sie geben dem Gericht zwar Würze, schmecken jedoch beim Draufbeißen unangenehm.

Mais Mit Mais ist in diesem Buch immer Zuckermais gemeint. Sollen Körner anstatt Kolben verwendet werden, stellt man den Kolben senkrecht und schneidet mit einem scharfen Messer am Kolbenkern nach unten die Körner ab. Ein Maiskolben ergibt je nach Größe 120 bis 180 Gramm Maiskörner.

Pfeffer Damit ist immer frisch gemahlener Pfeffer gemeint.

Schnelles Marinieren – Falls es schnell gehen soll: 8 Esslöffel Öl mit einer fertigen Gewürzmischung gut verrühren und das Fleisch in einem mit der Marinade gefüllten Plastikbeutel mindestens eine halbe Stunde einlegen.

Tabasco Ist ein Gericht nicht scharf genug oder kein frischer Chili vorhanden, kann mit einem Spritzer →*Tabasco* nachgeholfen werden. Ideal auch, wenn unterschiedliche Geschmäcker bezüglich der Schärfe bestehen, sodass am Tisch individuell nachgewürzt werden kann.

Tomaten Sie werden fast immer ohne Kerne und oft auch ohne Haut verwendet. Dazu die Tomaten über Kreuz einritzen, kurz in kochendes Wasser geben, abschrecken und enthäuten. Bei Grünen Tomaten handelt es sich um eine im Süden übliche Sorte, keinesfalls um unreife Tomaten!

Zitronen- und Orangenschale – Wird Zitronen- oder Orangenschale zum Aromatisieren verwendet, müssen es nicht immer die sehr teuren unbehandelten Früchte sein. Reibt man die Fruchtschale mit Öl ein und säubert die Frucht dann mit Küchenkrepp, lassen sich eventuelle chemische Rückstände weitgehend entfernen.

Zucker – Es handelt sich in diesem Buch um alte Originalrezepte, die eventuell für unseren Geschmack übersüßt sind, sodass man die Zuckerdosis meist nach Gusto reduzieren kann.

Zu scharf gewürzt – Sollte das Essen zu scharf geraten sein oder man hat womöglich in eine →*Jalapeño* gebissen, hilft es, ein wenig Käse zu essen, da darin ein Protein enthalten ist, das die Schärfe neutralisiert. Notfalls helfen auch Milch oder Buttermilch.

Zwiebeln – In den Rezepten sind in der Regel mittelgroße Zwiebeln gemeint. Sie werden je nach Rezept entweder fein gewürfelt oder in Scheiben geschnitten verwendet.

Zutaten ersetzen

In den Pionierzeiten war Einfallsreichtum in der Küche gefragt, wenn nicht alle Zutaten zur Hand waren. Was nicht da war, wurde durch etwas anderes ersetzt, auch wenn sich das Gericht dadurch geschmacklich etwas veränderte. Das gilt nicht nur für Fleisch, Fisch oder Gemüse, sondern ebenso für benötigte Zutaten wie Mehl oder Speck, der durch ein anderes Backfett ersetzt werden kann.

Tipps, wie man sich notfalls behelfen kann

Brauner Zucker	30 ml Melasse und 100 g Zucker
Buttermilch	240 ml Milch, 2 TL heller Essig oder Zitronensaft. Verrühren und bei Raumtemperatur 5 Minuten stehen lassen.
Cheddar-Käse	Alter Gouda oder Emmentaler
Cranberrys	Frische Cranberrys können durch die doppelte Menge getrocknete ersetzt werden. Sie müssen über Nacht oder mehrere Stunden eingeweicht werden.
Essig	Durch Zitronen- oder Limettensaft ersetzen. Muss jedoch sparsamer angewandt werden.
Honig	Die doppelte Menge Zucker verwenden.
Knoblauch	Knoblauchgranulat oder Knoblauchpulver lassen sich wie Knoblauchzehen verwenden, wobei ein gehäufter Teelöffel etwa einer Knoblauchzehe entspricht.
Maismehl	Die doppelte Menge Weizenmehl verwenden.
Melasse	Notfalls durch Zuckerrüben- oder Ahornsirup ersetzen, was allerdings zu einer entsprechenden Geschmacksänderung führt.
Monterey Jack	Alter Gouda oder Emmentaler
Pecannüsse	Durch Walnüsse ersetzen.
Petersilie	Kann durch Karotten-Grün ersetzt werden.
Sahne + Chili	Durch Chili-/Jalapeño-Frischkäse ersetzen.
Sahne	Durch Frischkäse ersetzen.
Schokolade	60 g Kakao und 1 TL Öl
Sour Cream oder Sauerrahm	– 240 ml Milch, 1 TL heller Essig und 1 gestrichener TL Soda. Verrühren und kurz stehen lassen.
Zuckersirup	60 g Zucker mit 480 ml Wasser vermischen und auf die Hälfte der Flüssigkeit zusammenkochen lassen.
Zwiebeln	Zwiebelgranulat oder Zwiebelpulver notfalls anstelle frischer Zwiebeln verwenden. Ein Teelöffel Zwiebelgranulat oder Zwiebelpulver entspricht etwa der Menge von 1½ EL gehackter frischer Zwiebeln.

Wenn keine frischen Kräuter zur Hand sind

1 Esslöffel frische Kräuter = 1 Teelöffel getrocknete Kräuter

1 Esslöffel frische Kräuter = ⅓ Teelöffel Kräuterpulver

Es handelt sich hier nur um eine Faustformel, da die Strukturen der einzelnen Kräuter unterschiedlich sind.

Ingredienzien

Allspice → *Piment*

Baking Soda – Natriumhydrogencarbonat, Natron oder Backsoda, ist ein erstaunliches Hausmittel mit vielfältigen Einsatzmöglichkeiten, wie schon unsere Großmütter wussten. Es wird bereits seit 1846 kommerziell in Amerika hergestellt. Natron ist neben Säure ein wichtiger Bestandteil des Backpulvers. Man kann zwar problemlos Natron durch Backpulver ersetzen, aber nicht umgekehrt, da Natron erst durch den Zusatz von Säure zum Treibmittel wird. Ist in einem Teigrezept keine säurehaltige Zutat enthalten, kann dies mit etwas Zitronensaft, Buttermilch, Essig oder ähnlichem ausgeglichen werden.

Bacon – Auch als „Frühstücksspeck" bekannt, stammt nicht aus der Schinkenpartie des Schweines, sondern wird aus dem durchwachsenen Bauchspeck hergestellt.

Brauner Zucker – Herkömmlicher weißer Zucker wird aus Zuckerrüben hergestellt. Seine weiße Farbe erhält er durch mehrere Reinigungsvorgänge (sogenannte Raffination). Beim braunen Zucker wird nur ein Schritt der Reinigung weggelassen: die Entfärbung.

Cayenne-Pfeffer – Besteht aus fein gemahlenen getrockneten Früchten der scharfen Chilisorte Cayenne. Daher sind die Begriffe Cayenne-Pfeffer, Spanischer Pfeffer oder Teufels-Pfeffer etwas irreführend. Charakteristisch ist der leicht rauchige, etwas bittere Geschmack. Seine feurige Schärfe tritt am stärksten in Verbindung mit Fleisch und Nüssen hervor.

Cheddar – Diese in Nordamerika sehr beliebte Käsesorte stammt ursprünglich aus dem südwestenglischen Dorf Cheddar, in dem der Name erstmals 1655 schriftlich erwähnt wurde. Cheddar, ein Hartkäse, der meist durch die Zugabe des Pflanzenfarbstoffs Annatto seine charakteristische goldgelbe bis orange Farbe erhält, wird aus Kuhmilch hergestellt.

Chili Diese Gewürzpaprika-Schoten, auch Pfeffer-Schoten genannt, mit ihren mehr als 100 Sorten, sind im Vergleich zur Gemüsepaprika nicht nur wesentlich kleiner und spitzer, sondern variieren in ihrer jeweiligen Schärfe von mild bis höllisch scharf. Ihre Länge variiert je nach Sorte von 2 bis 15 cm und einem Durchmesser von 1 bis 5 cm. Je größer die Chili, umso milder ist sie. Auch die Farben sind sehr unterschiedlich und reichen von Grün, Gelb, Orange und Rot bis zu Violett; je nach Reife und Sorte. Chili werden frisch, getrocknet oder in Dosen angeboten. Getrocknete Chilis besitzen ein sehr gutes Aroma und im Gegensatz zu frischen ist ihr Geschmack etwas milder und leicht fruchtig. → *Küchentipps Chili.*

Chiliflocken – Getrockneter und gehackter Chili, deren Samen vorher nicht entfernt wurden. Die Flocken müssen vor dem Kochen nicht eingeweicht werden, sondern können sogar zum Nachwürzen am Tisch verwendet werden.

Chilipulver – Meist kein reines Chilipulver, sondern eine mehr oder weniger scharfe Mischung aus verschiedenen Gewürzen. Zu den Grundzutaten zählen neben →*Cayenne-Pfeffer* und schwarzem Pfeffer auch Knoblauch, →*Kreuzkümmel* und Oregano. Einigen Mischungen werden zusätzlich Muskat, Zimt, →*Koriander* und/oder Gewürznelken hinzugefügt. Fast jede Hausfrau hatte früher ihre eigene Mischung.

Chipotle – Scharfe Chili-Schoten mit relativ viel Fruchtfleisch, das sich nicht durch Trocknen konservieren lässt und deshalb geräuchert wird, um die Chili-Schote haltbar zu machen.

Cranberry – Die Cranberry gehört zu den Heidekrautgewächsen und ist mit unseren Preisel- und Blaubeeren verwandt. Ihren Namen soll sie erhalten haben, weil sie zur Lieblingsnahrung der Kraniche, den „Crans", gehört. Sie ist etwas milder als die Preiselbeere.

Hickory – Die vor allem in Nordamerika vorkommenden Hickorybäume werden bis zu 30 m hoch und sind mit unseren Walnussbäumen verwandt. Der Name Hickory stammt von den Algonkin-Indianern. Hickorybäume besitzen ein sehr hartes, aber biegsames Holz, das man gerne für Hammerstiele, Schlagzeugschlegel, Schießbogen, bis Mitte des 20. Jahrhunderts auch für Golfschläger usw. verwendet. Der würzige Geruch von verbranntem Hickory-Holz gehört am Abend zu den typischen Düften des Südwestens.

Jalapeño – Glatthäutige, meist grün geerntete, 7 bis 8 cm lange, an der Spitze deutlich abgerundete, dickfleischige und recht scharfe Chili-Art.

Koriander – Koriander (Cilantro) wurde 1670 auf dem neuen Kontinent eingeführt und ist heute aus der mexikanischen Küche, in der jedes Gericht eine Spur frischen Cilantro beinhalten muss, ebenso wie im Südwesten der USA nicht mehr wegzudenken. Korianderkraut ähnelt im Aussehen etwas der Petersilie und wird wegen seines kräftigen, moschusartigen, zitronenähnlichen Aromas gerne verwendet.

Korianderpulver wird aus den getrockneten Samen des Korianders hergestellt, sodass ein erheblicher Geschmacksunterschied zwischen frischem Koriander und dem Korianderpulver besteht.

Liquid Smoke – Flüssigkeit zum Marinieren von Fleisch oder Fisch, um das Aroma von über Holz Gegrilltem zu erreichen. Auch anderen Gerichten oder Saucen kann man Liquid Smoke hinzufügen, um einen rauchigen Geschmack zu erzeugen. Liquid Smoke gibt es in verschiedenen Geschmacksrichtungen wie →*Mesquite*, →*Hickory* oder →*Pecan*. In Europa ist Liquid Smoke meist nur in Online-Shops zu kaufen.

Mais zählte bereits 3000 vor Chr. in Mexiko zu den Grundnahrungsmitteln. Die Indianer Nordamerikas kannten mehr als 500 verschiedene Sorten Mais, deren Körner je nach Sorte gelb, weiß, rötlich oder violett waren. Der Geschmack reichte von salzig bis zuckersüß. Ist hier von Mais die Rede, dann ist gelber Zuckermais gemeint.

Melasse – Ein zäher, dunkelbrauner Zuckersirup, der als Nebenerzeugnis der Zuckerproduktion aus Zuckerrohr und Zuckerrüben entsteht. Die lakritzartig schmeckende Melasse eignet sich nicht nur als Brotaufstrich zum gesunden Süßen von Speisen, sondern wird auch als Heilmittel verwendet.

Mesquite – Neben Chili existiert ein weiteres wichtiges Aroma-Element, das in Texas seit Generationen verwendet wird: Mesquite-Holz, von den Azteken „Mizquitl" genannt. Der Geruch von verbranntem Mesquite-Holz gehört zu den typischen Düften des Südwestens. Der Rauch dieses Holzes ist unübertroffen darin, nicht nur das natürliche Aroma von Gegrilltem zu verstärken, sondern jedem Gericht einen besonderen Wohlgeschmack zu verleihen.

Mesquite-Holz wurde für Zaunpfähle und Schutzstände gerne benutzt, aber vor allem, um überall auf den Trails schnell ein Feuer anzünden zu können, denn kein anderes Hartholz brennt heißer und entzündet sich so leicht.

Doch leider hat sich dieser buschartige Baum mit seinen zarten, fedrigen Blättern, die seine bis zu fünf Zentimeter langen nadelscharfen Dornen verbergen, in Texas zu einem gefährlichen und unausrottbaren Unkraut entwickelt. Er bedroht jedes andere Gewächs in seiner Nähe. Die Hauptwurzel kann bis zu sechs Meter tief wachsen und sich bis zu zwanzig Metern in der Breite verzweigen, sodass sie jeden Tropfen Feuchtigkeit aufsaugt und alle anderen Pflanzen in ihrem Umkreis verdorren lässt. Dazu vermehrt sich dieser Baum sehr schnell; ist einer gefällt, entwickeln sich unzählige Pflanzen aus den Schösslingen. Rinder lieben die Samen der Mesquite-Pflanze. Da diese jedoch meistens wieder ausgeschieden werden, trugen und tragen die vielen Rinder nicht unerheblich zur Vermehrung dieser Pflanze bei.

Monterey Jack – Kuhmilchkäse, dessen Name auf David Jacks aus dem Monterey County/Kalifornien zurückgeht, der um 1890 begann, Käse in der Tradition der dortigen Franziskaner herzustellen und zu vermarkten. Seit 1955 ist sein offizieller Name als Monterey Jack festgelegt, andere noch immer gebräuchliche Bezeichnungen sind Sonoma Jack oder einfach nur Jack.

Pecannuss – Der Pecanbaum, der bis zu 60 m hoch werden kann, ist im Südwesten der USA heimisch und seit 1919 der offizielle Staatsbaum von Texas. Die von den Indianern „Krachende Nuss" genannten Pecans, können notfalls durch Walnüsse ersetzt werden, die allerdings bei weitem nicht an die Würzigkeit des Pecan-Aromas heranreichen.

Piment – Der zwischen 6 bis 12 m hohe Pimentbaum stammt aus Mittelamerika und von den Westindischen Inseln. Bereits die Azteken und Maya verwandten dieses Gewürz für kulinarische Zwecke und würzten ihre Schokolade damit. Piment wird auch Nelkenpfeffer und in Nordamerika „Allspice" genannt, da das Aroma eine Mischung aus Zimt, Muskatnuss und Nelke zu sein scheint.

Pinienkerne – Pinien sind robuste, immergrüne und langsam wachsende Nadelbäume und produzieren alle paar Jahre Rekordernten ihrer Samen. Sobald die Pinienzapfen sich öffnen, fallen die schmackhaften Kerne heraus.

Rohrzucker – Er wird, wie der Name schon sagt, aus Zuckerrohr gewonnen, und schmeckt anders und deutlich malziger als der in Mitteleuropa produzierte Haushaltszucker, der aus der Zuckerrübe gewonnene Rübenzucker. Der Begriff „Rohrzucker" wird oft fälschlicherweise als Bezeichnung für braunen Zucker verwendet, obwohl es auch braunen Rübenzucker gibt. Ebenso kann aus Rohrzucker durch Raffinade weißer Zucker hergestellt werden.

Schmalz – Traditionell wurde zum Braten und Backen Schweineschmalz verwendet. Heutzutage wird es teilweise durch Öl oder andere Fette ersetzt.

Süßkartoffeln – Die zuckerhaltige Knolle, die botanisch nicht mit der Kartoffel verwandt ist, kann ein Gewicht von bis zu 1 kg erreichen und schmeckt mehligsüß. Ihre Farbe variiert sowohl außen als auch innen und reicht in der Färbung von weiß, gelb, orange, rosa bis violett. Sie ist ebenfalls als →*Baked Potato* geeignet und kann mit ihrer gesunden Schale verzehrt werden.

Tabasco – Scharfe Chili-Sauce, die seit 1868 von Mcilhenny in Louisiana aus den Tabasco-Chilis hergestellt wird. Die ursprüngliche Sauce wird als Tabasco Pepper Sauce bezeichnet. Inzwischen umfasst die Produktpalette jedoch Saucen unterschiedlicher Schärfegrade und Geschmacksrichtungen. Tabasco ist ein guter Ersatz, wenn keine frischen Chilischoten verfügbar sind. Mit ein paar Tropfen davon kann jedes Gericht individuell geschärft werden.

Zwiebeln – Die texanische Zwiebel ist wesentlich milder als die meisten unserer Zwiebelsorten. Daher sollten für Gerichte aus diesem Buch möglichst milde Sorten gewählt werden, wie z. B. die spanische Gemüsezwiebel.

Brot und Brötchen

Brot in der Wildnis

Das einfache Pfannenbrot nannten die Cowboys und Trapper „Camp-Bread" oder je nach Region auch „Bannock". Es konnte in wenigen Minuten über dem Lagerfeuer oder auf einem simplen Herd zubereitet werden, sodass auch Trail-Köche gerne darauf zurückgriffen. Die ursprünglichste Art dieses fladenartigen Brotes hatte nur drei Zutaten: Mehl, Wasser und Fett, das zum Backen verwendet oder auch in den Teig eingearbeitet wurde.

Der „Lonesome Cowboy", der ein oder mehrere Tage unterwegs war, buk sein Camp-Bread entweder frisch oder hatte es bereits fertig zubereitet in seinen Satteltaschen dabei, um es abends am Lagerfeuer knusprig zu rösten.

Camp-Bread schmeckt am besten, wenn es noch warm ist, kann aber auch kalt gegessen werden und hält ein oder zwei Tage.

Great-Grandpa John's Camp-Bread

Dieses Rezept stammt vom Ur-Großvater des Sheriffs von Stinnett, einem kleinen, abgelegenen Ort im Panhandle von Texas. Der Sheriff betrieb neben seinem Job noch das kleine, von seinen Eltern geerbte Motel am Ortsrand. Ich war der einzige Gast und der Sheriff schien erfreut über die Gesellschaft am Abend zu sein und fragte, ob ich Lust hätte mit ihm zu Abend zu essen. Allerdings gäbe es nur etwas sehr Einfaches.

Wir aßen draußen auf der überschatteten Veranda. Er hatte sich erkundigt, ob mir das recht sei, denn es waren immer noch etwa 32 °C, doch der stete Wind der Plains milderte die Hitze ab und ließ sie wie ein Seidentuch über die Haut gleiten. Von dem einfachen Holztisch aus blickte man über Gräser und Yuccas, soweit das Auge reichte. Die Sonne ging blutrot unter und tauchte anschließend den Himmel und das weite Land in eine lodernd rot-gelbe Farbe, sodass es aussah, als würde die Prärie in Flammen stehen.

Es wurde ein langer Abend und zum Glück gab es keine Bösewichte, die das Handeln des Sheriffs erforderlich machten. Er wurde sehr gesprächig und erzählte lebhaft von den alten Zeiten, als seine Familie in den Westen kam.

Zur Zeit seines Ur-Großvaters John mussten Cowboys draußen auf dem unendlichen Weideland oft für sich selbst kochen. Sie hatten in der Satteltasche meist nur einen kleinen Topf, um Wasser für den Kaffee erhitzen zu können, und eine Pfanne. Diese diente anfangs als Teigschüssel, wurde dann ausgewaschen, anschließend eingefettet (mit Speck ausgerieben) und zum Backen des Brotes verwendet. Während die Brote abkühlten, wurden Speck und, wenn vorhanden, Eier in der gleichen Pfanne gebraten. Manchmal war es auch eine Dose Bohnen, die mit viel Speck in der Pfanne erhitzt und mit dem Brot verspeist wurde.

240 g	**Mehl**	**Wasser**
1 TL	**Baking Soda**	**Speck**
½ TL	**Salz**	

Die trockenen Zutaten vermischen und mit genügend Wasser zu einem geschmeidigen Teig kneten und daraus zwei Kugeln formen. Die Teigkugeln nacheinander in eine leicht gefettete, gusseiserne Pfanne legen und mit der Faust zu einem Fladen von etwa 1,5 bis 2 cm Höhe formen. Mit dem Finger in die Mitte des Teigs ein Loch bohren. Dieses Loch ermöglicht der Hitze, den Teig gleichmäßig zu durchdringen und zu backen. Das fertig geformte Brot wieder aus der Pfanne herausnehmen und beiseitelegen.
Die Pfanne auf Steinen oder auf einem Rost über den glühenden Kohlen des Lagerfeuers platzieren und die Brote nacheinander backen. Wenn die untere Seite des Brotes goldbraun geworden ist, das Brot umdrehen und von der anderen Seite bräunen lassen.

Campfire Stick Biscuits

Cowboys mussten früher draußen auf dem unendlichen Weideland häufig für sich selbst kochen und benutzten Grünholz, um Fleischstücke oder auch ihre Biscuits über dem Feuer zu braten.
Baking Soda gehörte ebenso zum Proviant eines Cowboys wie Mehl, Salz, Speck (geräucherter, gestreifter Speck), Schweineschmalz und Kaffee.

80 ml	**Wasser**	**½ TL**	**Baking Soda**
200 g	**Mehl**	**1**	**dicker Brocken Schmalz**
½ TL	**Salz**		

Alle Zutaten gut verrühren und verkneten, um einen Stock wickeln und so lange über das Feuer halten, bis es gar ist.

Campfire Drop Bread

500 g	**Mehl**	**1 TL**	**Salz**
250 ml	**warmes Wasser**	**2 EL**	**Zucker**
2 TL	**Baking Soda**	**100 g**	**Speck – gewürfelt**

Zuerst die trockenen Zutaten vermischen, dann Öl und Wasser einrühren. Den Teig zehn Minuten ruhen lassen. Den Speck in einer Pfanne auslassen und erhitzen. Anschließend den Teig löffelweise in das heiße Fett geben und goldbraun backen. Anstatt Speck kann man notfalls auch Öl verwenden.

Fladenbrot

Zu Chilis oder anderen Eintöpfen sowie Fleisch-, Fisch- und Wildgerichten erfreuen sich Fladenbrote als Beilage großer Beliebtheit. Sie lassen sich gut in die Sauce tunken oder dienen manchmal als Fleischumhüllung. Da Fladenbrote sich in wenigen Minuten auf/in einem einfachen Herd oder über dem Feuer zubereiten lassen, griffen auch Trail-Köche gerne darauf zurück. Ebenso wie der „Lonesome Cowboy", der ein oder mehrere Tage unterwegs war und sie gelegentlich in seinen Satteltaschen dabei hatte, um sie abends am Lagerfeuer knusprig zu rösten.

250 g	**Mais-** ***oder*** **Weizenmehl**	**60 ml**	**lauwarmes Wasser**
2 TL	**Backpulver**		**Backfett**
½ TL	**Salz**		

Mehl, Backpulver und Salz gut vermischen und das Wasser hinzufügen. Gut durchkneten, so dass sich keine Luftblasen mehr im Teig befinden. Den Teig zu großen, flachen Fladen von etwa 20 cm Durchmesser formen oder ausrollen. Die Fladen vorsichtig in eine Pfanne mit großzügig bemessenem, sehr heißem Fett gleiten lassen. Wenn der Fladen auf der einen Seite goldbraun ist, wenden. Die fertigen Fladen aus der Pfanne nehmen und anschließend auf Papier trocknen.
Besonders gut schmeckt das Brot, wenn die Hälfte des Fettes aus ausgelassenem Speckfett besteht. Fladenbrot schmeckt am besten frisch gebacken.

Fladenbrot – weitere Möglichkeiten der Zubereitung

- *Die Fladen auf einem Rost oder Backblech auf dem Grill bei mittlerer Hitze 15 Minuten bei etwa 175 °C backen.*
- *Das Backen im herkömmlichen Herd.*
- *Formt man nur brötchengroße Fladen, können diese in einer Pfanne mit so viel heißem Fett, dass es die Fladen bedeckt, goldbraun gebacken werden. Vor dem Servieren auf Küchenpapier abtropfen lassen.*

Sourdough-Starter

Ein guter Sauerteig-Ansatz gehörte zur Lebensmittel-Grundausstattung einer Ranch- und Trailküche. Vor dem Aufbruch zu einem Trail stellte der Trail-Koch den Teigansatz her und brachte ihn in einem Sauerteigfass im Chuck-Wagon unter. Es erforderte große Sorgfalt, den Ansatz zu transportieren, denn er durfte nicht zu kalt oder zu warm werden. Guten Köchen wurde nachgesagt, dass sie in sehr kühlen Nächten sogar auf dem Sauerteig schliefen, um ihn „am Leben zu halten" und den Männern ein gutes Frühstück servieren zu können.

Sourdough-Starter eines Trail-Kochs

Zwei mittelgroße Kartoffeln in Würfel schneiden und in genügend Wasser weichkochen. Die Kartoffeln aus dem Wasser nehmen. 500 ml des Kartoffelwassers mit einem Esslöffel Zucker und 500 g Mehl vermischen und zu einer weichen Masse verrühren. Die Masse mit einem Tuch bedeckt an einen warmen Ort stellen, bis sich die Originalgröße verdoppelt hat.

Sourdough-Starter II

300 g	**Mehl**	**1 Pck.**	**Trockenhefe**
540 ml	**lauwarmes Wasser**	**1 TL**	**Zucker**

Die Backhefe in 60 ml Wasser einrühren und kurze Zeit stehen lassen. Das restliche Wasser, Mehl und Zucker hinzugeben und gut vermengen. Die Schüssel mit einem Tuch bedecken und über Nacht stehen lassen.
Je länger die Masse bei Raumtemperatur steht, umso intensiver ist der Sauerteiggeschmack. Bis zum Gebrauch in den Kühlschrank stellen.

Old West Sourdough Biscuits

250 g	**Sauerteig-Ansatz**	**80 ml**	**Milch**
500 g	**Mehl**	**3 TL**	**Backpulver**
120 g	**Backfett**	**1 TL**	**Salz**

Die trockenen Zutaten in eine Schüssel geben und vermischen. Das Backfett in kleine Stückchen hacken. Den Sauerteig-Ansatz mit der Milch sachte verrühren. Alles zusammen vermischen und zu einem glatten Teig verrühren. Aus dem Teig Kugeln in halber Brötchengröße formen, etwas flach drücken und auf ein gefettetes Backblech legen. Die Brötchen noch eine Zeit gehen lassen und anschließend bei 230 °C etwa 12 Minuten backen oder bis die Brötchen goldbraun sind.

Sauerteigbrot

180 g	**Sauerteig-Ansatz**	**1 Pck.**	**Backpulver**
480 g	**Mehl**	**1 EL**	**Zucker**
120 ml	**warmes Wasser**	**1 EL**	**Salz**

Das Wasser in eine angewärmte Schüssel geben und das Backpulver hineinrühren. Zucker, Salz und den Starter untermischen. Mehl dazugeben und alles gut vermengen. Die Schüssel zudecken und den Teig eine Stunde lang gehen lassen. Anschließend 10 Minuten kneten. Einen Brotlaib formen und nochmals 40 Minuten gehen lassen. 30 bis 35 Minuten bei 200 °C backen.

W.T. WAGGONER
ESTATE
VERNON, TEXAS
Phone 552-2521
A/C 817

Brot im Topf gebacken

Liebhaber des Dutch Ovens wissen die Vorzüge des Brotbackens im geschlossenen Topf zu schätzen. Dabei geht die Feuchtigkeit nicht verloren, sodass das Brot außen knusprig wird und innen saftig bleibt. Beim Backen im Backofen kann man den Topfdeckel 5 bis 10 Minuten vor Ende des Backvorgangs abnehmen, sodass die obere Seite des Brotes noch knuspriger wird.
Als Backform eignen sich backofenfeste Töpfe wie z. B. Römertopf, Töpfe aus Gusseisen oder Edelstahl. Empfohlene Größe 28 x 32 cm.
Das Sauerteigbrot kann ebenfalls im Topf gebacken werden.

1 kg	**Weizenmehl**	**1 TL**	**Salz**
800 ml	**Wasser**	**2 EL**	**brauner Zucker**
2 Pck.	**Trockenhefe**		

Die trockenen Zutaten vermengen, das Wasser dazugeben und alles zu einem geschmeidigen Teig verrühren. Abdecken und 24 Stunden bei Zimmertemperatur gehen lassen.
Anschließend leicht durchkneten und nochmals 15 Minuten gehen lassen. Den Ofen und den Topf mit Deckel auf 250 °C vorheizen. Den Teig in den heißen Topf geben und den Deckel schnell wieder schließen. 60 Minuten backen.
Das Brot ein wenig abkühlen lassen und dann auf einen Rost stürzen.

Sandwich-Brot

480 g	Weizenmehl	50 g	Butter – zerlassen
125 ml	Milch	2 EL	Zucker
125 ml	heißes Wasser	1 TL	Salz
1 Pck.	Trockenhefe		

Das Wasser mit der Milch verrühren. Die Hefe mit etwas Wasser-Milch-Gemisch, anrühren und kurz quellen lassen. Das Mehl in eine Schüssel geben und alle anderen Zutaten einrühren und gut miteinander verkneten, bis ein elastischer Teig entstanden ist. Diesen auf einer leicht bemehlten Arbeitsfläche etwa 6 bis 8 Minuten kneten, in eine Schüssel legen und abgedeckt 60 Minuten an einem warmen Ort gehen lassen, bis sich sein Volumen verdoppelt hat.
Anschließend kurz kneten, in eine leicht bemehlte Kastenform (23 x 12 cm) füllen und abgedeckt nochmal 60 Minuten gehen lassen.
In der Zwischenzeit den Backofen auf 180 °C vorheizen. Das Brot etwa 35 Minuten backen, bis es eine goldbraune Farbe hat. Gleich aus der Form herausnehmen und auf einem Kuchengitter auskühlen lassen.

Burger Brötchen

1 P	Trockenhefe	1	Ei
120 ml	Wasser – lauwarm	½ TL	Salz
3 TL	Öl	250 g	Mehl
3 TL	Zucker		Sesamsamen – optional

Den Ofen auf 190 °C vorheizen. In einer Schüssel Hefe mit Wasser, Öl und Zucker verrühren, bis sich die Hefe aufgelöst hat. Für 5 Minuten stehen lassen. Ei, Salz und Mehl hinzufügen und alles zu einem weichen, glatten Teig verkneten und gehen lassen, bis er doppelt so groß ist. Den Teig je nach gewünschter Größe in 4, 6 oder 8 gleichgroße Stücke teilen, zu Kugeln formen und mit genügend Abstand auf das Backblech legen. Abdecken und etwa 20 Minuten gehen lassen. Anschließend etwas platt drücken, mit etwas Wasser bestreichen und, falls gwünscht, mit den Sesamsamen bestreuen.
Die Brötchen bei 190 °C etwa 25 Minuten backen oder bis sie goldbraun geworden sind.

Kürbis-Biscuits

Nicht nur zu Halloween oder Thanksgiving sind diese leicht süßlichen Kürbisbrötchen eine absolute Delikatesse.

480 g Mehl
240 g Kürbisfleisch – gewürfelt
80 ml Buttermilch
80 g Rohrzucker
2 TL Backpulver
1 TL Baking Soda
½ TL Salz
120 g weiche Butter

Das Kürbisfleisch weich kochen, anschließend pürieren und abkühlen lassen. In einer großen Schüssel die trockenen Zutaten vermischen. Die Butter hinzufügen und zu einer krümeligen Masse verrühren. Das Kürbisfleisch und die Buttermilch vermengen und mit der Grundmixtur verkneten. Aus dem Teig 6 bis 8 Brötchen formen. Mit mindestens 3 cm Abstand auf ein gefettetes Backblech legen und 20 bis 25 Minuten bei 200 °C oder bis die Brötchen goldbraun sind, backen.
Sie können warm oder kalt serviert werden.
Besonders gut schmeckt dazu →*Pinienkernbutter*.

Süßkartoffel-Biscuits

1 große Süßkartoffel
100 g Zucker
160 ml Milch
6 EL Butter – geschmolzen
280 g Mehl
2 TL Backpulver
1 TL Salz

Die Süßkartoffel kochen, pellen, pürieren und den Backofen auf 220 °C vorheizen. Süßkartoffelpüree und Zucker gründlich vermischen. Milch und Butter einrühren. Anschließend alle trockenen Zutaten hinzufügen und die Masse zu einem weichen Teig verrühren. Den Teig auf einer bemehlten Fläche nochmals kneten, bis er glatt ist. Anschließend 1,5 cm dick ausrollen und mit einem Messer oder einer Ausstechform entsprechender Größe die Brötchen ausstechen.
Die Brotlinge auf ein gefettetes Backblech setzen und bei 220 °C etwa 20 Minuten oder bis sie schön braun sind, backen.

Ruby's Old Plantation Hot Rolls

Das 1910 erbaute „The Old Plantation", damals „Outside Inn", war eines der zwei Hotels in Medicine Park, einem mondänen Badeortort, und gehört zu den historischen Landmarks in Oklahoma. Der Ort wurde bis in die späten 1930er als „Jewel of the Southwest" bezeichnet.
Wie alle Häuser dieses Ortes wurde es aus natürlichen Granitpflastersteinen der nahe gelegenen Wichita Mountains gebaut. Der obere Teil des Gebäudes bestand aus Holz. Als Senator Elmer Thomas, der Medicine Park im Comanche County 1908 gegründet hatte, es 1934 verkaufte, wandelte sich die Bestimmung des Hauses, das nun „Grand Hotel" hieß, grundlegend. Der Ballsaal blieb, zur Bar kamen jedoch Spielsalons dazu und das Restaurant wurde ebenfalls um eine Bar erweitert. Im ersten Stock wohnten keine Gäste mehr, sondern die „Pretty Ladies", die hier ihrem Geschäft nachgingen. Und es heißt sogar, dass im dritten Stockwerk, das 1939 angebaut wurde, „Dirty Movies" gezeigt wurden. Bis zum Brand 1949, der das zweite und dritte Stockwerk verwüstete, besaß das Hotel 50 Zimmer und 35 Gästehäuser. Danach folgten mehrmals neue Besitzer und neue Namen.
1966 kauften es Rex (1915–1998) und Ruby „Grandma" Leath (1914–2007), die sich ihren Lebenstraum erfüllten. Die von einer kleinen Ranch in Texas stammende Ruby, von allen liebevoll „Grandma" genannt, hatte schon immer mit ihrem Mann davon geträumt, ein Restaurant zu eröffnen. Sie wollten sich dort mit ihren Gästen unterhalten und nach den alten Familienrezepten von Ruby's Mutter und Großmutter kochen. Beide waren nicht nur für ihre gute Küche bekannt, sondern hatten auch zeitweise auf größeren Ranches als Köchinnen gearbeitet und ein kleines Restaurant besessen. Liebevoll wurde das alte Haus restauriert und unter seinem ursprünglichen Namen „The Old Plantation" wieder eröffnet. Tiffanylampen, Billardtische, Bilder aus den Gründungszeiten und sonstige Einrichtungsgegenstände erinnerten an die historische Vergangenheit des Hotels. Rex und Ruby liebten ihr Restaurant so sehr, dass sie sich neben der Bar ein kleines offenes Wohnzimmer bauen ließen, als sie selbst den Betrieb nicht mehr führen konnten, sodass sie bis zu ihrem Tod an allem teilhatten. Der schmale Aufgang zu ihren Räumen im oberen Stockwerk erhielt darüber hinaus einen Treppenaufzug.

Nicht nur das historische Restaurant und Grandma Ruby's Küche waren landesweit bekannt, sondern die alte Lady galt auch als wandelndes Geschichtsbuch der Historie von Medicine Park und insbesondere des „Old Plantation“. Sie schwor, dass all diese Erzählungen wahr seien.
Als sie einzogen, entdeckten sie durch Zufall in der Wand einen kleinen Hebel, der eine geheime Tür öffnete. Dahinter befand sich ein komplett eingerichteter geheimer Spielraum. Unter dem Haus gab es einen verschütteten Tunnel, der bis in die Bäderzone führte.
In den frühen 1930ern soll der bekannte Gangster Charles Arthur „Pretty Boy“ Floyd in den Rahmen des Barspiegels geschossen haben, dessen Einschussloch sie gerne zeigte. Selbst Bonny und Clyde hätten nach ihren Erzählungen in einem der Gästehäuser übernachtet. Eine der weiteren Geschichten handelt vom Mord an einem wohlhabenden Handlungsreisenden, der von einer Prostituierten ermordet und in einem der geheimen Keller verscharrt worden sein soll. Andere erzählen vom Kidnapping und Gefangenhalten eines Ölbarons durch George „Machine Gun“ Kelly und davon, dass Gangster Al Capone seine Finger im illegalen Alkoholgeschäft des Hotels hatte.
Grandma Ruby lebte dort bis zu ihrem Tod 2007. Danach wurde das Haus verkauft und 2008 neu eröffnet. Leider wurde das gesamte alte Mobiliar entfernt und das Restaurant erhielt ein nüchternes, fabrikhallenähnliches Flair, das nichts mit der Historie dieses Hauses zu tun hat. Die Küche soll nach wie vor sehr gut sein. Vielleicht, weil zumindest Ruby's Rezepte übernommen wurden.

840 g Mehl
480 ml lauwarmes Wasser
1 Ei
1,5 Pck. Trockenhefe
1 TL Salz
120 g Zucker
4 EL geschmolzene Butter

Die Backhefe in das warme Wasser einrühren und die geschmolzene Butter damit verrühren. Anschließend die anderen Zutaten hinzufügen und alles gut miteinander vermengen.
Den Teig warm stellen und auf die doppelte Größe anwachsen lassen. Anschließend Kugeln von halber Brötchengröße formen, auf ein gefettetes Backblech legen und etwas flach drücken. Die Brötchen nochmals auf das Doppelte anwachsen lassen und mit der geschmolzenen Butter einpinseln. Bei 200 °C 15 Minuten im Backofen backen oder bis die Rolls goldbraun sind. Warm servieren.

Jalapeño-Cornbread

175 g	feines Maismehl	2	rote Jalapeños – sehr fein gehackt
150 g	Maisgrieß (Polenta)	2	grüne Jalapeños – sehr fein gehackt
75 g	Weizenmehl	3	Eier
50 g	Zucker	2 EL	zerlassene Butter
1 P	Backpulver	300 ml	Buttermilch
½ TL	Salz		
150 g	Cheddar		

Die sechs trockenen Zutaten in einer Schüssel gut miteinander vermischen. Den Käse und die Jalapeños (extrem scharf! Notfalls milderen Chili oder kleinere Menge verwenden) hinzufügen und wieder gut durchrühren. Die Eier verquirlen und nach und nach die zerlassene Butter sowie die Buttermilch einrühren. Die Eiermilch in kleinen Mengen zur Trockenmasse hinzufügen und alles zu einem glatten Teig verkneten. Den Teig in eine gefettete Kastenbackform füllen. Eine feuerfeste Schale mit Wasser unten in den Backofen stellen. Das Brot 60 Minuten bei 180 °C goldbraun backen.
Das Maisbrot schmeckt warm sehr gut, kann aber auch kalt gegessen werden.

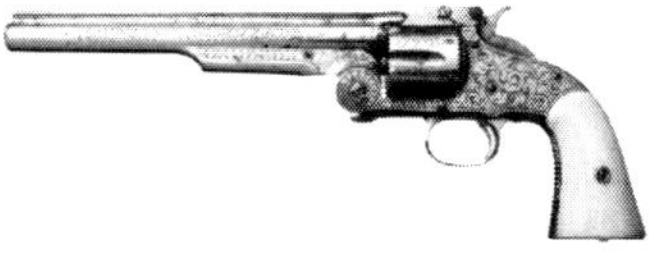

Texas-Cornbread

240 g	Maismehl	1 EL	Zucker (optional)
240 g	Weizenmehl	240 ml	Buttermilch
¼ TL	Salz	2	Eier – leicht verrührt
1 TL	Backpulver	100 g	Bacon – fein gewürfelt
1 TL	Baking Soda		

Die Speckwürfel in einer Pfanne auslassen und beiseitestellen. Die trockenen Zutaten miteinander vermischen und die Buttermilch einrühren. Anschließend die Eier und das warme Fett sehr schnell mit der Masse vermengen. Den Backofen auf 200 °C vorheizen und ein Backblech – etwa 40 x 30 cm – mit Butter einfetten. Den Teig auf dem Backblech verteilen und das Maisbrot 20 bis 25 Minuten backen, bis das Brot goldbraun geworden ist.
Das Brot in Quadrate schneiden. Warm oder kalt als Beilage zum Essen, zum Frühstück oder auch zwischendurch mit Butter, Honig oder Marmelade servieren.

Frühstück

Für einen Cowboy war das Frühstück sehr wichtig, denn oft gab es die nächste anständige Mahlzeit erst wieder am Abend. Bis dahin musste er meist mit dem auskommen, was seine Satteltaschen hergaben. Da die Rancharbeit allgemein mit harter körperlicher Arbeit verbunden war und ist, nimmt das Frühstück, insbesondere in ländlichen Regionen, einen hohen Stellenwert ein und fällt erheblich deftiger aus, als wir es in Europa gewohnt sind. Doch auch Trucker und andere körperlich arbeitende Menschen wissen das vielfältige Angebot zu schätzen.
Zwar gehören neben dem obligatorischen Kaffee auch Marmelade, Butter und Toast zum Frühstück, doch eher als Zusatzangebot. Als Standardfrühstück kann sicher Rührei oder Spiegelei mit krossem Bacon sowie speziellen kleinen Würstchen bezeichnet werden. Häufig begleitet von Hash Browns (ähnlich unseren Reibekuchen) oder →Biscuits mit →Gravy, einer dicken, hellen Sauce. Omeletts sowie weitere spezielle Eierzubereitungen, Pfannkuchen, Frühstückspfannen und würzig-deftige Pasteten stehen schon morgens auf dem Speiseplan, werden allerdings auch gerne zum Brunch oder Lunch konsumiert. Ebenso wie auch Steaks und süße Pasteten.

Ranch Pickled Eggs

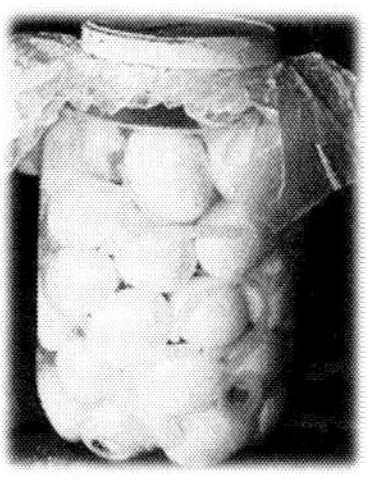

Da es früher schwierig war, Eier ohne Kühlung frisch zu halten, bzw. irgendwohin mitzunehmen, galten eingelegte Eier als Delikatesse auf den Trails. In den kleinen Städten, die die Cowboys passierten, wurden sie nicht nur im Store, sondern auch in den Salons als feste Nahrung angeboten, um das Bier und den Whiskey zu kompensieren. Waren die Hühner auf den Ranches zu fleißig gewesen, wurden die überschüssigen Eier ebenfalls auf diese Art und Weise konserviert, wobei die Rezepte leichten Abwandlungen in der würzigen Zusammensetzung unterlagen.
Noch heute gehören Pickled Eggs in vielen Restaurants, kleinen Mercantiles oder auch Saloons zum Angebot. Allerdings eher aus nostalgischen und geschmacklichen Gründen, denn aus Notwendigkeit.

250 ml	**Estragon-Essig**	**½ TL**	**Selleriesamen**
250 ml	**Wasser**	**1**	**Knoblauchzehe - gehackt**
2 EL	**Zucker**	**2**	**Lorbeerblätter**
½ TL	**Salz**	**12**	**Eier - hart gekocht, geschält**

Alle Zutaten außer den Eiern in einen Topf geben und 30 Minuten simmern lassen. Die Lorbeerblätter entfernen und die Flüssigkeit abkühlen lassen. Die Eier in ein Schraubglas legen und mit der Flüssigkeit übergießen. Das Glas gut verschließen und einige Tage stehen lassen, bevor man beginnt, die Eier zu essen.

Knuspriger Bacon

Für knusprigen Frühstücksspeck braucht man Geduld!

Den in dünne Scheiben geschnittenen Bacon – durchwachsener Bauchspeck – in eine heiße Pfanne legen und auf mittlere Hitze stellen, damit der Speck genug Zeit hat, um auszulaufen, ohne anzubrennen. Es kann 5 bis 6 Minuten dauern, bis die Unterseite leicht gebräunt ist. Dann wenden und weitere 3 bis 4 Minuten braten. Den Bacon dann nicht sofort servieren, sondern auf einem Stück Küchenpapier abtropfen lassen. So wird das ausgetretene Fett von der Oberfläche abgesaugt und der Frühstücksspeck härtet aus und wird knusprig.

Cheese-Hash Browns

4	**mittelgroße Kartoffeln**	**2**	**Lauchzwiebeln – gehackt**
30 g	**geschmolzene Butter**	**1**	**Ei**
120 g	**Cheddar – gerieben**		**Salz und Pfeffer**

Den Backofen auf 200 °C vorwärmen. Die Kartoffeln schälen, in eine Schüssel reiben und mit eiskaltem Wasser bedecken. Einmal durchkneten und 10 Minuten stehen lassen, damit die Kartoffelstärke sich auswäscht. Dadurch werden die Hush Browns krosser. Anschließend die Kartoffeln gut ausdrücken. Am besten gelingt das, wenn man sie in ein Geschirrhandtuch gibt und dann auspresst. Alle übrigen Zutaten mit den Kartoffeln vermischen. Als ovale Fladen auf ein gefettetes Backblech legen und für 20 Minuten backen lassen.

So lassen sich nicht nur etliche Hush Browns gleichzeitig herstellen, sondern während des Backvorgangs auch problemlos andere Frühstückszutaten wie Rührei zubereiten.

Sheila's Breakfast Cookies

200 g	**Kartoffeln**	**125 g**	**Zucker**
125 g	**weiche Butter**	**150 ml**	**warmes Wasser**
2	**Eier**	**1,5 EL**	**Backpulver**
750 g	**Mehl**	**½ TL**	**Salz**

Die Kartoffeln kochen und stampfen. Anschließend mit Butter und Eiern vermengen. Das Backpulver in das Wasser einrühren und die Flüssigkeit hinzufügen. Die trockenen Zutaten vermischen und anschließend mit der Masse verrühren. Den Teig zudecken und für 2 bis 3 Stunden in den Kühlschrank stellen.
Den Ofen auf 175 °C vorheizen. Den Teig esslöffelweise auf Backpapier geben und 15 Minuten backen oder bis die Kekse braun sind.

Mais-Fladen vom Grill

225 g	**Maismehl**	**2 TL**	**Petersilie – fein gehackt**
1 l	**Wasser**		**Salz und Pfeffer**
50 g	**Parmesan – gerieben**		

Das Maismehl in eine große Pfanne geben und das Wasser langsam einrühren, sodass eine weiche Masse entsteht. Die Mixtur unter Umrühren zum Kochen bringen und 15 bis 20 Minuten köcheln lassen, bis sich der Teig von den Pfannenrändern löst. Wenn erforderlich, zwischendurch umrühren, damit der Teig nicht anpappt. Parmesan, Petersilie und Gewürze einrühren, die Masse in eine Backform gießen und, falls erforderlich, glatt streichen. Abkühlen lassen. Die Masse in Quadrate schneiden oder runde Fladen ausstechen und auf Papiertücher legen, damit die Feuchtigkeit herauszieht.
Die Puffer auf einem Grill etwa 6 Minuten insgesamt grillen. Dabei von Zeit zu Zeit vorsichtig mit einem flachen Spatel umdrehen.

Süßkartoffel-Fladen

1 kg gekochte Süßkartoffeln
3 Eier
130 g Mehl
Salz und Pfeffer
Backfett

Die Kartoffeln zerdrücken und mit Eiern, Mehl und den Gewürzen vermischen. Das Fett in einer Pfanne erhitzen und die Masse mit einem großen Löffel portionsweise in das heiße Fett geben und flachdrücken. Von beiden Seiten goldbraun braten und heiß mit Butter oder Honig servieren.

German Toast

German Toast, in anderen Gebieten der USA und Kanada auch French Toast genannt, ähnelt dem bei uns bekannten „Armen Ritter".

2 dicke Scheiben Toast- ***oder*** **Weißbrot – auch altbacken**
1 Ei
2 EL Milch
2 EL Sahne
Salz
½ EL Vanillezucker
Butter
Zimt
Muskatnuss
Puderzucker
Rohrzuckersirup
Honig ***oder*** **Ahornsirup**

Eier, Milch, Sahne, Salz und Vanillezucker verquirlen. Die Masse über die Weißbrotscheiben gießen und etwa 10 Minuten ruhen lassen oder bis die Flüssigkeit vollkommen eingezogen ist. Reichlich Butter in einer Pfanne schmelzen lassen und die Brotscheiben bei mittlerer Hitze etwa 2 bis 3 Minuten pro Seite backen oder bis sie goldbraun sind. Mit etwas Puderzucker, Zimt und Muskatnuss bestreuen, heiß servieren und mit Rohrzuckersirup oder Honig begießen. Dazu Butter servieren.

Great-Grandma Victoria's Egg-Nests

Dieses Rezept stammt von der Ur-Großmutter einer Rancherin aus Oklahoma. Ihre Great-Grandma Victoria bereitete die Eier auf diese ungewöhnliche Art und Weise in einer Muffin-Form zu, wenn ihre Enkel und Urenkel zu Besuch kamen. Ihre Familie hatte Ende des 19. Jahrhunderts, als sie nach Amerika auswanderte, zwei dieser Muffin-Formen, die heute noch benutzt werden, aus England mitgebracht.

je Eier-Nest

1–2	**dünne Scheibe Bacon**
1	**Ei**
	Pfeffer und Salz
1	**dicke Scheibe Tomate *oder* anderes geeignetes Gemüse**
	Schnittlauch – gehackt

Den Bacon über Kreuz in die jeweilige Muffin-Mulde legen, sodass ein „Nest" entsteht. Die benötigten Eier mit Schnittlauch, Pfeffer und Salz verquirlen. Die Eiermasse jeweils in die Speckmulde gießen. Die Form bei 180 °C für 30 bis 35 Minuten in den Backofen stellen oder bis die Eiermasse vollständig gestockt ist. Vorsichtig auf ein Backblech stürzen. Notfalls vorher mit einem Messer von der jeweiligen Mulde lösen. Auf einer dicken Scheibe Tomate oder anderem geeigneten Gemüse servieren und evtl. noch mit etwas Schnittlauch bestreuen.

Huevos Rancheros

Huevos Rancheros werden in jedem Haushalt etwas anders zubereitet. Dieses feurige Frühstück, das gerne mit gebackenen Bohnen serviert wird, stammt von der Gonzales Ranch bei Cimarron in New Mexico.

4	**Tortillas – Ø 15 cm**
	notfalls Weißbrotscheiben
8	**Eier**
200 g	**Bacon – klein gewürfelt**
1	**große Zwiebel – gehackt**
1	**Knoblauchzehe – zerdrückt**
4	**Tomaten – gewürfelt**
1	**grüne Paprika – gehackt**
1	**Jalapeño – fein gehackt *oder* milderer Chili**
4 EL	**Koriander – fein gehackt**
	Salz und Pfeffer

Tortillas/Weißbrot im Backofen erwärmen. Den Bacon in einer Pfanne auslassen. Zwiebeln und Knoblauch hinzufügen und glasig werden lassen. Chili, Paprika, Tomaten und 2 Esslöffel Koriander dazugeben. Würzen und fünf Minuten köcheln lassen. Die Mischung herausnehmen und warm halten. Die Eier als Spiegeleier in der Pfanne braten. Die Speck-Chili-Mischung auf den Tellern verteilen, die Spiegeleier oben drauf legen und mit Koriander bestreuen.
Mit Tortillas und Chili-Sauce beliebiger Schärfe servieren.

Round-Up Breakfast

Dieses Frühstück war sehr beliebt, um in kürzester Zeit eine größere Menge Cowboys zu versorgen, bevor sie zum Branding oder Round-Up aufbrachen. Dazu konnten die Mengen einzelner Zutaten problemlos dem angepasst werden, was die Vorräte hergaben.

1 kg	**kleine Schweinewürstchen**	**12**	**Eier – verquirlt**
4	**große Kartoffeln – gewürfelt**	**60 ml**	**Wasser *oder* Milch**

Die Würstchen in einer großen Pfanne bräunen und herausnehmen. Die Kartoffeln bei mittlerer Hitze in der gleichen Pfanne braun und fast gar werden lassen. Die Würstchen hinzufügen und alles in der Pfanne gleichmäßig verteilen. Wasser und Eier gut verrühren, die Masse über die Kartoffeln und die Würstchen geben. Bei mittlerer Hitze etwa 20 bis 25 Minuten gar werden lassen.
Für 6 bis 8 Personen

Long Night Breakfast

Ein schönes Rezept, um bei Übernachtungsgästen am nächsten Morgen nicht allzu lange in der Küche stehen zu müssen.

500 g	**Schweinewürstchen**	**3**	**Zwiebeln – fein gehackt**
6	**Eier**		**Salz und Pfeffer**
500 ml	**Milch**	**1 EL**	**Senfpulver**
2	**Scheiben altes Weißbrot**	**250 g**	**Cheddar – gerieben**

Das Weißbrot würfeln. Eier, Milch und die Gewürze gut miteinander verrühren. Die Brotwürfel auf dem Boden einer eckigen Auflaufform auslegen. Die Würstchen braten, in kleine Stücke schneiden und über dem Brot verstreuen. In dem verbliebenen Würstchenfett die Zwiebeln andünsten und über Brot und Würstchen verteilen. Anschließend die Eiermasse in die Auflaufform gießen. Über Nacht oder mindestens 12 Stunden in den Kühlschrank stellen.
Am nächsten Morgen den Käse über den Mix streuen und den Auflauf bei 180 °C für 45 bis 50 Minuten im Backofen garen lassen.
Für 6 bis 8 Personen

Jalapeño-Casserole

John Wayne's Favorite Breakfast

Dieses alte Gericht aus dem Rezeptbuch eines ehemaligen Ranchkochs stand auf der Speisekarte eines kleinen Restaurants in der Nähe von Brackettville/Texas. Die Hauptsehenswürdigkeit des Ortes ist das sieben Meilen nördlich abseits der Zivilisation inmitten des Ranchlandes gelegene Alamo Village. Eine Filmstadt, die 1951 für den Film „Arrowhead" mit Charlton Heston gebaut wurde. Für den John Wayne Film „The Alamo" wurde die Kulisse 1959 in eine perfekte Nachbildung von San Antonio im frühen 19. Jahrhundert verwandelt. Sogar eine originalgetreue Kopie des Alamo gehörte dazu. Die Filmkulisse verschlang für damalige Zeiten astronomische Summen und machte „The Alamo" zur bis dahin teuersten Filmproduktion. Später wurde diese erste Filmstadt in Texas ausgebaut und für viele weitere Filme genutzt wie z. B. auch für das mit unzähligen Auszeichnungen prämierte Western-Epos „Lonesome Dove", deutschsprachiger Titel „Weg in die Wildnis".

Das Rezept für John Waynes Lieblingsfrühstück stammt vom Vater des Restaurantbesitzers, einem ehemaligen Ranchkoch. Nach dem Verkauf der Ranch, auf der dieser sein halbes Leben die Cowboys versorgt hatte, war er überglücklich, in der Region einen neuen Job zu finden. Abseits der Filmcrew war er jetzt für das kulinarische Wohlergehen der Stars verantwortlich, damit diese pünktlich und wohlgelaunt am Set erschienen. Die Jalapeño-Casserole zählte zu den absoluten Lieblingsgerichten John Waynes, welches er fast jeden Tag zum Frühstück verlangte. Auch bei späteren Drehs vor Ort bestand er darauf und freute sich trotz seines Bekanntheitsgrades wie ein kleines Kind darüber, dass der Koch es nach ihm benannt hatte.

3	**Jalapeños – fein gehackt**	**200 g**	**Cheddar – gerieben**
2	**Eier – getrennt**	**2**	**Tomaten – dünne Scheiben**
200 g	**Monterey Jack – gerieben**	**150 ml**	**Milch**
1 EL	**Mehl**		**Salz und Pfeffer**

Den Backofen auf 180 °C vorheizen. Chilis und Monterey Jack miteinander vermischen und in einer kleinen, gut gebutterten Kasserolle verteilen. In einer Schüssel Milch, Eigelb, Mehl, Salz und Pfeffer gut verrühren. In einer anderen Schüssel das Eiweiß steif schlagen und vorsichtig unter die Milch-Eier-Masse heben. Anschließend über der Chili-Mischung gleichmäßig verteilen.

30 Minuten bei 180 °C backen. Aus dem Ofen nehmen und mit Tomatenscheiben und Cheddar garnieren. Nochmals für 30 Minuten backen oder bis beim Test ein Messer ohne Rückstände aus der Mitte kommt.

Bei doppelter Menge der Zutaten und einer flächenmäßig größeren Kasserolle kann das Gericht anstatt für 3 bis 4 Personen auch für 6 bis 8 Personen zubereitet werden.

Für diejenigen, die es nicht ganz so scharf mögen wie der „Duke", kann man natürlich auch weniger Jalapeños oder eine mildere Chili-Sorte nehmen.

Jalapeño-Eier-Pastete

6	**Eier**	400 g	**Cheddar – gerieben**
2–3	**Jalapeños – klein gehackt**		

Den Backofen auf 175 °C vorheizen. Die Jalapeños auf dem gefetteten Boden einer viereckigen 23 x 23 cm Backform (notfalls eine runde Springform gleicher Größe) verteilen. Den Cheddar darüber verstreuen. Die Eier verquirlen und darüber gießen. Die Form etwa 30 Minuten in den Backofen stellen oder bis die Masse sich beim Schütteln der Backform nicht mehr bewegt.
Die Pastete für das Frühstück in kleine Stücke schneiden und warm servieren.
In kleinere Stücke geschnitten und mit einem Zahnstocher versehen eignet sich die Jalapeño-Pastete kalt oder warm auch sehr gut als Appetizer zum Aperitif.

Cook Larry's Potato-Cake

Larry war ebenso wie sein Vater vor ihm als Koch auf einer Ranch in der Nähe von Pecos/NM angestellt. Nach dem Verkauf der Ranch 1975 betrieb Larry bis zu seinem Tod 2005 ein kleines, im Westernstil eingerichtetes Restaurant in Gallup/NM an der alten Route 66, fast an der Grenze zu Arizona. Eigentlich ein Geheimtipp und doch war es manchmal schwierig, einen Platz zu ergattern, da seine authentischen, rustikalen Gerichte Menschen aus allen Bevölkerungsschichten anzogen. Unschwer zu erkennen an den doch sehr unterschiedlichen PKW-Klassen auf dem Parkplatz.
Gerne setzte Larry sich zu seinen Gästen, plauderte über die alten Zeiten auf der Ranch und verriet sogar manchmal einige seiner Rezepte.

6	**Eier – verquirlt**	3	**rote Chilis – Schärfe nach Geschmack – klein gehackt**
500 g	**Kartoffeln – gewürfelt**	2	**Zwiebeln – klein gehackt**
3	**Tomaten – gewürfelt**	2	**Knoblauchzehen – gehackt**
1	**grüne Paprika – gewürfelt**		**Salz und Pfeffer**

Öl in einer großen Pfanne erhitzen. Die Kartoffeln darin bei mittlerer Hitze 5 bis 10 Minuten bräunen lassen. Gelegentlich umrühren. Zwiebeln, Knoblauch und Paprika hinzufügen. Salzen und pfeffern. 10 Minuten bei mittlerer Hitze weiterbraten. Dann die Tomaten hinzufügen und etwa 2 Minuten unter Rühren erhitzen. Die verquirlten Eier über die Gemüsemasse gießen und einmal gut umrühren. Einen Deckel auf die Pfanne legen und bei heruntergestellter Hitze backen lassen, bis die Eiermasse vollständig gestockt ist. Den Kartoffelkuchen auf einen großen Teller gleiten lassen und tortenartig schneiden.
Dazu eine beliebige Chili-Sauce – scharf oder weniger scharf – servieren.

Speckkuchen

300 g	Mehl	125 g	Kochschinken – gewürfelt
100 g	Butter	4	Eier
125 ml	Wasser	200 ml	Milch
6	Scheiben Bacon – gewürfelt		Salz und Pfeffer
1	Zwiebel – fein gehackt		Muskatnuss – gemahlen
400 g	Cheddar – gerieben		

Den Backofen auf 190 °C vorheizen. Aus Mehl, Butter, etwas Salz und dem Wasser einen Mürbeteig herstellen und in Folie gewickelt 30 Minuten ruhen lassen. Den Teig ausrollen, in eine gefettete Springform (24 cm Ø) geben und hellbraun backen.
Die Speckwürfel in einer Pfanne auslassen, die Zwiebeln darin glasig dünsten und beiseitestellen. Die Schinkenwürfel mit den Speckzwiebeln und dem Käse mischen. Die Eier mit Milch und den Gewürzen verquirlen. Zuerst die Speck-Schinken-Käse-Mischung auf dem Teigboden verteilen, dann die Eier-Milch-Masse darüber gießen. Den Kuchen im Ofen etwa 30 Minuten goldbraun backen.

East Texas Onion Pudding

4	Zwiebeln – in Ringe geschnitten		Cayenne-Pfeffer
			Zitronensaft
4	Eier		Salz
250 ml	Sahne		Röstzwiebeln
2	Knoblauchzehen – gehackt	3 EL	Erdnussöl

Den Ofen auf 150 °C vorheizen. Das Öl in einer großen Pfanne erhitzen. Die Zwiebeln darin bei mittlerer Hitze für 10 bis 12 Minuten glasig, aber nicht braun werden lassen. Vom Herd nehmen und beiseitestellen.
Sahne, Eier und Knoblauch miteinander verrühren und die Zwiebeln hinzufügen. Anschließend mit Cayenne-Pfeffer, Zitronensaft und Salz abschmecken. Die Masse in eine Auflaufform (etwa 20 x 30 cm) gießen und auf die mittlere Schiene des Backofens stellen.
Ungefähr 20 Minuten oder bis die Masse beginnt zu stocken, backen lassen. Die Röstzwiebeln über den Pudding streuen und nochmals für 15 Minuten in den Ofen stellen oder bis die Mitte fest wird. Sollte der Pudding zu braun werden, mit einer Alufolie abdecken.
Den Pudding aus dem Ofen nehmen und vor dem Servieren noch 10 Minuten ruhen lassen.

Pancakes

Pfannkuchen sind ein wesentlicher Bestandteil des amerikanischen Frühstücks. Sie sind kleiner und dicker als die bei uns üblichen und werden in vielen Varianten zubereitet. Serviert werden sie mit Honig, Sirup, Kompott, frischen Früchten, Spezialbutter oder auch mit süßen Saucen.
Rezepte für →Buttermischungen, →Sirup und →Frucht-Dessert sind weiter hinten im Buch zu finden.

Old Cap's Log House Pancake

Im Blockhaus abseits der Zivilisation richtete sich die Zubereitung eines Pfannkuchens danach, was vorhanden war oder gesammelt wurde wie: Vogeleier, Beeren oder auch Honig von Wildbienen.

2–3 **Eier je nach Größe**
1–2 EL **Zucker**
3 EL **Wasser**
4 EL **Mehl**
¼ EL **Baking Soda**
Beeren, wenn vorhanden
Honig, wenn vorhanden
Speckwürfel

Alle Backzutaten zu einem glatten Teig verrühren. Anschließend vorhandene Beeren hinzufügen. Den Speck in einer Pfanne auslassen und den Teig eingießen. Den Pfannkuchen einmal wenden und von beiden Seiten goldbraun werden lassen. Vor dem Essen mit Honig beträufeln.
Für eine Person

Buttermilch-Pfannkuchen

500 g **Mehl**
500 ml **Buttermilch**
2 EL **Zucker**
1 TL **Salz**
1 TL **Baking Soda**
2 EL **Butter**

Alles gut verrühren. Mit einer Schöpfkelle in einer großen, gefetteten Pfanne den Teig so einfüllen, dass Pfannkuchen von 10 bis 15 cm Durchmesser entstehen. Auf beiden Seiten goldbraun backen.
Mit →*Sirup* oder →*Frucht-Dessert* servieren.

Cinnamon-Apple-Pancake Oak Ranch

Pfannkuchenteig		*Füllung*	
150 g	**Mehl**	**2**	**Äpfel**
250 ml	**Milch**	**30 g**	**Rosinen**
2	**Eier**	**20 ml**	**Rum**
2 TL	**Vanillezucker**	**1 EL**	**brauner Zucker**
1 TL	**Backpulver**	**1 TL**	**Zimtpulver**
	Salz	**2 EL**	**Zitronensaft**
	Butterschmalz		**Butter**

Die Rosinen mindestens eine Stunde in Rum einlegen. Wenn Alkohol unerwünscht ist, die Rosinen in Apfelsaft einweichen. Die Äpfel schälen, entkernen und klein hacken.

Die Pfannkuchen-Zutaten zu einem glatten Teig verrühren. Den Teig 20 Minuten ruhen lassen. Die Apfelstücke mit dem Zitronensaft vermischen. In einer Pfanne etwas Butter schmelzen und den Zucker zugeben. Wenn der Zucker zu karamellisieren beginnt, die Äpfel hinzufügen und bei mäßiger Hitze dünsten. Die Rosinen zu den Äpfeln geben, mit Zimt würzen und verrühren. Warmstellen.

Etwas Fett in einer Pfanne erhitzen, die Temperatur runterschalten und den Teig portionsweise von beiden Seiten goldgelb backen. Im angewärmten Backofen warm stellen, bis alle fertig sind.

Die Pfannkuchen auf je einen Teller legen, die Füllung in die Mitte geben und überklappen. Die Pfannkuchen schmecken sehr gut mit Vanilleeis oder Vanillesauce.

Für 2 Personen

Luise's Fruit-Pancakes

Dieses Rezept stammt aus einem kleinen Bed- and-Breakfast bei Brenham, zwischen Houston und Austin, im Herzen der Bluebonnet (Staatsblume von Texas) Region gelegen. Die Vorfahren der beiden alten Damen, die es führten, waren 1880 mit den vielen deutschen Einwanderern in die Region gekommen und hatten eine kleine Ranch aufgebaut. Ihre Ranch musste später ebenso wie viele andere Ranches aufgrund teilweise trauriger widriger Umstände aufgegeben werden, bei denen die Habgier größerer Ranches eine nicht unerhebliche Rolle gespielt hatte.

Nicht verloren gingen allerdings die alten Rezepte ihrer Großmutter, die nach dem Verlust ihres Mannes und der Ranch, um ihre Familie durchzubringen, als Köchin in einem der Restaurants von Brenham gearbeitet hatte.

Den beiden verwitweten Schwestern Luise und Margarete war deutlich anzumerken, welche Freude es ihnen bereitete, Gäste in ihrem wunderschönen alten Haus nicht nur willkommen heißen zu dürfen, sondern auch kulinarisch zu verwöhnen. Und die Familiengeschichte zu erzählen, die damit begann, dass ein Spross aus gutem Hause mit der für seine Familie indiskutablen Liebe seines Lebens jenseits des Ozeans sein Glück suchte. Während Margarete sich hauptsächlich um die Zimmer kümmerte, engagierte sich Luise mit großer Begeisterung in der Küche.

2	**Eier – getrennt**
1–2 EL	**Zucker**
3 EL	**Wasser**
4 EL	**Mehl**
¼ EL	**Backpulver**
150 g	**frische Beeren je Jahreszeit**
2 EL	**Pflanzenfett**
	Salz

Vanillesahne

½	**Vanilleschote**
200 ml	**Sahne**
etwas	**Zucker**

Das Eiweiß mit Salz steif schlagen. Eigelb und Zucker schaumig rühren und Mehl, Backpulver und Wasser einrühren. Den Teig kurz ruhen lassen und den Eischnee unterheben. In einer kleinen Pfanne das Fett erhitzen und die Hälfte des Teigs in das heiße Fett geben. Darauf die Hälfte der Früchte verteilen und einen Deckel auf die Pfanne legen. Bei niedriger bis mittlerer Hitze backen lassen, bis die Masse gestockt ist.

Bei einer größeren Pfanne kann auch der gesamte Teig zu einem Pfannkuchen verarbeitet werden. Die Pfannkuchen können auch im Backofen zubereitet werden. Die Pfanne wird dazu auf die mittlere Schiene eines auf 200 °C vorheizten Backofens gestellt. Den Teig etwa 12 Minuten backen lassen oder bis die Masse stockt.

Die halbe Vanilleschote ausschaben und mit etwas Zucker und steif geschlagener Sahne verrühren. Anschließend über die Pfannkuchen geben.

Für 2 Personen

Kürbis-Pfannkuchen

4	**Eier – getrennt**	**4 TL**	**Backpulver**
100 g	**Kürbisfleisch – gekocht und püriert**	**4 EL**	**Zucker**
			Salz und Pfeffer
500 ml	**Milch**		**Zimt nach Belieben**
4 EL	**Butter**		**Öl zum Braten**
125 g	**Mehl**		

Das Eiweiß steif schlagen. Eigelb, Kürbispüree, Milch und Butter miteinander verrühren. Das Mehl mit Backpulver, Zucker, Salz und Zimt vermischen und in die Kürbis-Ei-Masse einrühren. Den Eischnee unterheben. Öl in einer Pfanne erhitzen und mit einer Schöpfkelle ein Viertel des Teigs hineingeben. Die Pfannkuchen von beiden Seiten goldgelb braten. Im Backofen bei 50 °C warmhalten, bis die anderen 3 Pfannkuchen fertig sind.

Johnny Cake

Johnny Cakes oder Hoe Cakes sind kleine, etwas dickere Maismehl-Pfannkuchen, im Original nur aus Maismehl, Wasser und etwas Salz hergestellt. Die ursprünglichen Hoe Cakes (bekannt seit 1745) wurden auf den Metallteilen von Schaufeln oder breiten Hacken (Hoe) über dem Feuer geröstet. Später wurde, wenn vorhanden, gerne Weizenmehl hinzugefügt, um den Teig zu verbessern.
Einige Hausfrauen fügten später auch Milch oder Eier hinzu. Johnny Cakes können mit süßen Zutaten oder aber auch mit Bacon oder Würstchen serviert werden.

240 g	**Maismehl**	**Wasser**
120 g	**Weizenmehl**	**Fett**
½ TL	**Salz**	

Die trockenen Zutaten in einer Schüssel mischen, nach und nach Wasser dazugeben und verrühren. Insgesamt so viel Wasser zugeben, dass ein gerade noch flüssiger glatter Teig entsteht. Eine leicht eingefettete Pfanne auf mittlerer Stufe erhitzen und mit einem großen Löffel 3 oder 4 Portionen Teig in die Pfanne geben. Die Küchlein auf beiden Seiten goldbraun backen.
Mit → *Honigbutter* oder auch Ahornsirup servieren.

Suppen und Eintöpfe

Thanksgiving Leftover Soup

Grandma Ruth Eldridge (1920–2011) faszinierte nicht nur mit ihren nach alten Familienrezepten zubereiteten Gerichten, wie dieser Thanksgiving Leftover Soup, sondern wusste ebenso wie ihr Mann, Lewis Martin Eldridge (1915–1998), immer spannende Geschichten aus der Vergangenheit zu erzählen. Die Eldridge Ranch liegt bei Montague, ca. 50 km westlich von Gainesville/Texas, 30 Minuten entfernt von jeglicher Zivilisation, und ist auch heute nur über eine unbefestigte Straße zu erreichen.

Ruth's Schwiegervater, Levi Thomas Eldridge, wanderte 1906 im Alter von 16 Jahren von Illinois nach Texas aus. Als mittleres von 15 Kindern, die, was selten war, alle das Erwachsenenalter erreichten, sah er zu Hause keine Zukunft für sich. Grandma Ruth's Mann, das älteste von Levis drei Kindern, trug zeitlebens immer blaue Latzhosen, außer zum Kirchgang oder bei außerhäuslichen Festlichkeiten. Nicht einmal zu Thanksgiving, wenn die ganze Familie mit Kindern und Kindeskindern auf der Ranch zusammenkam, wich Lewis von dieser Gewohnheit ab. Dazu hegte er, was in dieser Region mehr als ungewöhnlich war, einen unüberwindlichen Widerwillen gegen Pferde. Den Grund hat er nie jemandem verraten. Nichts wünschten sich seine zwei Töchter und sein Sohn sehnlicher als ein Pferd. Sie und ihre Mutter Ruth mussten bei einem Weidewechsel die Rinder zusammen mit dem Vater zu Fuß umtreiben. Lediglich bei Arbeiten wie dem Branding oder Round-Up halfen die Nachbarn mit ihren Cowboys aus.

Unter seinen 15 Urenkeln gibt es jedoch eine Reihe begeisterter Reiterinnen, die auf vielen Paraden auch in Fort Worth dabei sind und sich beim Rodeo unzählige Preise erritten, welche teilweise mit College-Stipendien dotiert sind.

Mit Stolz und einem Grinsen im Gesicht erzählte Lewis Eldridge gerne die Geschichte, wie er einmal nicht zu Hause gewesen war und zwei Gestalten auf das Ranchhaus zumarschierten. Seine hochschwangere Ruth hatte sie kommen sehen und wusste instinktiv, dass etwas nicht stimmte, denn dorthin kam niemand zu Fuß. Als die Männer das Haus fast erreicht hatten, sahen sie in den Lauf eines Gewehres. Ruth drohte, ihnen den Hintern wegzuschießen, wenn sie nicht sofort verschwänden. Einige Tage später wurden die Kerle oberhalb des Tales gefunden. Es handelte sich um ausgebrochene Mörder, die sich nach dem Besuch auf der Ranch in die Haare geraten waren und sich gegenseitig mit Messern attackiert hatten. Ob sie deswegen oder aus Wassermangel gestorben waren, ist nicht bekannt.

Das Ranchhaus der Eldridge Ranch war winzig und ausgesprochen „vollgestopft", da Ruth seit dem Zweiten Weltkrieg alles, was noch irgendwie brauchbar war, aufbewahrte. Sie musste auch nicht wie andere Rancher, deren Ranch sich nicht mehr rentierte, verkaufen. Nach dem Tod ihres Mannes verpachtete sie das Weideland

an Nachbarn. Da die Ranch noch im Besitz aller auf dem Land liegenden Rechte – Wasser-, Jagd-, Mineral-, Öl- und Gasrecht – war, verschaffte ein kleiner Ölfund um die Jahrtausendwende Grandma Ruth bis zu ihrem Tod 2011 ein Einkommen, ohne Land verkaufen zu müssen. Ihre Kinder wollen die Ranch und das Land im Familienbesitz halten, auch wenn dort zurzeit niemand mehr wohnt.
Zu Thanksgiving will niemand knausern, wenn es um den Truthahn und die Beilagen geht. Auch nicht auf der Eldridge Ranch, bei der aufgrund der großen Familie meistens mehr als ein Truthahn aus eigenem Bestand sein Leben lassen musste. So blieben häufig reichlich Reste. Weggeworfen wurde nichts, sondern Grandma Ruth zauberte nach einem Rezept ihrer Großmutter daraus eine leckere Suppe, die manchmal, je nach Menge der Reste und Personenzahl, für einen oder zwei Tage reichte.
Die Mengenangaben im Rezept sollten dem, was tatsächlich übrig geblieben ist, proportional angepasst werden.

Vorbereitung
Das Fleisch vom Gerippe ablösen. Größere Fleischstücke können sowohl für die Suppe als auch für Sandwiches verwendet werden. Für die Brühe kommen Haut, kleine Fleischstücke, die unteren Flügelteile und das in kleinere Stücke zerteilte Gerippe in einen großen Topf. Alles gut mit Wasser bedeckt zum Kochen bringen. Anschließend die Hitze reduzieren und die Brühe zugedeckt drei bis vier Stunden köcheln lassen. Ohne Deckel abkühlen lassen und für mindestens 8 Stunden in den Kühlschrank stellen, damit die Brühe durchzieht. Anschließend die Knochen herausfischen.

Knödel		***Suppe***	
400 g	**trockene weiße Brotkrumen – notfalls Paniermehl**	**750 ml**	**Truthahnbrühe**
400 g	**Truthahnfüllung**	**750 ml**	**Wasser**
2	**Eier – leicht verquirlt**	**750 g**	**Kartoffelbrei**
80 g	**Hartkäse – gerieben**	**500 g**	**Truthahnfleisch – gewürfelt**
	roter Pfeffer	**100 g**	**Schinken – gewürfelt**
		500 g	**grüne Bohnen**

Die Zutaten für die Knödel gut miteinander vermengen. Aus der Masse kleine Klöße in Walnussgröße rollen. Die Brühe und das Wasser in einem großen Topf zum Kochen bringen. Anschließend die Knödel hineingleiten lassen und die Temperatur reduzieren. Etwa 15 Minuten köcheln lassen.
Die Klöße mit einem Schaumlöffel aus der Brühe nehmen. Den Kartoffelbrei und 500 ml Brühe in einer Schüssel gut vermischen, in den großen Topf geben und kurz aufkochen lassen. Truthahnstücke, grüne Bohnen und den Schinken hinzufügen und nochmals etwa fünf Minuten simmern lassen.

Chili-Hühnersuppe

1	mittelgroßes Huhn	1 grDo	Pilzcremesuppe
1	Knoblauchzehe – zerhackt	150 ml	Sour Cream
2	Zwiebeln – fein gehackt		Salz und Pfeffer
4	milde, grüne Chilis – entkernt und klein gehackt	300 g	Cheddar – gerieben

Das Huhn mit Wasser bedeckt kochen, bis es gar ist, herausnehmen und abkühlen lassen. Das Hühnerfleisch abpulen und in kleine Stücke schneiden.
Bei Bedarf das überschüssige Fett von der Brühe entfernen. Den Knoblauch, die Zwiebeln und die Chilis in die Brühe geben und 60 Minuten köcheln lassen. 10 Minuten vor Ablauf der Zeit die Hühnerstücke hinzufügen. Die Pilzsuppe und die Sour Cream einrühren, mit Salz und Pfeffer abschmecken und 10 Minuten weiter köcheln lassen. Anschließend servieren.
Soll die Suppe angereichert werden, den Käse hineinrühren und die Suppe weitergaren, bis der Käse geschmolzen ist. Anschließend die Suppe sofort servieren, bevor der Käse wieder fest wird.

Corn Chowder

125 g	Bacon – fein gewürfelt	250 ml	Wasser
500 g	Maiskörner aus der Dose *oder* frisch gekocht	500 ml	Milch
1	Zwiebel – fein gehackt	3 EL	Butter
500 g	Kartoffeln – klein gewürfelt		Salz und Pfeffer

Den Speck in einem Topf knusprig braten. Anschließend die Zwiebeln dazugeben und leicht anbräunen. Mit dem Wasser übergießen, die Kartoffeln dazugeben und weich kochen. Die Suppe pürieren. Mais, Milch und Butter einrühren und nach Geschmack pfeffern und salzen. Die Suppe kurz aufkochen und servieren.

Old Cap's Zwiebelsuppe

Zwiebelsuppe gehörte zu den Notrezepten in allen Situationen, denn Zwiebeln, ob getrocknet oder frisch, waren fast immer vorhanden. Im Winter, wenn die Männer durchgefroren von der Ranch-Arbeit hereinkamen, weckte sie die Lebensgeister wieder. In vielen Siedlerfamilien war sie allerdings manchmal auch das Einzige, was die Hausfrau auf den Tisch bringen konnte, wenn schmale Zeiten herrschten.
Old Cap's Enkelin erzählte, dass diese Suppe ihren Großvater, als er noch nicht verheiratet war, in vielen kalten Wintern in seinem Blockhaus in Nord-New Mexico von innen aufgewärmt hatte, wenn er fast erfroren hereinstapfte, da man diese Zwiebelsuppe auf Vorrat kochen und schnell heiß machen konnte. Käse war im Gegensatz zum Brandy nicht so oft vorhanden. Lachend erinnerte sich Old Cap's Enkelin, dass ihr Großvater, der die Erbin einer kleinen Ranch geheiratet hatte, später immer heimlich Brandy in seinen Teller schüttete und ihr dabei verschwörerisch zuzwinkerte. Grandma verabscheute generell Alkohol und war der Ansicht, dass er besonders in einer Suppe nichts zu suchen hätte.

6	**Zwiebeln – dünne Scheiben**	**Salz und Pfeffer**
100 g	**Bacon – fein gewürfelt**	**Hartkäse – fein gerieben**
1,5 l	**Rinder-** ***oder*** **andere Brühe**	**Brandy – falls gewünscht**

Den Bacon in einem großen Topf auslassen und die Zwiebeln bei mittlerer Temperatur in dem Fett leicht anbräunen. Die Brühe hinzufügen und mit Salz und Pfeffer abschmecken. 30 Minuten simmern lassen. Dann, falls gewünscht, Brandy hinzufügen und kurz aufkochen. Die sehr heiße Suppe auf die Teller füllen und sofort etwas Käse darüber streuen, damit er schmelzen kann.
Man kann die Suppenschalen auch kurz in den Backofen stellen, bis der Käse zerlaufen ist. Dazu Brot servieren.

Kürbis-Suppe

500 g	**Kürbisfleisch – gekocht und püriert *oder* zerdrückt**	**2 EL**	**brauner Zucker**
500 ml	**Milch**	**½ TL**	**Majoran**
2 EL	**Butter**	**½ TL**	**Zimt**
2 EL	**Honig**	**½ TL**	**Muskatnuss**
			Pfeffer und Salz

Die Milch in einem Topf erwärmen und die Butter einrühren. Den Kürbismus und den Honig hinzufügen. Den Zucker mit den Gewürzen vermischen und unterrühren. Die Suppe langsam erhitzen, aber nicht aufkochen lassen.

Kalte Gurken-Pecan-Suppe

250 g	**Pecan-, notfalls Walnüsse**	**1 l**	**Buttermilch**
5	**kleine Salatgurken – entkernt und klein gewürfelt**	**350 ml**	**Magerjoghurt**
125 g	**Lauchzwiebel – fein gehackt**	**1,5 EL**	**gehackter Dill**
2	**Knoblauchzehen – gehackt**		**etwas Zitronensaft**
			Salz und Pfeffer

Die Nüsse im Backofen bei 180 °C für 15 bis 20 Minuten rösten und anschließend fein hacken. Die restlichen Zutaten gut miteinander verrühren. Anschließend die Nüsse unterrühren.
In abgedeckter Schüssel vor dem Servieren mindestens 4 Stunden kühlen.
Eine beliebte kalte Sommersuppe für den Lunch.

Curly Bill's Pinto-Beans

400 g	Kochschinken – gewürfelt	120 g	brauner Zucker *oder* Honig
1 grDo	Pinto-Bohnen – abgetropft		Öl *oder* Speckwürfel
1 l	Wasser		Salz nach Geschmack
4	Tomaten – fein gehackt		

Den Schinken in dem Fett anbraten. Anschließend die Bohnen, Tomaten und das Wasser hinzufügen. Bei mittlerer Hitze ungefähr 30 Minuten köcheln lassen. Den Zucker oder den Honig und, falls erforderlich, zusätzliches Wasser hinzufügen, sodass die Flüssigkeit etwa 5 cm über den Bohnen steht. Weitere 10 Minuten zugedeckt köcheln lassen und mit Salz abschmecken.

Chuck Wagon Soup Ysidro Ranch

1 kg	Rindfleisch – gewürfelt	6	Tomaten – gewürfelt
750 ml	Rinderbrühe	2	rote Chilis – fein gehackt
1 grDo	Kidney-Bohnen – abgetropft	3 EL	Chilipulver
1 grDo	Mais – abgetropft	1 TL	Paprikapulver
1	rote Zwiebel – fein gehackt		Salz nach Geschmack
2	Knoblauchzehen – gehackt		Öl
2	rote Paprika – gewürfelt		

Öl in einem großen Topf erhitzen, das Fleisch darin rundherum braun anbraten und herausnehmen. Die Hitze herunterschalten und Zwiebeln, Knoblauch, Paprika und Chilis etwa fünf Minuten garen, die Gewürze einrühren und eine weitere Minute köcheln lassen. Mit der Brühe ablöschen und Tomaten und Fleisch dazugeben. Bei niedriger Hitze 1,5 bis 2 Stunden weiter köcheln lassen. Etwa 45 Minuten vor Ende der Kochzeit die Bohnen und den Mais dazugeben.
Für eine dickere Suppe etwas Mehl einrühren. Für mehr Schärfe kann man noch etwas Tabasco dazugeben.
Für 6 bis 8 Personen

Rinderpfanne Ruidoso

500 g	Rindergeschnetzeltes *oder* Minutensteaks in Streifen	1	Knoblauchzehe – gehackt
500 g	Kartoffeln – klein gewürfelt	1	roter Chili – fein gehackt – notfalls Chiliflocken
200 g	grüne Bohnen – in Stücken		Salz und Pfeffer
1	rote Paprika – gewürfelt	2 EL	Öl
2	große Tomaten – gewürfelt	100 ml	Wasser
1	rote Zwiebel – gewürfelt		

Das Öl in einer Pfanne erhitzen und das Fleisch darin 3 bis 4 Minuten rundherum anbraten. Die Zwiebeln und den Knoblauch hinzufügen und etwa 1 Minute mitbraten. Kartoffeln, Bohnen, Paprika und Tomaten dazugeben und umrühren. Anschließend Chili und Wasser einrühren und das Gericht 15 Minuten abgedeckt garen lassen. Danach den Deckel von der Pfanne nehmen und alles 10 bis 15 Minuten weiter köcheln lassen. Mit Salz und Pfeffer kräftig abschmecken.

Mom Velma's Cajun-Pfanne

Im Restaurant „Mom Velma's" war ich 1995 und sprach mit ihrer Ur-Ur-Enkelin gleichen Namens. Aus den Aufzeichnungen ihrer Ur-Ur-Großmutter geht hervor, dass sie und ihr Mann 1864 aus Louisiana nach Texas kamen. Zusammen mit ihren ehemaligen Herrschaften, die ihre Plantage in Erwartung schrecklicher Zeiten bei dem zu erwartenden Sieg der Yankees verkauft hatten, ebenso wie sperrige

Wertgegenstände. Die Lavilles waren gute Leute, betonte Velma. Nie wurde jemand geschlagen oder verkauft und es lief auch niemand weg. Madame Laville brachte einigen Sklaven sogar Lesen und Schreiben bei, obwohl das verboten war.
Bei ihrer Abreise aus Louisiana händigten sie allen Sklaven Freibriefe, die sie schon vor Längerem ausgestellt hatten, und etwas Geld für die erste Zeit aus. Sie stellten es den Leuten frei, mit ihnen zu gehen und, wenn sie wollten, für sie zu arbeiten. Denn sie hatten eine Ranch südöstlich von Houston gekauft, um dort Viehzucht und Ackerbau zu betreiben. Ehemalige Sklaven, die sie auf die Ranch begleiten und für sie arbeiten wollten, sollten je Hausstand ein kleines Stück Land erhalten und ein Haus darauf bauen können.
Velma war damals 27 Jahre alt und hatte als eine der beiden Köchinnen auf der Plantage gearbeitet. Ihrem Mann unterstanden die Stallungen und die Pferde der Plantage. Außer Velmas Familie – ihr Mann, der sechsjährige Ben und die dreijährige Sally – begleiteten zwei Feldarbeiter mit Frauen und Kindern sowie zwei Stallknechte Familie Laville nach Texas.
Velma arbeitete für Madame Laville als Ranchköchin, ihr Mann als Vorarbeiter und rechte Hand des Ranchers. Die Cowboys der Ranch liebten Velmas Louisiana-Küche. 1889 machte sich Velma zusammen mit ihrer Tochter Sally und Unterstützung der Familie Laville mit einem kleinen Restaurant, das sie „Mom Velma's" nannten, selbstständig. Was nicht einfach war, denn es gab genügend Texaner, die selbstständige Schwarze nicht dulden wollten und nicht davor zurückschreckten, die gesamte Einrichtung zu zerstören. Doch die beiden ließen sich nicht aus ihrem Restaurant vertreiben. Da die Familie Laville in der Region recht einflussreich geworden war, wurde dem Spuk auch schnell ein Ende bereitet. Dazu stellten sich die meisten Bewohner des Countys, die die Küche der beiden Frauen, die insbesondere bei Festlichkeiten sehr gefragt war, schätzen gelernt hatten, hinter sie.
Velmas Vermächtnis war, dass das Restaurant immer an die älteste Tochter gehen sollte. Das Restaurant „Mom Velma's" bestand bis 1997, dann wurde es von der sich unaufhörlich ausdehnenden Stadt Houston endgültig wegen des kostbaren Grundstücks „geschluckt". Ur-Ur-Enkelin Velma, die inzwischen 70 Jahre alt war und ohne eigene Kinder, benötigte das Geld, um nach dem langen Arbeitsleben im Restaurant ein akzeptables Auskommen für ihre letzten Jahre zu haben.

1 kg	**Minutensteaks vom Rind – in dünne Streifen geschnitten**	**4**	**große Tomaten – gewürfelt**
2	**große Zwiebeln – gewürfelt**	**2**	**Zucchini – gewürfelt**
3	**Knoblauchzehen – sehr fein gehackt**	**2**	**Auberginen – gewürfelt**
		100 g	**Tomatenmark**
			→***Cajun-Rub***

Das Fleisch mit Cajun-Rub würzen, in Öl rundherum anbraten und beiseitestellen. In einer großen Pfanne mit Deckel Öl erhitzen und Zwiebeln und Knoblauch darin glasig werden lassen. Gemüse und Tomatenmark dazugeben, alles gut verrühren, den Deckel auflegen und bei mittlerer Temperatur 20 Minuten köcheln lassen. Zwischendurch zwei- oder dreimal umrühren. Dann das Fleisch mit dem Sud dazugeben, nochmals mit Cajun-Rub abschmecken, umrühren und weitere 5 Minuten garen.

Chili Con Carne

Fleischeintöpfe mussten oft lange gekocht werden, bis das meist zähe Fleisch weich war. In einigen Gerichten wie z. B. Chili Con Carne wurden scharfe Gewürze zugegeben. Teilweise auch, um den Geschmack von altem Fleisch zu überdecken. Einige Köche gaben Hühnchen, Gürteltiere oder sogar das Fleisch von Klapperschlangen dazu. Eben das, was sich gerade anbot oder nebenher erlegt wurde. „Chili Red Hot", wie dieses Gericht von den Cowboys wegen seiner feurig scharfen Konsistenz genannt wurde, gehörte zu den Standardgerichten eines Trails.
Da viele Familien dieses Gericht nur nach den traditionellen Familienrezepten ihrer Vorfahren zubereiten, gibt es unzählige verschiedene Varianten. Die Theorien darüber, wo, wann und vor allem wie Chili Con Carne das erste Mal zubereitet wurde, weichen voneinander ab. Texas, New Mexico und selbst Arizona streiten seit jeher darüber. Einige Indizien sprechen für die nordamerikanischen Ureinwohner, die Fleisch in einer Mischung aus scharfen Gewürzen, Salz und Fett einlegten. Bei mäßiger Hitze getrocknet wurde das Fleisch haltbar. Das konservierte Fleisch kochten sie dann über Feuer mit Wasser und Mehl zu einem dicken Eintopf. Ebenso lässt sich ein mexikanischer Einfluss kaum leugnen, da nicht nur verschiedene Arten von Chilischoten verwendet werden, sondern in einigen Rezepten auch „Mole Poblano", eine spezielle Schokoladen-Chili-Sauce, hinzugefügt wird. Dazu kommen häufig Oregano und Kreuzkümmel.
Traditionell zubereitet besteht Chili Con Carne aus zwei Grundzutaten: Fleisch und Chili. Ob es nun mit Hackfleisch oder gewürfeltem Fleisch von Rind, Schwein, Wild oder auch gemischten Fleischsorten zubereitet wurde, lag meist am jeweiligen Rezept. Jedoch häufig auch daran, was überhaupt in der Vorratskammer vorhanden war. Das Gleiche gilt für die verschiedenen Chili-Sorten, die frisch oder getrocknet verwendet wurden. Fast jedes Rezept beinhaltet dazu Zwiebeln und Knoblauch, gelegentlich auch Koriander, Lorbeerblätter und Pfeffer. Bohnen gehörten ursprünglich nicht in den Topf, obwohl viele Varianten dieses Gerichts mit Kidney- oder Schwarzen Bohnen existieren. Sie wurden hinzugefügt, um das Chili zu strecken und gehaltvoller zu machen. Dazu ließen sich getrocknete Bohnen gut transportieren.
Üblicherweise wurde das Gericht mit Tortillas oder Brot serviert.

Texas Chili Con Carne

1 kg	**Rindfleisch – gewürfelt**	**1 TL**	**brauner Zucker**
250 ml	**Rinderbrühe**	**1**	**Lorbeerblatt**
1	**große Zwiebel – fein gehackt**	**2 TL**	**Oregano – gerebelt**
2–3	**rote, scharfe Chilis – fein gehackt**	**½ TL**	**Kreuzkümmel – gemahlen**
		½ TL	**Cayenne-Pfeffer**
2	**Jalapeños – fein gehackt**		**Salz**
4	**Knoblauchzehen – gehackt**		**Öl zum Braten**

Öl in einem großen Topf erhitzen, die Rindfleischwürfel darin von allen Seiten anbraten und aus dem Topf nehmen. Danach die Zwiebeln, den Knoblauch und die Chilis kurz anbraten und das Rindfleisch wieder in den Topf geben. Mit der Brühe ablöschen und die restlichen Zutaten hinzufügen. Das Chili abgedeckt für 2 bis 3 Stunden köcheln lassen. Dabei mehrfach umrühren.
Dazu schmeckt Fladenbrot sehr gut.

Bully Beef Pot

Corned Beef in Dosen, in Amerika als „Bully Beef" bekannt, war früher vor allem auf Schiffsreisen und bei der Armee als haltbares und einfach zu transportierendes Nahrungsmittel beliebt, da sich daraus verschiedene Gerichte zubereiten ließen. Es handelt sich dabei meist um eher zähe, langfaserige und durchwachsene Rinderbrust, die durch Pökeln und Kochen haltbar gemacht wird. Der Begriff „Corned" leitet sich von den groben Salzkörnern ab, mit denen das Fleisch gepökelt wurde.

2 Do	**Corned Beef – gestückelt**	**Bratfett**
1,5 kg	**Kartoffeln – mehlig**	**Salz und Pfeffer**
¾ l	**Fleischbrühe**	**eingelegte Gurken**
3	**große Zwiebeln – gewürfelt**	

Die Kartoffeln schälen und in Stücke schneiden. Anschließend in der Fleischbrühe kochen und stampfen. In der Zwischenzeit die Corned Beef Stücke zusammen mit den Zwiebeln im Bratfett in einer Pfanne anbraten und bei niedriger Hitze unter Rühren köcheln lassen, bis die Zwiebeln weich sind. Den Inhalt der Pfanne in den Kartoffeltopf geben. Mit Salz und Pfeffer würzen und gut miteinander verrühren. Mit eingelegten Gurken oder anderem eingelegtem Gemüse als Beilage servieren.

Potato-Pumpkin-Stew

Dieses Stew wurde mit oder ohne Fleisch zubereitet. Je nachdem, was die Speisekammer hergab.

500 g	**Rind-** ***oder*** **Schweinefleisch – gewürfelt**	**200 g**	**Dosenmais – abgetropft**
500 g	**Kartoffeln – gewürfelt**	**500 ml**	**Fleischbrühe**
2	**Zwiebeln – fein gehackt**	**½ TL**	**Oregano – fein gehackt**
2	**Knoblauchzehen – gehackt**		**Salz und Pfeffer**
800 g	**Kürbisfleisch – gewürfelt**	**1 EL**	**Koriander – fein gehackt**
2	**milde rote Chilis – gehackt**	**2 EL**	**Öl**
400 g	**Tomaten – gewürfelt**	**1–2**	**Spritzer Tabascosauce**

Öl in einem großen Topf erhitzen und das Fleisch darin bräunen. Zwiebeln, Knoblauch und Chilis hinzufügen und ebenfalls etwas anbräunen lassen. Kartoffeln dazugeben und 5 Minuten mitbraten. Tomaten, Kürbis und Mais einrühren. Alles mit der Fleischbrühe ablöschen. Mit Oregano, Salz und Pfeffer würzen. Das Stew zugedeckt bei kleiner Hitze etwa 30 bis 45 Minuten oder bis das Gemüse gar ist, köcheln lassen. Falls das Gericht nicht scharf genug seine sollte, mit Tabascosauce abschmecken. Vor dem Servieren mit dem Koriander bestreuen.

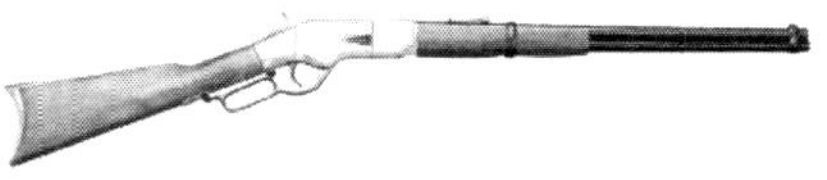

Calabacitas con Carne

750	**Rindfleisch – gewürfelt**	**500 g**	**Maiskerne – frisch** ***oder*** **abgetropft aus der Dose**
4 EL	**Bratfett**	**3–4**	**grüne Chilis – fein gehackt**
125 ml	**Wasser**		**Salz**
4	**große Zucchini – gewürfelt**	**250 g**	**Cheddar**
2	**Zwiebeln – gewürfelt**		
1	**Knoblauchzehe – gequetscht**		

Das Fleisch in der Hälfte des Bratfetts anbräunen. Die Hitze reduzieren und das Wasser hinzufügen. Zugedeckt etwa 1 Stunde köcheln lassen. Falls erforderlich, weiteres Wasser hinzufügen. Zucchini, Zwiebeln und den Knoblauch im restlichen Fett in einem weiteren Topf glasig werden lassen. Anschließend Mais und Chilis hinzufügen und mit Salz abschmecken. Das Fleisch mit der Brühe einrühren und etwa 20 Minuten simmern lassen. Geriebenen Käse, falls gewünscht, einrühren und sofort heiß servieren.

Wurst-Käse-Grütze

Dieses Gericht wird, solange man zurückdenken kann, in der Kirchengemeinde in der 1887 gegründeten Stadt Clayton/NM gegen geringes Entgelt angeboten. Durch die Stadt zogen damals nicht nur Handelskarawanen und Viehherden, sondern auch Siedler, die dem Santa Fe Trail folgten. Um die Siedler, die sich oft die hohen Preise in der Stadt nicht leisten konnten, zu unterstützen, fanden der damalige Pfarrer und seine Frau diesen Weg. Allerdings war seinerzeit wohl nur ein Hauch von Wurst oder Speck wegen des Geschmacks in der Grütze enthalten und auch eher Wasser als Milch, mutmaßte Mrs. Bleyton, die Ende des 20. Jahrhunderts für dieses Gericht in der Gemeinde zuständig war.

500 g	**Kochwurst *oder* Bacon**	**200 g**	**Cheddar – gerieben**
1 l	**Milch *oder* Wasser**	**2**	**Eier**
250 g	**Hafergrütze**	**200 ml**	**Milch**
1 EL	**Butter**	**1 TL**	**Salz**

Entweder den Speck in einer Pfanne knusprig braten oder die Wurst kochen und in Stücke schneiden. Die Milch oder das Wasser in einen Topf füllen und mit der Hafergrütze unter Rühren aufkochen. Die Temperatur drosseln und die Grütze etwa 5 bis 8 Minuten auf niedriger Stufe quellen lassen. Anschließend die Butter und den Käse einrühren. Die Eier mit dem Rest Milch verrühren und ebenfalls hinzufügen. Die Masse in eine gebutterte Form füllen und Wurst oder Speckstücke gleichmäßig darüber verteilen. 1 Stunde bei 175 °C im Backofen backen.
Für 6 bis 8 Personen

King Ranch Casserole

Die legendäre King Ranch in Texas wurde 1853 vom Dampferkapitän Richard King gegründet. Ihm gelang es im Nirgendwo und Nichts eines der größten Ranch-Imperien der Welt aufzubauen, begrenzt durch den Rio Grande, den Golf von Mexiko und den Nueces River. Die Ranch erstreckt sich heute noch über eine Fläche von 3.340 km^2 und ist fast um 30 % größer als das Saarland oder das Burgenland in Österreich. Das Land ist von einem 680 km langen Zaun umgeben, rechnet man die inneren Zäune mit, beträgt die gesamte Zaunlänge 3.250 km. Dieses riesige Gebiet wird von 1.225 Kilometer gut befahrbaren Straßen durchzogen.
Das Rezept der King Ranch Casserole stammt aus einem kleinen Restaurant in der Gegend um Kingsville und soll von einem der früheren Ranchköche stammen. So erzählt es die heutige Besitzerin, deren Familie das Restaurant 1989 gekauft hat.

1 Huhn – gekocht und in Stücke geschnitten
240 ml Hühnerbrühe
120 ml Sahne
120 ml Sour Cream
1 grDo Tomatenstücke
4 EL Butter
1 Zwiebel – klein gehackt
1 rote Paprika – gewürfelt
1 grüne Paprika – gewürfelt
1 roter Chili – klein gehackt
1 Jalapeño – fein gehackt
3 Knoblauchzehen – gehackt
2 EL Mehl
1 EL scharfes Chilipulver
1 TL Kreuzkümmel – gemahlen
Salz und Pfeffer
Cayenne-Pfeffer
12 Tortillas – 15 cm Ø
600 g Cheddar – geraspelt

Den Backofen auf 220 °C vorheizen. Die Butter in einem Topf schmelzen lassen. Zwiebel, Paprika und Jalapeño hinzufügen und 8 bis 10 Minuten bei mittlerer Hitze garen, bis sie weich sind. Tomaten, Knoblauch, Mehl, Chilipulver und Kreuzkümmel einrühren. Nach Geschmack salzen und pfeffern. So lange umrühren, bis die Masse dicklich wird. Hühnerbrühe und Sahne hinzufügen und aufkochen lassen. Bei niedriger Hitze 10 bis 15 Minuten simmern lassen. Die Sour Cream und die Hühnerstücke hinzufügen, umrühren und mit den restlichen Gewürzen abschmecken und köcheln lassen. Eine mittelgroße Auflaufform (etwa 28 x 18 cm) gut einfetten.
In der Zwischenzeit die Tortillas auf einem Backblech auslegen und 8 bis 10 Minuten knusprig goldbraun backen. Anschließend drei Tortillas nebeneinander auf den Boden der eingefetteten Auflaufform legen. Ein Drittel der Hühnermasse darauf verteilen und mit einem Viertel des Käses überstreuen. Darauf zwei weitere Lagen Tortillas, Hühnermasse und Käse arrangieren. Die Kasserolle 15 bis 20 Minuten backen lassen.
Die übrigen Tortillas zerkrümeln und zusammen mit dem restlichen Käse über die Kasserolle streuen, in den Backofen zurückgeben und 10 bis 15 Minuten weiterbacken lassen oder bis der Käse geschmolzen ist.
Vor dem Servieren fünf Minuten abkühlen lassen.
Für 6 bis 8 Personen

Black Eyes of Texas Casserole

Bei Black Eyed Peas handelt es sich nicht, wie man annehmen könnte, um Erbsen, sondern um Bohnen, die bei uns Augen- oder Kuhbohnen genannt werden. In einigen Regionen gehören sie zu einem traditionellen Neujahrsessen, das Glück fürs neue Jahr bringen soll. In der texanischen Stadt Athens findet jährlich ein Black Eyed Peas-Kochwettbewerb statt, bei dem die Frauen nach alten Familienrezepten ihr Bestes geben.

500 g **Kochschinken – gewürfelt**
2 grDo **Augen-Bohnen – abgetropft**
oder
500 g **getrocknete Bohnen***
500 g **kurze Nudeln – gekocht**
1 **Zwiebel – gewürfelt**
2 **Knoblauchzehen – gehackt**
1 **Jalapeño – fein gehackt**
80 g **fetter Speck – gewürfelt**
125 ml **heißes Wasser**
Cheddar – gerieben
Salz und Pfeffer

Den Backofen auf 175 °C vorheizen. Den Speck in einer Pfanne auslassen und Schinken, Zwiebeln, Knoblauch und Chili darin anbräunen. Das heiße Wasser hinzufügen und kurz simmern lassen. Nudeln und Bohnen einrühren und mit Salz und Pfeffer würzen. Die Masse in einer Auflaufform verteilen und für 25 Minuten in den Backofen stellen. Anschließend mit dem Käse überstreuen und nochmals 5 Minuten backen.
**Getrocknete Bohnen müssen über Nacht in 1,5 Liter Wasser eingeweicht werden.*
Für 6 Personen

Kartoffel-Speck-Auflauf

4	Kartoffeln – gekocht, gepellt und in dünnen Scheiben	2	Eier
		3 EL	Mehl
2	Zwiebeln – in Scheiben	300 g	Cheddar – gerieben
400 g	Frühstücksspeck – gewürfelt		Salz und Pfeffer
250 ml	Milch		scharfes Chilipulver

Backofen auf 200 °C vorheizen. Die Speckstücke in einer Pfanne kross anbraten und herausnehmen. Die Zwiebeln im Speckfett anschließend glasig dünsten. Die Milch, das Mehl und die Eier gut miteinander verrühren. In einer gebutterten Auflaufform die Hälfte der Kartoffeln und die Hälfte der Bacon-Stücke auf dem Boden auslegen. Salzen, pfeffern und die Hälfte der Zwiebeln und des Käses darüber verteilen. Die gleiche Schichtung noch einmal darüber legen. Das Ganze mit der Milch-Eier-Mischung übergießen und mit Chilipulver nach Geschmack bestreuen.
Etwa 35 Minuten oder bis der Auflauf komplett gestockt ist, bei 200 °C backen lassen.

Son-of-a-Bitch-Stew

Der Eintopf stammt aus dem frühen 19. Jahrhundert und wird auch „Nase-bis-zum-Schwanz-Gericht“ genannt, da alles, was da und entbehrlich war, in den Topf geworfen wurde. Daher sind sowohl die Zutaten als auch das verwendete Fleisch im Hinblick auf die Fleischstücke und das Tier variabel. Ursprünglich wird dieses Gericht den Plains-Indianern zugeordnet, von denen die Trail- und Ranchköche es übernommen haben.
Während der Hauptteil des ausgeweideten Tieres zum Grillen beiseitegelegt wurde, wanderten die Innereien in das Stew. Nieren, Leber, Herz, Zunge, Kutteln, Bries oder auch das Hirn des geschlachteten oder erlegten Tieres wurden in kleine Stücke geschnitten. Dazu kamen weitere kleinere Fleischstücke, Fleischknochen oder auch Markknochen, herausgeschabtes Knochenmark und fettige Stücke.
Die Zutaten außer Leber, Bries und Hirn lässt man gut mit Wasser abgedeckt in einem großen Topf mit Deckel zwei bis drei Stunden köcheln. Bei Bedarf Wasser nachgießen. Anschließend die restlichen Innereien hinzufügen und nochmals eine Stunde köcheln lassen. Mit Salz, Pfeffer und Chili oder Tabasco nach Geschmack würzen.
Je nach Koch und Möglichkeit wurde das Stew mit Zwiebeln, Mais oder Kidney-Bohnen angereichert. Ein Koch schwor außerdem je nach Fleischmenge auf ein oder zwei große Dosen geschälte Tomaten.
Die Leber sollte entweder gut gewässert oder sparsam verwendet werden, da sie sonst das Gericht etwas bitter machen kann.

Gemüse, Beilagen und Salate

Southwestern Hush Puppies

Hush Puppies gehören ebenso wie Cole Slaw zu typischen Beilagen der Küche des Südens und des Südwestens. Es handelt sich um frittierte kleine Bälle, die im Allgemeinen aus Maismehl, Eiern, Buttermilch und Backpulver bestehen. Neben den milden Hush Puppies des „Tiefen Südens“ hat sich im Schärfe liebenden Südwesten eine etwas feurigere Variante entwickelt.

240 ml	**Buttermilch**	**1**	**kleine Zwiebel – gehackt**
2	**Eier**	**½**	**roter Chili – fein gehackt**
190 g	**Maismehl**	**1**	**Jalapeño – sehr fein gehackt**
65 g	**Mehl**	**1 TL**	**Cayenne-Pfeffer**
1 TL	**Backpulver**		**Salz und Pfeffer**
½ TL	**Baking Soda**		**Tabasco**

In einem hohen Topf 1,5 Liter Öl auf dem Herd auf 180 °C erhitzen oder eine Fritteuse auf maximal 180 °C vorheizen. Maismehl, Mehl, Backpulver, Baking Soda, Salz, Zwiebeln, Chili, Jalapeño und Cayenne-Pfeffer gut miteinander vermischen. Die Eier und die Buttermilch nacheinander in die Mischung rühren. Zuletzt mit Tabasco nach Geschmack würzen.
Mit einem Esslöffel tischtennisballgroße Teigbällchen ins Öl gleiten lassen *(Vorsicht, es könnte spritzen!)* und etwa 2 Minuten goldbraun frittieren. Danach aus dem Öl nehmen, auf Küchenpapier abtropfen lassen und heiß servieren.
Die Hush Puppies bei etwa 80 °C im Backofen warm halten, bis alle frittiert sind. Fertige Hush Puppies können auch eingefroren und bei Bedarf im Backofen bei 120 °C aufgewärmt werden.
Der Teig reicht für etwa 18 Hush Puppies.

Corn-Fritters

750 g	**frische Maiskörner** ***oder***	**½ TL**	**Pfeffer**
1 grDo	**Mais – abgetropft**	**1 TL**	**Backpulver**
2	**Eier**	**2 EL**	**Sahne**
60 g	**Mehl**	**4 EL**	**Backfett**
1 TL	**Salz**		

Die Eier verquirlen. Mais, Mehl, Backpulver, Salz und Pfeffer hinzufügen und gut verrühren. Zuletzt die Sahne dazugeben. Das Fett in einer Pfanne erhitzen und die Masse löffelweise hineingeben. Die Küchlein von beiden Seiten goldbraun backen.
Ergibt etwa 16 bis 18 Fritters.

Texas Onion Rings

	große Gemüsezwiebeln	240 g	Maismehl
1	Ei	1 TL	Salz
240 ml	Buttermilch	1/4 TL	schwarzer Pfeffer
240 ml	Bier	1/4 TL	Cayenne-Pfeffer
240 g	Mehl		Öl

Die Zwiebeln in 1 cm dicke Scheiben schneiden und in Ringe teilen. Das Ei verquirlen und mit Bier und Buttermilch verrühren. Alle trockenen Zutaten gut vermischen. Die Zwiebelringe in die Flüssigkeit tunken und anschließend in der Würzmixtur wälzen. Anschließend in heißem Fett frittieren. Auf Küchenkrepp abtropfen lassen und warm servieren.
Das Bier kann durch die gleiche Menge Buttermilch ersetzt werden; gesamt dann 480 ml Buttermilch.
Zwiebelringe werden gerne zu Gegrilltem oder als Vorspeise mit einem →*Dip* serviert.

Bohnen-Fladen

1 miDo	Kidney-Bohnen – abgetropft	1	Knoblauchzehe – gehackt
1 miDo	Kichererbsen – abgetropft	1 TL	Senf
3 EL	Tomatenmark – 2-fach konzentriert	1 TL	Paprikapulver, edelsüß
			Cayenne-Pfeffer
1	Zwiebel – sehr fein gewürfelt		Öl

Kidney-Bohnen, Kichererbsen, Zwiebeln, Knoblauch und die Gewürze miteinander vermengen und anschließend zerstampfen. Öl in einer Pfanne erhitzen und die Masse mit einem großen Löffel portionsweise in die Pfanne geben, etwas glattstreichen und von beiden Seiten bei mittlerer Hitze braten, bis die kleinen Fladen goldbraun sind.
Diese Bohnenfladen schmecken warm oder kalt sehr gut mit einem würzigen →*Dip* oder auch als Beilage zu Fleischgerichten.

Kartoffel-Zucchini-Fladen

6	Kartoffeln – geschält	1	Knoblauchzehe – optional
2	Zucchini – geschält	1	kleiner roter Chili – optional
1	Zwiebel – fein gehackt	1 TL	Salz
2	Eier	½ TL	Pfeffer
4	EL Mehl		Öl

Kartoffeln und Zucchini raspeln. Zwiebeln, Eier, Mehl, Salz und Pfeffer hinzufügen und alles gut verrühren. Falls gewünscht Knoblauchzehe und/oder Chili sehr fein geschnitten dazugeben. Das Öl in einer Pfanne erhitzen. Je 2 Esslöffel Teig pro Fladen hineingeben und bei mittlerer Hitze von beiden Seiten je 3 bis 4 Minuten goldgelb braten.
Anstatt Knoblauch und Chili hinzuzufügen, kann man die Fladen auch mit einer milden oder schärferen Chili-Sauce servieren.

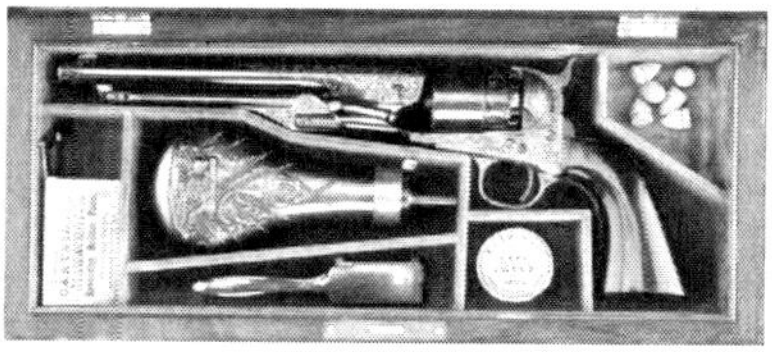

Grüne Tomaten

1 kg	Grüne Tomaten (Sorte) – notfalls Fleischtomaten	200 ml	Wasser
4	Eier – verquirlt	2	Lauchzwiebeln – gehackt
320 g	Maisgrieß		Pfeffer und Salz
			Butter

Eier, Maisgrieß, Zwiebeln, Pfeffer und Salz zu einem Teig verarbeiten. Die Tomaten in dicke Scheiben schneiden, im Teig wenden und in der Butter von beiden Seiten braten.

Chili-Tomaten

3–4	große, feste Tomaten	2	Lauchzwiebeln – gehackt
250 ml	Sour Cream	2	grüne Chilis – fein gehackt
250 g	Cheddar – gerieben		Salz und Pfeffer
1 EL	Mehl		

Tomaten in dicke Scheiben schneiden. Alle anderen Zutaten in einer Schüssel gut vermengen. Die Tomatenscheiben nebeneinander in eine Auflaufform legen und die Sour Cream-Mischung darüber verteilen. Den Auflauf bei 180 °C im Backofen lassen, bis die Sahne-Käsemischung anfängt zu blubbern oder braun wird.
Die Mischung kann schon frühzeitig vorbereitet und im Kühlschrank bis zum Backen kaltgestellt werden. Die Reste kann man am nächsten Tag noch mal aufwärmen.

Gegrillte Maiskolben

Maiskolben mit Blättern	**Butter und Salz**

Die Blätter am Maiskolben aufklappen und die Haare vom Kolben entfernen. Den Mais wieder in die Blätter einbetten und die Maiskolben mindestens eine halbe Stunde lang wässern. 20 Minuten lang bei 175 °C im geschlossenen Grill oder auf einem offenen Grill 25 Minuten von allen Seiten grillen. Den Kolbenansatz unten abschneiden, die Blätter abziehen, den Kolben mit Butter einreiben und salzen.
Sehr gut schmeckt dazu → *Devil's Butter* oder eine andere → *Würzbutter.*

Devil‘s Corn Cobs

8	**Maiskolben**	**→Devil‘s Butter**

Die Maiskolben dick mit Butter bestreichen und in Alufolie wickeln. Etwa 20 Minuten auf den Grill legen, zwischendurch wenden.
Vorsicht, diese Maiskolben sind sehr scharf!

Maiskolben im Speckmantel

1	**Maiskolben** **→*Cajun-Rub***	**2**	**Scheiben Frühstücksspeck – dünn geschnitten**

Den Maiskolben mit dem Cajun-Rub würzen und mit den Speckstreifen umhüllen. Anschließend in eine Folie einwickeln und auf den Grill legen. Die Gesamtgrillzeit beträgt etwa 30 bis 40 Minuten. Das Paket alle 10 Minuten umdrehen.
Natürlich können auch andere → *Rubs* je nach Gusto verwendet werden.

Santa Anna Corn

1 grDo	Mais mit Saft	2	rote Chilis – fein gehackt
125 g	Bacon – klein gewürfelt	100 g	Tomatenmark
1	große Zwiebel – fein gehackt		Tabasco
1	Knoblauchzehe – gehackt		

Den Speck in einer Pfanne auslassen. Zwiebeln, Knoblauch und Chilis hinzugeben und andünsten. Mit der Dosenflüssigkeit vom Mais ablöschen und das Tomatenmark einrühren. Fünf Minuten simmern lassen. Anschließend den Mais unterrühren. Nochmals erhitzen und servieren.
Wem es nicht scharf genug ist, der kann noch mit einem Spritzer Tabasco nachhelfen.
Steht kein Chili zur Verfügung, kann man Chili und Tomatenmark auch durch eine Chili-Sauce beliebiger Schärfe ersetzen.

Olivia's Maispastete

500 g	Maiskörner	250 g	Hartkäse – gerieben
2	grüne Paprika – fein gehackt	250 ml	Milch
250 g	Maismehl	2	Eier – verquirlt
4	große Tomaten – gewürfelt	2 TL	Salz
3	Zwiebeln – klein gehackt		Cayenne-Pfeffer

Mais, Tomaten, Zwiebeln, Paprika, Maismehl und Käse gut vermischen, mit Salz und Cayenne-Pfeffer würzen und 30 Minuten stehen lassen. Eier mit der Milch vermischen, über die Gemüsemischung gießen und sachte verrühren. Alles in eine gefettete Kastenbackform füllen und bei 200 °C eine Stunde backen lassen.
Kurz etwas abkühlen lassen, die Ränder lösen und auf eine Servierplatte stürzen. Heiß oder auch kalt in dicke Scheiben geschnitten servieren.
Eine leckere Beilage zu Fleisch wie →*Schweinenacken vom Spieß* von Olivia's Mann Jacob.

Baked Potatoes

Backkartoffeln waren seit jeher eine beliebte Beilage. Wie sie gegart werden, richtet sich nach den vorhandenen Möglichkeiten, z. B. in einem geschlossenen Grill, auf einem offenen Grill, in der Glut eines Feuers oder im Backofen. Sind die Kartoffeln noch roh, kann der Vorgang je nach Größe der Kartoffel und Art der Hitzequelle durchaus eine Stunde oder länger dauern. Will man diesen Vorgang verkürzen, kann man die Kartoffeln auch halb oder fast gar vorkochen.
Die gut gewaschenen Kartoffeln mit einer Gabel rundherum einstechen und dünn mit Öl, ausgelassenem Speckfett oder Butter bepinseln und wie ein Bonbon in Alufolie hüllen. Sind die Kartoffeln vorgekocht oder werden sie im Backofen zubereitet, ist die Alufolie nicht unbedingt erforderlich.
Kartoffeln, die über dem offenen Grill oder in der Glut gegart werden, sollten des Öfteren gedreht werden, damit sie gleichmäßig durchbacken und nicht von einer Seite verbrennen.
Die fertigen Kartoffeln in der Mitte aufschneiden. Die Füllung der Classic Baked Potato besteht in der Regel aus Sauerrahm, überstreut mit Schnittlauch, gerösteten Speckwürfeln und geraspeltem Käse. Sehr gut schmeckt dazu auch das →Texas Ranch Dressing oder eine →Würzbutter.

Aunt Mary's Very Special Potatoes

4	**große Kartoffeln mit Schale**	**1**	**Rosmarinzweig**
100 g	**Bacon – fein gewürfelt**		**Sour Cream**
1	**Knoblauchzehe – angequetscht mit Haut**		**Schnittlauchröllchen**
			Salz und Pfeffer

Den Speck in einer Pfanne kross anbraten und aus der Pfanne nehmen. Die Knoblauchzehe und den Rosmarinzweig im Speckfett leicht anbraten.
Bei jeder Kartoffel an der unteren Seite eine dünne Scheibe abschneiden, sodass die Kartoffel liegen bleibt und nicht mehr wackeln kann. Anschließend die Kartoffeln scheibenweise dünn fast bis unten durchschneiden. Dazu rechts und links neben die Kartoffeln ein Holzbrett oder Ähnliches legen, damit man beim Schneiden nicht bis auf den Boden durchschneidet. Die Kartoffeln wie eine Ziehharmonika aufklappen und auf ein gefettetes Backbleck legen. Anschließend die Scheibenzwischenräume mit dem Knoblauch-Rosmarin-Fett einpinseln und salzen und pfeffern. Im Backofen bei 180 °C etwa 60 Minuten backen.
Vor dem Servieren das restliche Fett, die krossen Speckstücke und die Schnittlauchröllchen über den Kartoffeln verteilen. Die Sour Cream kann über die Kartoffeln gegeben oder daneben serviert werden.
Sehr gut schmeckt dazu anstatt Sour Cream auch das → *Texas Ranch Dressing*.

Kartoffel-Bohnen-Püree

300 g	mehlige Kartoffeln – geschält und gekocht	200 ml	Milch *oder* auch Sahne
1 miDo	dicke weiße Bohnen *oder* Kidney-Bohnen		Salz und Pfeffer
1	Zwiebel – sehr fein gehackt		Muskatnuss
			Zitronensaft

Die Kartoffeln vierteln und mit den weißen Bohnen fünf Minuten köcheln lassen. Anschließend abgießen, pürieren und die rohen Zwiebeln hinzufügen. Die Milch oder Sahne erhitzen und in den Brei einrühren. Mit den Gewürzen und dem Zitronensaft abschmecken.

Fladen-Variante

Das Püree wird gelegentlich auch mit weniger Milch zubereitetet und in einer Pfanne in heißem Öl zu einer Art kleiner Fladen gebacken.

Sweet Potato Casserole

4	mittelgroße Süßkartoffeln	1/4 TL	Salz
75 g	Zucker	1/4 TL	Muskatnuss
120 g	Butter	1/2 TL	Zimt
2	Eier – leicht verquirlt	80 g	Rosinen
200 ml	Sahne	60 ml	Bourbon Whiskey

Die Kartoffeln kochen, bis sie weich sind. Den Backofen auf 200 °C vorheizen. Die Kartoffeln pellen, stampfen und in eine Auflaufform füllen. Die restlichen Zutaten gut miteinander vermengen und über die Kartoffeln gießen.
Etwa 10 Minuten oder bis das Gericht gut durchgewärmt ist, backen lassen.

Camille's Creamed Sweet Potatoes

„Es gibt nichts Besseres westlich des San Jacinto als diese Süßkartoffeln. Und die Yankees haben schon gar nichts dergleichen", pflegte Great-Grandma Camille jedes Mal zu sagen, wenn sie dieses Gericht auf den Tisch brachte.
Camille Lecourts Familie war Ende des Bürgerkriegs nach Texas geflohen, da ihr Besitztum in West-Louisiana von den Yankees niedergebrannt wurde. Camilles Mammy und auch ihre beiden anderen ehemaligen Sklaven begleiteten sie, um in der neuen Heimat weiter für sie zu arbeiten, da es ihnen bei der Familie immer gut gegangen war. Camilles Urenkelin, die mit ihrem Mann die kleine Ranch der Familie Lecourt südöstlich von Austin betreibt, kocht heute noch nach Rezepten ihrer Urgroßmutter, die das Kochen bei ihrer geliebten Mammy gelernt hatte.

1 kg Süßkartoffeln – gekocht
125 ml Sahne
200 g brauner Zucker
250 g Pecannüsse – gehackt
3 TL Koriander – gehackt
1 TL Vanillezucker

Für die Sauce
250 g Butter
250 g Zucker
125 ml Sahne
1 TL Vanillezucker

Die Süßkartoffeln pürieren und anschließend mit Zucker, Sahne und Vanille verrühren. Die Masse in eine Backform geben und mit Koriander und Pecan-Nüssen bestreuen. Bei 175 °C in den Backofen stellen, bis das Püree heiß ist.
Die Butter und den Zucker in einer Pfanne erhitzen und karamellisieren lassen. Sahne und Vanillezucker hinzufügen und zwei Minuten kochen.
Vor dem Servieren die Sauce über das Püree gießen.

Baked Beans

250 g gestreifter Speck – in Scheiben
200 g Zwiebeln – klein gehackt
3 Knoblauchzehen – zerdrückt
3 TL sehr scharfes Chilipulver
500 g Pinto- *oder* Kidney-Bohnen
200 ml Chili-Sauce
2 EL mittelscharfer Senf
150 ml Melasse – notfalls Zuckersirup
1 EL Apfelessig
Salz und Pfeffer

Die Speckscheiben in einer Pfanne knusprig braten. Aus der Pfanne nehmen, abtropfen lassen und in kleine Stücke schneiden. In dem ausgelassenen Fett Zwiebeln, Knoblauch und Chilipulver andünsten. Die Bohnen in eine Auflaufform geben. Die angedünsteten Zutaten mit den restlichen Gewürzen vermischen und mit den Speckstücken auf den Bohnen verteilen. Die Auflaufform mit einem Deckel verschließen und bei 175 °C etwa 90 Minuten backen.

Cook Larry's Cabbage Casserole

½	**Weißkohlkopf**	75 g	**brauner Zucker**
½	**Rotkohlkopf**		**Brotkrumen**
125 g	**grüner Pfeffer – gehackt**	1	**Zitrone – ausgepresst**
100 g	**Butter**		**Muskatnuss**
2	**saure Äpfel – gewürfelt**		**Salz und Pfeffer**

Den Rotkohl und Weißkohl in sehr dünne lange Streifen schneiden. Den Rotkohl auf den Boden in einer gebutterten Auflaufform geben und Butterflocken aufsetzen. Apfelstücke, Zitronensaft und Muskatnuss vermischen und über dem Kohl verteilen. Den Weißkohl mit dem gehackten Pfeffer vermischen und mit Salz und Pfeffer würzen. Als obere Lage in die Auflaufform geben und mit Brotkrumen bestreuen. Auf die Schicht nochmals Butterflocken setzen und die Auflaufform bei mittlerer Hitze für 25 Minuten oder bis der Kohl weich ist, in den Backofen schieben.
Für 6 bis 8 Personen

Grandpa Tyler's Cowboy Cabbage

Peggy und ihr Mann betrieben bis 2008 ein kleines Restaurant in Cordell/Oklahoma, auf dessen Speisekarte sich einige Rezepte ihres Großvaters Tyler wiederfanden. Peggy's Grandpa hatte ebenso wie dessen Vater als Ranchkoch gearbeitet, allerdings mit wechselndem Arbeitsplatz. Auf Trails, beim Round-Up, Branding oder anderen Ereignissen, die vorübergehend eine größere Ranch-Mannschaft auf kleineren Ranches und somit einen Koch erforderten. Für Grandpa Tyler war beim Cabbage sehr kräftiges Pfeffern unabdingbar: „Je mehr, umso besser. Es muss so viel Pfeffer dran sein, dass es dir den Schweiß ins Gesicht treibt".
Die in Peggy's Restaurant „Cowboy Cabbage" genannte Gemüsebeilage war sowohl auf Trails als auch auf Ranches sehr beliebt, insbesondere wenn es kalt wurde.
Mit etwas mehr Speck avancierte das Kohlgericht auch zur Hauptmahlzeit. In Notzeiten half es den Familien etlicher kleinerer Ranches und Farmen, zu überleben.

½	**Weißkohlkopf**	1	**Knoblauchzehe – gehackt**
150 g	**Bacon – klein gewürfelt**		**Salz und Pfeffer**
1	**Zwiebel – klein gehackt**		

Den Weißkohl in dünne lange Streifen schneiden. Die Speckwürfel in einer großen Pfanne auslassen und Zwiebeln und Knoblauch darin glasig werden lassen. Den Kohl einrühren, salzen und ordentlich pfeffern. Mit etwas Wasser ablöschen und köcheln lassen, bis der Kohl weich wird. Eventuell nochmal nachpfeffern.

Mais-Kürbis-Gemüse

1 miDo	Mais – abgetropft	2	Tomaten – grob gewürfelt
1	Zwiebel – klein gehackt	50 g	geriebener Käse
250 g	Kürbisfleisch – gewürfelt		Salz und Pfeffer

Zwiebeln, Knoblauch und Kürbis in einen Topf geben und etwas Wasser hinzufügen. 10 Minuten lang köcheln lassen, den Mais unterrühren und 5 Minuten weiterköcheln lassen. Die Tomaten hinzufügen und nur warm, aber nicht matschig werden lassen. Mit Salz und Pfeffer würzen, den Käse einrühren und servieren.

Jalapeño-Reis

1 kg	Langkornreis – gekocht	3	Jalapeños – fein gehackt
500 ml	Sour Cream	125 g	Cheddar – gerieben

Den Backofen auf 175 °C vorheizen. Den gekochten Reis mit der Sour Cream und den Jalapeños verrühren. Die Masse in eine gebutterte Auflaufform füllen, mit dem Käse bestreuen und für 20 Minuten in den Backofen stellen.
Für 4 bis 6 Personen

Chili-Nuss-Wildreis

300 g	Wildreis	1	roter Chili
100 g	Nüsse – was gerade da ist	2 TL	Koriander *oder* Petersilie
	Öl zum Braten		Salz und Pfeffer

Den Wildreis in reichlich kochendem Salzwasser (drei- bis vierfache Menge) etwa 30 bis 40 Minuten gar kochen. Die Nüsse grob, Chili und Petersilie bzw. Koriander fein hacken. Nüsse und Chili in einer Pfanne in heißem Öl anrösten und mit dem abgetropften Wildreis verrühren. Den Koriander oder die Petersilie vor dem Servieren über den Reis streuen.

Chuck Wagon Salat Morgan Ranch

300 g	Fleischwurst – gestückelt notfalls Bockwurst	2	Zwiebeln – kleine Stücke
1 klDo	Mais – abgetropft	6 EL	Tomaten-Ketchup
1 klDo	Kidney-Bohnen – abgetropft	4 EL	Essig
2	rote Paprika – kleine Stücke	2 EL	Olivenöl
			Salz und Pfeffer

Alle Zutaten miteinander vermischen. Aus Ketchup, Essig, Öl und Gewürzen eine Sauce herstellen und auf den Salat geben. Mischen und durchziehen lassen.

Sweet Potato-Salad

1	große Süßkartoffel	6 EL	Petersilie – fein gehackt
2	große Möhren	1 TL	Zitronensaft
2	Tomaten	1 EL	Honig
1 klDo	Kichererbsen – abgetropft	1 Prise	Salz
125 ml	Naturjoghurt	1 TL	Pfeffer

Süßkartoffel, Möhren und Tomaten würfeln. Für das Dressing den Joghurt mit Zitronensaft, Honig und Pfeffer sowie etwas Salz gut vermischen und die Petersilie einrühren. Die Süßkartoffeln 10 Minuten kochen, anschließend die Möhren dazugeben und 5 weitere Minuten mitkochen oder bis beides bissfest ist. Das Wasser abgießen und die Süßkartoffeln mit Tomaten und Kichererbsen vermischen. Mit dem Dressing übergießen, umrühren und nach kurzem Durchziehen warm servieren.

Texas Hill Country German Potato-Salad

Nirgends ist in Texas der Einfluss deutscher Siedler offensichtlicher als im Texas Hill Country mit seinen 1845/1846 gegründeten Städtchen New Braunfels und Fredericksburg. Der erste Siedler-Treck mit 120 Personen erreichte Fredericksburg am 8.5.1846. Ein Jahr später, am 9.5.1847, schlossen die Bürger den einzigen bis heute nie gebrochenen Friedensvertrag mit den Comanchen dieser Gegend ab. Man ist in der Region stolz auf die deutsche Abstammung. Viele Straßen, Hotels, Geschäfte und Restaurants tragen deutsche Namen. Und natürlich fehlt es auch nicht an alten Rezepten, die noch aus der Zeit der Siedler stammen und in familiengeführten Restaurants von ihren Nachfahren angeboten werden.

750 g kleine Kartoffeln – gekocht, gepellt, in dünnen Scheiben
250 ml heiße Fleischbrühe
125 g fetter Speck – gewürfelt
1 große Zwiebel – gewürfelt
3 EL milder Essig
1 Bund Petersilie – fein gehackt
Salz und Pfeffer

Die Fleischbrühe kräftig mit Salz und Pfeffer würzen und über die Kartoffeln gießen. Zugedeckt 20 Minuten ziehen lassen. Den Speck und die Zwiebeln in einer Pfanne goldgelb braten. Anschließend den Essig hinzufügen und unter den Salat mischen. Den Salat etwa 2 Stunden ziehen lassen. Vor dem Servieren mit der Petersilie vermischen.

Potato-Salad Three Palms Ranch

750 g Kartoffeln – gekocht und gewürfelt
200 ml Gemüse- ***oder*** **Fleischbrühe**
2 Fleischtomaten – in Stücken
1 Limette – ausgepresst
1 roter Chili – fein gehackt
4 Bund Koriander – grob gehackt notfalls Petersilie
2 Lauchzwiebeln – gehackt
1 EL Weißweinessig
½ TL Zucker
Salz und Pfeffer

Die Brühe erwärmen, Limettensaft, Essig, Salz, Zucker, Pfeffer, Chili und die Hälfte des Korianders dazugeben. Kartoffeln behutsam mit der Marinade mischen. Für eine Stunde in den Kühlschrank stellen. Die Tomaten und den restlichen Koriander mit dem Kartoffelsalat vermischen und servieren.

Cole Slaw

Der Cole Slaw, amerikanischer Krautsalat, gehört zu den beliebtesten Beilagen beim BBQ. Es existieren zahlreiche Rezepte, da fast jeder Koch und jede Hausfrau ein eigenes hat. Die Hauptzutaten sind in der Regel Weißkohl, manchmal auch Rotkohl, Möhren und Zwiebeln sowie individuelle Ergänzungen durch andere Gemüse wie Sellerie oder auch Paprika. Je nach Gusto oder was gerade da ist!
Das Dressing gibt die persönliche Note. Am besten schmeckt der Salat, wenn er einen Tag zuvor zubereitet wird und über Nacht an einem kühlen Ort zugedeckt durchziehen kann. Der Salat muss vor dem Servieren noch einmal gut durchgemischt werden.

Einfaches Dressing für Cole Slaw

60 ml	**Milch**	**2 EL**	**Weißweinessig**
125 g	**Mayonnaise**	**3 EL**	**Zitronensaft**
60 ml	**Buttermilch**	**½ TL**	**Senf**

Alles gut vermischen und über die gewünschte Gemüsemischung geben. Den Salat über Nacht durchziehen lassen.

JA RANCH
est. 1876

Grandma Ruth's Cole Slaw

½	**Weißkohlkopf**	**200 ml**	**Öl**
½	**Rotkohlkopf**	**100 ml**	**Weißweinessig**
2–3	**große rote Zwiebeln**	**1 TL**	**Salz**
	– in dünnen Scheiben	**1 TL**	**Senfpulver**
6	**große Möhren – geraspelt**	**100 g**	**brauner Zucker**

Den Rotkohl und Weißkohl in sehr dünne lange Streifen schneiden. Öl, Essig, Salz, Senfpulver und Zucker verrühren und erhitzen. Den Kohl mit dem anderen Gemüse vermischen. Das Dressing in heißem Zustand über den Salat gießen und unterrühren. Anschließend für 24 Stunden in den Kühlschrank stellen.
Der Salat hält gekühlt mehrere Tage.

Cole Slaw Fort Sill

1	**kleiner Weißkohl**	**3 EL**	**Weißweinessig**
2	**große Möhren – geraspelt**	**2 EL**	**Zitronensaft**
2	**Zwiebeln – fein gewürfelt**	**4 EL**	**brauner Zucker**
150 ml	**süße Sahne**	**1 TL**	**Selleriesamen – zerstoßen**
100 ml	**Mayonnaise**		**Salz und Pfeffer**

Den Weißkohl in sehr dünne lange Streifen schneiden und mit den Karotten und der Zwiebel vermischen. Die Sahne mit Mayonnaise, Weißweinessig, Zitronensaft, Zucker und Selleriesamen gut durchrühren und mit Salz und Pfeffer abschmecken. Die fertige Sauce über den Cole Slaw gießen und unterheben. Anschließend für mindestens 4 bis 5 Stunden, besser über Nacht, im Kühlschrank durchziehen lassen. Vor dem Servieren nochmal gut durchrühren.

Bacon Cole Slaw

1	**kleiner Weißkohl**	**4 EL**	**Essig**
1	**Zwiebel – fein gehackt**		**Salz und Pfeffer**
200 g	**Bacon – fein gewürfelt**		

Den Weißkohl in sehr dünne lange Streifen schneiden. Wasser aufkochen, den Weißkohl dazugeben und zehn Minuten ziehen lassen. Danach gut abtropfen lassen und in einer Salatschüssel mit der Zwiebel vermischen. Die Speckwürfel knusprig braten und mit dem Essig ablöschen. Die Flüssigkeit anschließend über den Weißkohl gießen, mit Salz und Pfeffer nach Geschmack würzen und gut durchrühren. Danach abgedeckt für eine Nacht in den Kühlschrank stellen.
Vor dem Servieren nochmals gut durchmischen und falls erforderlich nachwürzen.

Painted Bean-Salad

1 klDo	Schwarze Bohnen	1	Eigelb
1 klDo	Augen-Bohnen	1 TL	Kreuzkümmel – gemahlen
1 klDo	Kidney-Bohnen	1 TL	Salz
200 ml	Olivenöl	2	Knoblauchzehen – gehackt
80 ml	Balsamico-Essig	8	Lauchzwiebeln – gehackt
2	Chilis – fein gehackt		

Sollte eine Sorte Bohnen nicht erhältlich sein, nimmt man die, die vorhanden sind. Die Bohnen durch ein Sieb abgießen und gut abtropfen lassen. Essig, Chilis, Eigelb, Knoblauch, Kreuzkümmel und das Salz vermischen. Unter ständigem Rühren das Öl langsam dazugießen, bis ein sämiges Dressing entsteht. Die Bohnen und die Lauchzwiebeln in eine Schüssel geben, das Dressing darüber gießen und den Salat sachte umrühren.

Bohnen-Mais-Reis-Salat

750 g	gekochter Reis – kalt	80 ml	Maiskeimöl
1 miDo	Pinto-Bohnen – abgetropft	2 EL	Zitronensaft
1 miDo	Mais – abgetropft	1 EL	Apfelessig
6	Lauchzwiebeln – gehackt	1 EL	brauner Zucker
2	Jalapeños – fein gehackt	1 TL	Chilipulver
		1 TL	Salz
		½ TL	Kreuzkümmel – gemahlen

Dosengemüse, Reis, Zwiebeln und Chili vermischen. Die Dressing-Zutaten gut miteinander verrühren, bis sich der Zucker aufgelöst hat. Die Sauce unter den Salat rühren und mindestens vier Stunden abgedeckt im Kühlschrank ruhen lassen.
Gekühlt hält der Salat bis zu 3 Tage.

Schwein und Rind

Old Fashioned Ranch Hot Dogs

Der Hot Dog, eine in einem länglichen, weichen Brötchen eingebettete Wurst, erreichte schon sehr früh mit den von der Ostküste kommenden Siedlern den Südwesten. Charles Feltman, aus Hannover stammend, wanderte mit 15 Jahren aus und soll 1867 in Coney Island den Hot Dog kreiert haben, als er auf einem Handkarren mit eingebautem Grill in lange Brötchen geklemmte Würste verkaufte, die ursprünglich mit der alten Würzmischung von Frankfurtern hergestellt wurden. Garniert mit einer Portion Sauerkraut. Im ersten Jahr soll er über 4.000 Hot Dogs verkauft haben. 1871 eröffnete er das „Feltman Restaurant and Beer Garden" und vergrößerte es 1901 zu „Feltman's German Gardens" mit 1.200 Bedienungskräften.

Den Namen des Hot Dogs führt man darauf zurück, dass deutschstämmige Metzger bekannt dafür waren, „wurstförmige Hunde" zu halten, nämlich Dackel, und nicht etwa darauf, dass zu der Zeit Würste gelegentlich auch aus Hundefleisch bestanden. Hot Dogs wurden meist als „Frankfurters and Rolls" angeboten, wurden jedoch auch „Dachshund Sausages" oder „Little Dog Sausages" genannt. Ebenso wie der Original Hamburger sich änderte, erging es auch dem Hot Dog. Insbesondere in Bezug auf die Wurst, die heute je nach Geschmack recht verschiedenartig sein kann. Die Krautbeilage differiert ebenfalls, da das Sauerkraut häufig durch Cole Slaw ersetzt wird, für den es unzählige Rezepte gibt.

Barbara Sandwood, deren Familie beim Oklahoma Land Run 1889 dabei war, betrieb bei den Quarz Mountains ein kleines Motel und kannte den Hot Dog noch aus frühester Jugend. Wurde ein Rind oder ein Schwein geschlachtet, meistens im November, machte ihr Großvater neben haltbaren Fleischwaren auch Bratwurst. Die Würzung für seine Würste soll legendär gewesen sein, denn jeder seiner Nachbarn brannte darauf, zum Schlachtfest eingeladen zu werden, so wie es auf den Ranches in der Region teilweise üblich war. Ihre Großmutter buk dann große, längliche Hot Rolls, die auf einer Seite aufgeschnitten wurden. Ihr köstlicher Cole Slaw bildete das Bett unter der gegrillten Wurst. Dazu gab es selbstgemachtes Ketchup.

Auch wenn Barbaras Grillwürste aus Rind- oder Schweinefleisch inzwischen von einem speziellen Metzger kamen, bereitete sie die →Hot Rolls, den →Cole Slaw und das →Ketchup selbst zu. Für den Samstagabend konnten ihre Motel-Gäste diese Köstlichkeit vorbestellen und auf der romantischen Holzveranda hinter dem Haus vertilgen. Falls Bier oder anderer Alkohol gewünscht wurde, mussten die Gäste das allerdings selbst mitbringen, denn sie besaß keine Lizenz für den Alkohol-Ausschank. Das Motel brannte 1998 ab.

Burger

Fleischpasteten und andere Hackfleischgerichte nahmen seit jeher einen wesentlichen Teil in der Küche des neuen Kontinents ein, da hierbei unattraktive und zähe Restteile von Tieren jeglicher Art verwertet werden konnten. Neben vielen anderen Gerichten erfreut sich insbesondere der Burger großer Beliebtheit.
Ein „Hamburger“ besteht im Kern traditionell aus Rindfleisch und ist keine moderne amerikanische Fastfood-Erfindung. Anfang des 19. Jahrhunderts brachten deutsche Einwanderer aus Hamburg das Rezept der beliebten Hacksteaks mit und verkauften sie auf Märkten. Zwischen zwei Brotscheiben oder in ein Brötchen gepackt, war der „Hamburger“ eine gute Wegzehrung, die unterwegs kalt oder warm verspeist werden konnte. Da das Fleisch dafür sehr preisgünstig war und mit Kräutern und Gewürzen zu einer leckeren Mahlzeit verarbeitet werden konnte, war es auch für weniger begüterte Menschen erschwinglich. 1891 wurde das „Hamburger Steak“ erstmals in einem amerikanischen Kochbuch erwähnt.
Mit den nach Westen ziehenden Siedlern trat der „Hamburger“ seinen Siegeszug über den Kontinent an und entwickelte sich zu einer großen amerikanischen Tradition, die selbst in Spitzenrestaurants als Hauptgericht auf die Karte gefunden hat.
Der Burger als solcher bezeichnet seither eine ganze Bandbreite unterschiedlichster Variationen; hergestellt aus Rind, Buffalo, Lamm, Wild, Geflügel oder auch Fisch. Diese Vielfalt ist keineswegs eine Schöpfung moderner Fast-Food-Tempel, sondern resultiert aus dem Lebensstil des Westens, bei dem alles eine Verwendung fand. Viele Familien entwickelten eigene Rezepte sowohl für den fleischlichen Inhalt als auch für Saucen, Beilagen und die dazugehörigen Brötchen.
Wird man im Südwesten zu einem BBQ eingeladen, kann das durchaus heißen, dass man ein Burger-Buffet vorfindet. Am Buffet bestreicht und belegt man die Burger-Brötchen mit den gewünschten Zutaten, um sich als Letztes direkt am Grill den heißen Burger drauflegen zu lassen. Zu den beliebtesten Zutaten für Burger gehören:

Mayonnaise – Ketchup – Senf – Chili-Sauce – BBQ-Sauce
Eisbergsalat – Zwiebel-, Tomaten- und Essiggurkenscheiben – Jalapeños
Käsescheiben und Speckwürfel

Für die folgenden Rezepte das Fleisch für die Burger sanft mit den Zutaten verkneten und zu Pattys von etwa 2 cm Höhe formen. Die fertigen Burger immer mindestens 1 Stunde zugedeckt im Kühlschrank ziehen lassen und erst nach dem Erwärmen auf Zimmertemperatur grillen oder braten.
Der Grillrost sollte mit Öl eingefettet und gut vorgeheizt sein, bevor das Fleisch aufgelegt wird, damit die Burger nicht ankleben. Die Grillzeit richtet sich nach dem verwendeten Fleisch und danach, ob mit einem offenen oder geschlossenen Grill gearbeitet wird.
Burger-Brötchen kann man mit zerlassener Butter bestreichen und von beiden Seiten auf dem Grill anrösten. Ober- und Unterdeckel des aufgeschnittenen Brötchens anschließend mit Würzsauce bestreichen und beliebig garnieren.

Old Time Ranch-Burger

1 kg **Rinderhack**
1 **kleine Kartoffel – gerieben**
Salz und Pfeffer

Das Fleisch mit Salz, Pfeffer und der geriebenen Kartoffel gut verkneten. Aus der Masse 4 Burger formen.
Die Kartoffel bewirkt, dass das Fleisch nicht schrumpft und saftig bleibt.

Burger Del Rio Ranch

1 kg **Rindfleisch – grob gehackt**
1 **Zwiebel – fein gehackt**
1 EL **mildes Olivenöl**
2,5 EL **Chili-Sauce – Schärfe nach Wahl**
2 EL **Koriander – fein gehackt**
2 EL **Jalapeños – fein gehackt**
1 TL **Tabasco**
Salz und Pfeffer

Öl in einer Pfanne erhitzen und die Zwiebeln darin glasig werden lassen. Nach dem Abkühlen mit den restlichen Zutaten vermischen, salzen, pfeffern und zu 4 Burgern formen.

Teddy's Chili-Burger

500 g **Rinderhack**
1 klDo **Kidney-Bohnen – abgetropft – zerdrückt**
1 **Zwiebel – fein gehackt**
1 **roter Chili – fein gehackt**
2 **Knoblauchzehen – zerdrückt**
Salz und Pfeffer

Alle Zutaten gut miteinander vermischen und 4 Burger formen. Gut durch oder medium grillen.

Der gigantische „Meersburger“

Das ehemalige Goldgräberstädtchen Meers in Oklahoma, entstanden während des Wichita Gold Rush 1890, wird heute von einer 6-köpfigen Familie, acht Katzen und einem Hund bewohnt. Der zugehörige „Meers Store and Restaurant“ mit seinem ursprünglichen Mobiliar und den historischen Fotos führt zurück in die Vergangenheit. Gegründet wurde der Store, als Präsident William McKinley am 4. Juli 1901 das Wichita Forest Reserve zum Indianerreservat für Kiowa, Comanche und Kiowa-Apache erklärte. Berühmt weit über die Landesgrenzen hinaus, lässt sich bis heute kein Besucher des Wichita Wildlife Refuges (Bison- und Longhorn-Herden, Hirsche, Rehwild und Präriedogs) oder Fort Sill (Grab von Geronimo) den legendären „Meersburger“ entgehen.

Bis 1976 unterschieden sich Burger in Meers, nach dem alten, bewährten Rezept von Gladys Myers, größenmäßig nicht von anderen. Doch die Cowboys der Region, die Gladys Burger liebten, bestellten immer gleich zwei oder drei Burger für ihren Lunch, sodass es in der Küche zu Engpässen kam und Cowboys sowie auch die anderen Gäste deshalb murrten. Als Lösung wurde deshalb ein wesentlich größerer Burger konzipiert, um diesen Bedürfnissen entgegenzukommen und die Küche zu entlasten. Das neue Konzept schlug ein und der „Meersburger“ war geboren.

Er ist ein Burger mit stolzen Durchmesser von 18 cm, wiegt 454 g und wird aus dem Fleisch von Texas Longhorns, die in der Region auf der Ranch des Gastronomen grasen, hergestellt. Der Preis wurde jahrelang nicht verändert und lag 2020 immer noch bei 10,65 $.

Falls Käse auf dem Burger gewünscht wird, handelt es sich um amerikanischen Bio-Käse, „weil es amerikanische Burger sind“, betont Hausherr Joe Maranto. Und das Rezept? „Nun, der würzige Geschmack kommt von dem Fleisch unserer Longhorns, die draußen auf den naturbelassenen Weiden laufen“, schmunzelt der Gastronom. „Das alte Rezept von Gladys Meyers, die aus einer alten Pionierfamilie stammt und 1949 das Restaurant übernahm und groß machte, entspricht im Wesentlichen dem eines klassischen Burgers, bis auf Gladys kleines Geheimnis. Ebenso wie bei unseren Buffalo-Burgern.“

Das genaue Rezept kann daher hier leider nicht verraten werden. Aber vielleicht ist dieser Burger eine Anregung für eine Familienmahlzeit oder das nächste BBQ. Für den „Meersburger“ muss aus dem Teig für die →Burger-Brötchen nur ein entsprechend großer Teigling geformt und der Burger diesem angepasst werden.

Bunkhouse Meat Loaf Kerrs Ranch

Die Kerrs Ranch wurde 1885 in der Dry Cimarron River Region in Nord New Mexico von Vicky's Urgroßvater gegründet. Ihr jüngerer Bruder Albert fiel 1971 mit 19 Jahren im Vietnam-Krieg. Ihr Vater starb 1973 mit nur 49 Jahren nach einem Puma-Angriff. Ihr älterer, unverheirateter Bruder Jerry übernahm die Ranch und wurde 1980 von einem Nachbarn auf seinem Weideland wegen Streitigkeiten ums Wasserrecht erschossen. Vicky hatte damals gerade erfahren, dass sie von ihrem Freund schwanger ist. Der machte sich schnell aus dem Staub, als ihm klar wurde, dass sie die Ranch weiterführen und niemals verkaufen würde. Es war anfangs sehr schwer für Vicky in dieser Männergesellschaft im Valley als „Ranchboss" Anerkennung zu finden.

Ich traf Vicky Kerrs 1995, als sie mit ihrem 15-jährigen Sohn Benjamin und einer Nachbarstochter eine kleine Herde auf der Straße nach Folsom umtrieb. Wir kamen schnell ins Gespräch, das mit einer Einladung auf die Kerrs Ranch endete. Ihre Mutter, die sie immer unterstützt hatte, war der gute Geist des Hauses, führte den Haushalt und kochte nach den alten Rezepten der Familie. So wie an dem Abend, als ich dort eingeladen war. Es gab dieses deftige Fleischgericht und zum Nachtisch →Bread Pudding.

Die Ranch existiert heute nicht mehr. Vicky starb 2003, als sie auf dem Heimweg zur Ranch mit ihrem Pick-Up in einen Blizzard geriet und von der Straße abkam. Sie erfror in ihrem Auto. Benny verkaufte die Ranch ein paar Jahre danach, da er durch die wirtschaftlichen Veränderungen die kleine Ranch nicht mehr halten konnte. Er arbeitet heute als Vormann auf einer bekannten Ranch.

1 kg	**Rinderhackfleisch**	**1**	**große Zwiebel – gehackt**
150 g	**Bacon – dünne Scheiben**	**1**	**rote Paprika – fein gehackt**
1 klDo	**Kidney-Bohnen – abgetropft**	**1**	**Knoblauchzehe – gehackt**
1 klDo	**Mais – abgetropft**	**1**	**Ei**
1	**altbackenes Brot – eingeweicht und ausgedrückt** ***oder*** **150 g Cracker-Krümel**	**5 EL**	**Chili-Sauce**
			Salz und Pfeffer

Alle Zutaten außer dem Bacon gut miteinander verkneten. Den Boden einer Kasten-Backform mit der Hälfte des Specks auslegen. Die Fleischmasse darüber verteilen, glatt streichen und mit dem restlichen Bacon abdecken. Bei 200 °C für etwa eine Stunde in den Backofen stellen. Nach dem Herausnehmen 10 Minuten ruhen lassen und erst dann in Scheiben schneiden. Der Hackbraten kann heiß oder kalt mit →*Gravy* oder →*BBQ-Sauce* gegessen werden.

Mum’s Super Beef Loaf

Sheriff Mendozas absoluter Lunchfavorit waren Beef Loaf Scheiben nach dem Rezept seiner Familie, die seit 1907 eine Ranch bei Coyanosa im Pecos County in Texas besessen hatte. Sein Bruder hatte als Ältester nach dem Tod des Vaters die Ranch übernommen und sie beim Poker verspielt. Seine Mutter, die als exzellente Köchin galt, machte daraufhin ein kleines Restaurant in Coyanosa auf, um ihre anderen Kinder durchzubringen. Sheriff Mendoza war überzeugt, dass die Limette das Geheimnis des Rezeptes ist. Das Rezept stammt aus dem handgeschriebenen Kochbuch seiner Mutter.

500 g **Rinderleber – fein gewürfelt**
1 kg **Rinderhackfleisch**
100 g **Speck – fein gewürfelt**
2 **große Zwiebeln – gehackt**
1 **Ei**
1 EL **Limettensaft**
1 **geraspelte Limetten- *oder* Zitronenschale**
60 g **Brotkrumen**
60 ml **kaltes Wasser**
3 EL **Petersilie – fein gehackt**
Salz und Pfeffer

Alle Zutaten gut miteinander vermengen. Die Fleischmasse in eine gefettete Kastenbackform geben und im Backofen bei 250 °C für 10 Minuten oder bis die Oberfläche braun ist, backen. Anschließend die Hitze auf 190 °C reduzieren und weitere 45 Minuten backen lassen. Aus dem Ofen nehmen und etwa 10 Minuten stehen lassen, bevor die Fleischpastete angeschnitten wird.
Die Pastete kann kalt oder warm mit →*Gravy* oder →*BBQ-Sauce* gegessen werden.

Poor Man's Chicken Fried Steak

Wenn es selbst für ein →Chicken Fried Steak nicht mehr reichte, das an sich schon ein Notzeitengericht aus dem Bürgerkrieg war, blieb nur noch dieses „Armengericht“. Alles, was man von den Knochen abschaben oder möglichst billig kaufen konnte, drehte man durch den Fleischwolf. Serviert wurden die panierten Hackfleisch-Fladen mit →Gravy.

500 g **Rinderhack**
250 g **Mehl**
4 **Eier – verquirlt**
Salz und Pfeffer

Das Fleisch in 4 Portionen teilen und daraus dünne Fleisch-Pattys formen. Das Fleisch in heißem Öl von beiden Seiten bräunen, abtropfen lassen und beiseitestellen. In einer Schüssel Mehl, Salz und Pfeffer miteinander vermischen. Die Burger von beiden Seiten in der Eiermasse und anschließend im Mehl wälzen. Das Ganze dreimal wiederholen, um eine dicke Außenschicht zu erhalten.
Die Burger in heißem Öl von beiden Seiten goldbraun backen.

Ham Balls Eagle Nest Ranch

1 kg	**Schinkenmett**	***Sauce***	
500 g	**Rinderhack**	**250 g**	**brauner Zucker**
2	**Eier**	**125 ml**	**Wasser**
240 g	**Brot-** ***oder*** **Crackerkrümel**	**80 ml**	**Ketchup**
1 EL	**Ketchup**	**1 TL**	**Liquid Smoke**
120 ml	**Milch**	**125 ml**	**Essig**
1 EL	**Zwiebeln – fein gehackt**	**1 miDo**	**Pfirsiche – grob gewürfelt**
½ EL	**Allspice**	**2 TL**	**Senfpulver**
	Salz und Pfeffer		

Die Zutaten für die Fleischbällchen gut miteinander verkneten. Die Masse zu walnussgroßen Bällchen rollen und nebeneinander in eine Auflaufform legen. Die Zutaten für die Sauce gut miteinander verrühren, über die Fleischbällchen gießen und alles 60 Minuten bei 190 °C im Backofen garen lassen.

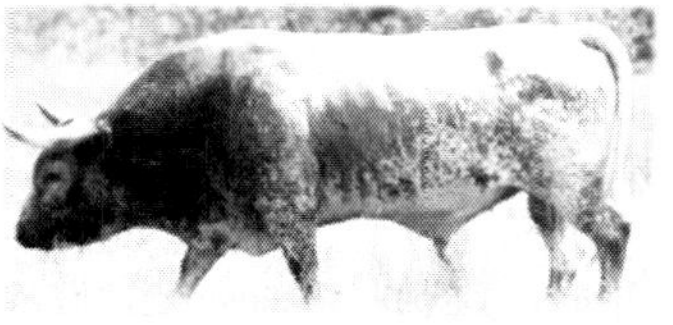

Rosita's Jalapeño-Meatballs

1 kg	**Rinderhack**	**6**	**Jalapeños – in Ringen**
	– notfalls gemischtes Hack	**120 g**	**Cheddar am Stück**
4 EL	**→*Chili-Rub* – nach Gusto**	**12**	**dünne Scheiben Bacon**

Das Hackfleisch mit Chili-Rub verkneten und 2 bis 3 Stunden lang im Kühlschrank durchziehen lassen. Den Cheddar in 6 Würfel teilen. Das Hackfleisch zu 6 Pattys verarbeiten. In die Mitte einen Käsewürfel umgeben von Jalapeño-Ringen platzieren. Das Hackfleisch um die Füllung herum zu einem Klops formen und darauf achten, dass das Hackfleisch rundherum gleichmäßig dick und komplett geschlossen ist, damit der später flüssige Käse nicht auslaufen kann. Anschließend zwei Scheiben Bacon rechtwinklig zueinander um die Hackfleischbälle wickeln.
Die Meatballs in einer Auflaufform im Backofen bei 180 °C etwa 50 Minuten lang garen lassen. Zehn Minuten bevor sie fertig sind, kann man sie mit einer beliebigen BBQ-Sauce bestreichen.
Anstatt der Verwendung von Cheddar kann man die entkernten Jalapeños mit Frischkäse füllen und längliche Fleischklopse formen.

Scrapple

Scrapple gilt als traditionelles Herbst- oder Winteressen, da Schweinefleisch bei hohen Temperaturen sehr schnell verdirbt, sodass die Schlachtungen in der kühleren Jahreszeit stattfanden. Zudem musste Fleisch nach der Schlachtung rasch zu Wurst oder anderen haltbaren Fleischwaren verarbeitet werden, wozu in den kalten Monaten mehr Zeit war.
Dieses deutschen Einwanderern zugeschriebene Gericht wird gerne zum Frühstück gegessen, ist aber auch als Abendessen mit entsprechenden Beilagen beliebt.
Die Fleischpastete wird aus den Teilen eines Schweins hergestellt, für die man sonst keine Verwendung hat, wie: Innereien, Haut und kleine vom Knochen geschabte Fleischstücke oder der Schweinskopf. Sie werden mit Brühe, Maismehl, Kräutern und einigen Gewürzen zu einem Pastetenteig verarbeitet. Die Beigabe der Kräuter und Gewürze variierte nach den jeweiligen Familienrezepten.
Dieses Rezept stammt von einer kleinen Ranch, die seit dem Oklahoma Land Run am 22. April 1889 im Familienbesitz ist. Die verwitwete Besitzerin Lee Ann engagiert sich sehr stark für die Kultur der Ureinwohner, denn sie empfindet es als schändlich, was damals passiert ist, auch wenn ihre Vorfahren davon profitiert haben.

1 Schweinekopf
1 Schweineherz
4 TL Salz
4 TL Pfeffer
1 TL Salbei
750 g Maismehl
Bratfett

Kopf und Herz etwa 3 Stunden mit Wasser bedeckt im geschlossenen Topf köcheln lassen. Wenn sich das Fleisch von den Knochen löst, den Schweinskopf und das Herz herausnehmen. Das Fleisch durch den Wolf drehen und wieder in das Kochwasser zurückgeben. Die Gewürze und das Maismehl langsam einrühren, bis ein weicher Brei entsteht. Die Masse unter Rühren etwa 60 Minuten bei niedriger Hitze köcheln lassen, bis sie dicklich und steif wird.
Den Brei in eine oder zwei gefettete Backformen füllen und kaltstellen. Wenn die Masse abgekühlt und fest geworden ist, auf eine Platte stürzen und in etwa 1 cm dicke Scheiben schneiden. Die Scheiben in einer Pfanne auf beiden Seiten goldbraun braten.
Steht kein Schweinekopf zur Verfügung, können für dieses Rezept auch Schweinefüße und/oder auch weitere Innereien verwendet werden.

Crown Roast Persimmon Hills

1	Kotelettstrang – 14 bis 16 Rippen – zur Krone gebunden	1 TL	Cayenne-Pfeffer
2 EL	Knoblauchpulver	2 EL	Puderzucker
3 EL	mildes Paprikapulver	2 TL	Salz
2 TL	Senfpulver	½ TL	Pfeffer
2 EL	Chilipulver		Öl
			Bier

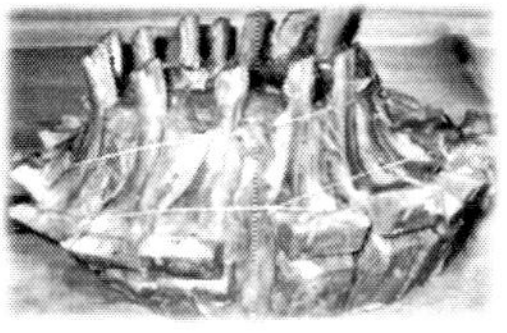

Die Gewürze miteinander vermengen. Den Crown Roast mit Öl bestreichen, mit der Gewürzmischung einreiben und die Knochenenden mit Alufolie umwickeln. Den geschlossenen Grill auf 200 °C anheizen und den Crown Roast in die Mitte legen. Nach 15 bis 20 Minuten die Hitze auf 150 °C reduzieren und den Crown Roast mit Bier einpinseln. Etwa 3 Stunden grillen. Wichtig ist es, das Fleisch immer wieder mit Bier zu bestreichen.
Die tatsächliche Garzeit richtet sich nach dem Gewicht des Crown Roasts und wird am besten durch die Kerntemperatur bestimmt. Wenn eine Kerntemperatur von etwa 80 °C erreicht ist, den Crown Roast vom Grill nehmen und noch 10 Minuten abgedeckt auf einer Platte ruhen lassen. Den Crown Roast wie eine Torte aufschneiden.
Für 8 bis 10 Personen

Jacob's Schweinenacken vom Spieß

Olivia und Jacob gehörte das Townsman Motel in Bosie City. Ein kleiner Ort im Nirgendwo im 267 km langen und 60 km breiten Panhandle von Oklahoma, eingeklemmt zwischen Texas und Colorado. Und die einzige Stadt auf dem amerikanischen Festland, falls man einen Ort mit 1.500 Einwohnern so nennen kann, die während des 2. Weltkriegs bombardiert wurde (5.7.1943).
Olivias und Jacobs Familien waren vor mehr als 100 Jahren als Siedler in die Region gekommen. Die beiden hatten die Ranch seiner Eltern übernommen. Als ein Präriebrand diese komplett zerstörte und auch ihre Rinder dabei starben, hatten sie verkauft, weil sie sich inzwischen zu alt fühlten, um noch einmal ganz von vorne anzufangen. Da sie noch die begehrten Rechte auf ihrem Land für Gas, Öl und Mineralien besaßen, erhielten sie eine nicht unerhebliche Summe, sodass sie das Motel kaufen und sich somit ein Einkommen in ihrer Heimat sichern konnten.
Ich war an dem Abend der einzige Gast und fragte beim Einchecken nach einem Restaurant. Olivia meinte, ich könne, wenn ich Lust hätte, gerne mit ihnen essen, da das Restaurant im Ort heute geschlossen sei.

Wir aßen im Schatten der Veranda. Zu Jacob's Spießbraten gab es Olvia's →Maispastete. Soweit das Auge reichte, nur endlose, meist mit Yuccas bewachsene Landschaft bis zum Horizont. Olivia und Jacob saßen gerne hier draußen, schauten über das Land und stellten sich vor, wie es wohl gewesen sein mochte, als ihre Vorfahren hierher kamen.

Es war sehr heiß und die Luft fühlte sich elektrisch aufgeladen an. Die alten Leute erzählten von den vielen verheerenden Sandstürmen, die über das flache Land gefegt waren, und Unwettern, die manchmal auch die Prärie in Brand setzen.

Wenn man vom Teufel spricht. Eben war der Himmel noch strahlend blau, jetzt, wie mit einem Messer abgeschnitten, zogen fast schwarze, in sich gerollte Wolken mit atemberaubender Geschwindigkeit auf. Es begann heftig zu stürmen. Kurz danach krachte der erste Donner und die Schleusen des Himmels öffneten sich, sodass sich der Platz rund um das Motel innerhalb einer Minute in einen See verwandelte. Ein heftiger Donnerschlag jagte nun den nächsten, die Blitze fuhren dick wie Baumstämme rundherum in die Erde und jeder nähere Einschlag ließ das Haus beben. Eine gespenstische und furchterregende Atmosphäre.

Wie mögen die Siedler ein solches Scenario empfunden haben, die in diesem für sie unbekannten Land in den Wagen fast schutzlos mit Kind und Kegel über die Prärie zogen? Oder die Cowboys, die die riesigen Rinderherden trieben?

2 kg	**ausgelöster Schweinenacken**	**1 TL**	**Meerrettich**
1	**Zwiebel – fein gerieben**		**Pfeffer**
3	**Knoblauchzehen – gehackt**		**Paprikapulver – edelsüß**
2 EL	**Öl**	**3–4**	**Spritzer Tabasco**
6 EL	**helles Bier**		**Salz**
1 EL	**scharfer Senf**		

Den Schweinenacken auf einen Drehspieß stecken. Die Zutaten für die Marinade gut miteinander verrühren. Den Schweinenacken mit der Marinade während des Grillens mehrmals einpinseln. Die Gesamtgrillzeit beträgt etwa 90 Minuten. Der Spieß sollte nicht näher als 30 cm am Feuer sein.

Den fertigen Schweinenacken vom Spieß nehmen und in Scheiben geschnitten servieren.

Der Braten kann über einem offenen Lagerfeuer, aber auch über einem Grill geröstet werden. Ob der Spieß elektrisch gedreht wird oder von Hand, hängt von den jeweiligen Gegebenheiten ab.

Honey-Tenderloin

2	Schweinefiletstränge	1	Zwiebel – klein gehackt
75 ml	Honig der Region	1	Knoblauchzehe – gequetscht
75 ml	Apfelessig	½ TL	Chilipulver
125 ml	Ketchup		Salz und Pfeffer
75 ml	Whiskey	1 EL	Öl

Zwiebeln und Knoblauch im Öl anbräunen. Alle anderen Zutaten für die Sauce hinzufügen, aufkochen und bei kleiner Flamme köcheln lassen, bis sie dicklich wird. Das Schweinefilet mit der Sauce von allen Seiten bestreichen, auf einer Folie auf den Grillrost legen und bei mittlerer Temperatur etwa 20 Minuten lang grillen. Die Filets dabei mehrfach vorsichtig wenden und mit der Honigsauce bestreichen. Aufgeschnitten servieren und mit dem Rest der Sauce übergießen.

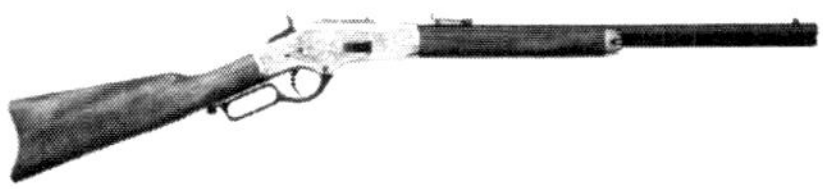

Rancho Chops

6–8	Koteletts	1	Knoblauchzehe – zerdrückt
1 grDo	Pinto- *oder* Kidney-Bohnen	1	roter Chili – fein gehackt
125 g	Bacon – gewürfelt	1 EL	Chilipulver
1	Zwiebel – fein gehackt	1 TL	Salz und Pfeffer

Die Koteletts in einer Pfanne anbraten und herausnehmen. In der gleichen Pfanne den Speck anbraten und Zwiebeln und Knoblauch hinzufügen und glasig werden lassen. Die Bohnen einrühren. Die Koteletts auf die Bohnen legen und alles zugedeckt 45 Minuten simmern lassen.
Das Gericht kann auch im Backofen abgedeckt 45 Minuten bei 175 °C zuende gegart werden. Falls erforderlich noch ein bisschen Wasser nachgeben.

Nackensteaks San Benito Ranch

4	Nackensteaks *oder* Koteletts	1 EL	brauner Zucker
4 EL	Whiskey	3	Gewürznelken
4 EL	Orangenmarmelade	2	Knoblauchzehen – gehackt
1 EL	Orangensaft		Pfeffer

Whiskey, Orangenmarmelade, Orangensaft und Zucker gut miteinander verrühren. Knoblauch, Gewürznelken und Pfeffer zur Marinade geben. Die Steaks in eine Schüssel legen, mit der Marinade übergießen, abdecken und über Nacht im Kühlschrank ziehen lassen.
Vor dem Grillen die Marinade 10 Minuten köcheln lassen oder bis sie eindickt. Anschließend die Steaks mit der Marinade von beiden Seiten einpinseln und von beiden Seiten grillen.

Ferkel am Spieß

1	**Ferkel *oder* Frischling – küchenfertig – 5 bis 10 kg**	**2**	**Lorbeerblätter**
500 ml	**Fleischbrühe *oder* Wildfond**	**1 EL**	**Rosmarin – fein gehackt**
4	**rote Zwiebeln – fein gehackt**	**1 EL**	**Thymian – fein gehackt**
2	**Knoblauchzehen – gehackt**	**1 EL**	**Majoran – fein gehackt**
10	**Wacholderbeeren**	**½ Bund**	**glatte Petersilie – gehackt**
10	**schwarze Pfefferkörner**	**4 EL**	**Öl**
		1 TL	**Salz**

Wacholderbeeren, Pfefferkörner und Lorbeerblätter in einem Mörser zerstoßen. In einem Topf das Öl erhitzen und Zwiebeln sowie Knoblauch darin glasig werden lassen. Die Gewürze und Kräuter dazugeben und kurz anrösten. Mit Fleischbrühe oder Wildfond ablöschen und einen Teelöffel Salz hinzufügen. Aufkochen, beiseite stellen und abkühlen lassen. Das Ferkel an Keulen und Schultern mit einem spitzen Messer mehrmals einstechen, auf eine große Folie legen und innen und außen mit der Hälfte der Marinade bestreichen. Anschließend die Folie verschließen und das Ferkel über Nacht kühl stellen.
Das Ferkel noch einmal von innen und außen salzen und pfeffern, auf einen Drehspieß stecken und gut fixieren. Die Vorderläufe nach vorne ziehen und mit Draht neben dem Kopf festbinden. Die Hinterläufe nach hinten binden und den Bauch mit Draht schließen. Den Spieß auf das Drehgestell legen.
Die gesamte Grillzeit variiert je nach Größe des Tieres und der Hitze. Man muss zwischen 2 bis 4 Stunden rechnen. Das Ferkel alle 30 Minuten mit der restlichen Marinade bestreichen. Wenn die Haut zu schnell bräunt, die Temperatur etwas senken oder das Ferkel, wenn möglich, höher hängen.

Als Gartest dem Ferkel mit einer Gabel in den Schenkel stechen. Der herausquellende Saft sollte klar und nicht mehr blutig sein.
Man rechnet pro Person etwa 700 g bis 800 g.

Ribs

Waren früher im Südwesten eher Rinderrippen die Norm, erfreuten sich im Laufe der Zeit zunehmend auch westlich des Mississippis Schweinrippchen großer Beliebtheit. Dafür werden in der Regel Spareribs (Schälrippchen) oder Loin Ribs (Kotelettrippen), auch Baby Back Ribs genannt, verwendet. Die fleischigeren Spareribs mit ihren flachen, etwas breiteren Knochen gelten als geschmacksintensiver und saftiger, da sie etwas fettreicher sind als Loin Ribs, deren kurze, gebogene, eher rundliche Knochen enger zusammenstehen. Deshalb sollte man darauf achten, dass sie nicht zu nahe am Knochen abgeschnitten werden, sondern noch genügend Fleisch haben. Gerne wird auch die fleischige und fettere Dicke Rippe verwendet.

Die Art der Zubereitung hängt vom Grill als solches, seiner Kapazität und der Anzahl der Gäste ab. Je nachdem wie fleischig die Ribs sind, rechnet man etwa 500 g bis 600 g pro Person, wenn Beilagen dazu gereicht werden.

Neben den Zubereitungsarten variieren ebenso die Vorlieben, wie die Rippchen verspeist werden. Die einen bevorzugen die gewürzten oder marinierten Rippchen, so wie sie sind, für andere sind sie ohne eine herzhafte BBQ-Sauce nicht denkbar.

Langsam gegart bei geringer Hitzezufuhr nehmen die Rippchen über Holz gegrillt direkt das Aroma des verwendeten Holzes an. Beim Holzkohle- oder beim Gasgrill erreicht man das mittels der in den Eingangskapiteln beschriebenen Hilfsvariante *(→ Seite 9)**.*

Ist nicht viel Zeit, können die Rippchen vorgegart werden. Entweder im Backofen, im geschlossenen Grill oder durch Vorkochen. Das empfiehlt sich insbesondere dann, wenn nur ein offener Grill zur Verfügung steht. Vorgegarte Rippchen brauchen auf dem Grill dann nicht mehr so lange, bleiben zudem zarter und saftiger und werden von außen nicht zu dunkel. Den vorgegarten Rippchen wird auf dem Grill lediglich eine knusprige Kruste verpasst. Ribs schmecken am besten, wenn sie außen knusprig und innen zart und saftig sind.

Zum Vorgaren im Backofen oder geschlossenen Grill werden die Rippchen-Seiten, nach Gusto mariniert und gewürzt oder auch nicht. Dazu den Backofen oder Grill auf 100 °C vorheizen. Die Rippchen mit der Knochenseite nach unten nebeneinander auf ein Backblech legen und mit Alufolie bedecken. Oder für den geschlossenen Grill in Alufolie einwickeln. Die Rippchen etwa 2 Stunden bei 100 °C garen lassen. Falls sie sehr fleischig sind, etwas länger.

Man kann die Rippchen auch vorkochen, allerdings verlieren sie dabei an Geschmack und können erst danach mariniert und gewürzt werden. Dazu die Rippchen-Seiten in Stücke von etwa 3 Rippen schneiden. In einem großen Topf aufkochen und anschließend bei niedriger Hitze 10 bis 15 Minuten köcheln lassen.

Die Zubereitungsmethoden variieren von Ranch zu Ranch, ebenso wie die hausgemachten →Marinaden und →Rubs.

Rio Grande Ribs

2 kg	Spare- *oder* Loin-Ribs	60 ml	Orangensaft
2	Knoblauchzehen – gehackt	60 ml	Apfelessig
1	roter Chili – fein gehackt	4 EL	Worcestersauce
125 ml	Tomatenpüree		Pfeffer
125 ml	Honig		

Alle Zutaten für die Marinade zu einer glatten Sauce verrühren. Die Schweinerippchen in eine flache Schale legen und die Marinade gut darauf verteilen. Die Schale abdecken und bis zum nächsten Tag in den Kühlschrank stellen. Die Rippchen des Öfteren in der Marinade wenden.

Den Grill auf mittlere Hitze bringen, die Ribs aus der Marinade nehmen und mit der Fleischseite nach unten auf den Grill legen. Etwa 10 Minuten grillen und zwischendurch oben mit der Marinade einpinseln. Danach wenden, von der anderen Seite ebenfalls 10 Minuten grillen und mit der Marinade bestreichen.

Wenn die Ribs knusprig braun sind, in Portionen von 3 bis 4 Rippen teilen und sofort servieren.

Tony Svenson's Ribs

2 kg	Dicke Rippe	2 EL	Liquid Smoke
300 ml	Ketchup	1 EL	Limettensaft
240 g	brauner Zucker		Knoblauchpulver
120 ml	Chili-Sauce		Pfeffer
2 EL	Apfelessig		Bier

Die Rippchen mit Knoblauchpulver und Pfeffer würzen. Die restlichen Zutaten vermischen und bei mittlerer Hitze etwa 10 Minuten köcheln lassen. Gelegentlich umrühren. Die Rippchen auf den Grill oder den Rost im Backofen legen und oben mit der Sauce bestreichen. Im vorgeheizten Ofen oder geschlossenen Grill bei 140 bis 160 °C für 60 bis 90 Minuten garen lassen. Die Rippchen alle 30 Minuten umdrehen und mit der Sauce bestreichen.

Nach dem Garwerden etwa 5 bis 10 Minuten abgedeckt ruhen lassen. Zum Servieren in Rippenstücke schneiden. Zusammen mit dem Rest der nochmals kurz erhitzten Sauce servieren.

Ribs Cross L Ranch

	Dicke Rippe – ganze Seite	400 g	Tomaten – püriert
2	Zwiebeln – fein gehackt	125 ml	Fleischbrühe
1	roter Chili – fein gehackt	1 EL	Korianderkraut – gehackt
1	grüner Chili – fein gehackt	3 EL	Öl
3 EL	Essig		Cayenne-Pfeffer
3 EL	Honig		Salz
1 EL	scharfer Senf		

Die Zwiebeln im Öl glasig werden lassen. Chilis, Essig, Honig und Senf hinzufügen. Gut verrühren und mit der Fleischbrühe ablöschen. Die pürierten Tomaten und den Koriander dazugeben und die Sauce etwas einkochen lassen. Mit Salz und Cayenne-Pfeffer so abschmecken, dass die Marinade würzig scharf ist.
Die Rippchenseite längs oberhalb der Knochen auf einen Spieß stecken und von allen Seiten mit der Marinade einpinseln. Insgesamt 90 Minuten bei mäßiger Hitze von beiden Seiten grillen. Der Spieß sollte nicht näher als 30 cm am Feuer sein. Das Fleisch von Zeit zu Zeit mit Marinade einpinseln. Rippenweise geschnitten servieren.

Barbecued Fresh Ham

Neben dem obligatorischen Truthahn zu Thanksgiving oder Weihnachten erfreut sich zusätzlich Schinkenbraten großer Beliebtheit. Zumal, wenn er so wie dieser bereits ein oder zwei Tage vor dem Eintreffen der Gäste vorbereitet werden kann und nur noch erwärmt werden muss. So schmeckt er nicht nur am besten, sondern macht auch den Backofen für den Truthahn weitgehend frei.

3 kg	Schinkenbraten mit Schwarte	250 ml	Fleischbrühe
250 g	brauner Zucker	1 TL	Senfkörner
250 ml	Weinessig	½ TL	Selleriesamen
250 ml	Wasser	½ TL	Pfeffer
1	große Zwiebel – fein gehackt	2	Knoblauchzehen – gehackt

Die Schwarte des Schinkenbratens auf der oberen Seite schachbrettförmig einschneiden. Alle Zutaten zum Kochen bringen und anschließend 15 Minuten simmern lassen. Den Braten in eine große Schüssel legen, die Marinade darüber gießen und über Nacht kühl stellen.
Am nächsten Tag den Schinken aus der Marinade nehmen und 2 bis 3 Stunden bei 175 °C im Backofen oder geschlossenen Grill backen lassen. Eine Auffangschüssel darunter stellen. Während des Backens den Braten des Öfteren mit der Marinade einpinseln. Wenn der Braten fertig ist, die restliche Marinade mit dem abgetropften Bratensaft vermischen, aufkochen und etwas eindicken lassen. Den Braten in dicke Scheiben schneiden und abgedeckt in den Kühlschrank stellen.
20 Minuten bevor der Schinkenbraten auf den Tisch kommen soll, die Schinkenscheiben im auf 175 °C aufgeheizten Backofen erwärmen. Gleichzeitig die Sauce erhitzen und entweder separat servieren oder vor dem Servieren über die Schinkenscheiben gießen.

Honeyglazed Bourbon-Ham

Dieser Schinken ist für eine größere Personenzahl gedacht. Nimmt man ein kleineres Stück, muss die Zeit im Backofen ebenso wie die Menge der Marinade reduziert werden. Aus den Resten einer solchen Mahlzeit lassen sich schmackhafte weitere Gerichte zubereiten. Wie zum Beispiel Eintopf oder Suppe, bei denen man einen evtl. vorhandenen Knochen als Geschmackgeber verwendet.

3 kg	**Kochschinken mit Schwarte – mit *oder* ohne Knochen**	**2 EL**	**scharfer Senf**
		100 ml	**Bourbon**
20	**Knoblauchzehen – geschält**	**60 g**	**brauner Zucker – zerstoßen**
100 ml	**Honig**	**50 ml**	**Melasse**

Die Schwarte schachbrettmäßig einschneiden und in die Kreuzrillen jeweils eine Knoblauchzehe stecken. Den Honig mit den anderen Zutaten vermischen und kurz aufkochen. Den Schinken damit einpinseln und mit der Kruste nach oben auf ein Gitter über einer großen Auffangpfanne legen und im vorgeheizten Backofen bei 160 °C zwei Stunden lang backen lassen. Alle 15 bis 20 Minuten mit der Marinade einpinseln. Um die Kruste zu bräunen, den Backofen in den letzten 10 Minuten auf 200 °C hochstellen.
Der Schinken kann warm oder kalt gegessen werden.

Beef Jerky

Bei Beef Jerky, das der Cowboy gerne in seinen Satteltaschen dabei hatte, handelt es sich um getrocknete dünne Büffel- , Rind- oder Wildfleischstreifen.
Ursprünglich stammt diese Konservierungsmethode von den Indianern, wurde jedoch später von den Einwanderern übernommen. Die traditionelle Art Jerky herzustellen war, sehr dünn geschnittene Scheiben Fleisch für 3 bis 4 Tage in eine spezielle Würzmarinade einzulegen, um sie anschließend 2 Tage über dem Feuer zu räuchern. In den 60er Jahren des 19. Jahrhunderts, als Salz kommerziell hergestellt und in größeren Mengen gehandelt wurde, legte man das Fleisch kurz in eine Salzlake oder rieb es mit Salz ein. Anschließend wurde es auf eine Leine oder ein Gestell gehängt und 12 Stunden oder je nach Witterung und Luftfeuchtigkeit auch bis zu einer Woche getrocknet, bis dem Fleisch jede Flüssigkeit entzogen war.

Das dann in dünne Streifen geschnittene Jerky war nahrhaft und bot sich aufgrund seiner Haltbarkeit als unkomplizierte Wegzehrung auf der Jagd, auf Reisen oder als Vorrat für schlechte Zeiten an. Denn aus Jerky ließ sich zusammen mit Wurzeln, Wildzwiebeln und Kräutern durchaus eine gute Suppe kochen.
Zur Herstellung von Beef Jerky eignet sich zartes, mageres Fleisch. Gerne werden Rouladen genommen, da sie bereits in der richtigen „Dicke" geschnitten sind. Filet oder ein Hüftsteak, dünn geschnitten, sind ebenfalls geeignet. 1 kg Fleisch ergibt rund 330 g Jerky, da die im Fleisch enthaltene Feuchtigkeit entzogen wird.

1,5 kg	**Rinderrouladen**
240 ml	**Wasser**
120 ml	**Zitronensaft**

Das Fleisch in drei bis fünf Zentimeter breite und beliebig lange Streifen schneiden. Wasser und Zitronensaft vermischen. Das Fleisch in eine flache Schale legen und mit der Flüssigkeit bedecken. Über Nacht stehen lassen.
Den Backofen auf 100 °C vorheizen. Die Fleischstreifen gut trocken tupfen und zum Trocknen so auf ein Backpapier oder auf den Grillrost legen, dass sich die einzelnen Stücke nicht berühren. Jetzt kann das Fleisch, falls gewünscht, noch einmal gewürzt werden, z. B. mit Salz oder einer Gewürzmischung.
Nach etwa 3,5 Stunden sollte das Fleisch einmal gewendet werden, um eine gleichmäßige Trocknung zu erreichen. Nach 6 Stunden nachsehen, ob das Trockenfleisch bereits fertig ist. Die Konsistenz – noch ein wenig weich oder ganz durch – ist Geschmackssache. Ansonsten den Dörrvorgang halbstundenweise verlängern. Anschließend das Fleisch auskühlen lassen. Den optimalen Geschmack entwickelt das Jerky meist erst nach zwei bis drei Tagen.
Will man die Geschmacksrichtung des Jerkys verändern, kann man der Marinade ein paar Spritzer Tabasco, Knoblauch oder anderes hinzufügen. Oder eine beliebige andere →*Marinade* wählen.

Beef Tongue Cottonwood Ranch

1	Rinderzunge – 1 bis 1,5 kg	*Sauce*	
1	große Zwiebel – gestückelt	2 EL	Butter
4–6	Knoblauchzehen	120 g	Zucker
2	Lorbeerblätter	½ l	Brühe von der Zunge
1 Bund	Kochpetersilie	1 Do	dunkles Bier
	Salz und Pfeffer	150 g	Rosinen
			Zitronenschale – geraspelt
			Muskatnuss

Die Zunge in einen großen Topf geben. So viel Wasser zugießen, dass sie gut bedeckt ist. Zwiebeln, Knoblauch, Lorbeerblätter, Petersilie, Salz und Pfeffer hinzufügen. Alles aufkochen und bei niedriger Hitze 2 bis 3 Stunden köcheln lassen oder bis die Zunge weich ist. Pro Pfund sollte man 1 Stunde rechnen. Wenn erforderlich, mehr Wasser zugießen, sodass die Zunge immer bedeckt ist. Wenn sich die Zungenspitze leicht mit der Gabel durchstechen lässt, wird sie aus der Brühe genommen und die raue Außenhaut wird unter kaltem Wasser sofort abgezogen.

Die Butter in einem Topf schmelzen, Zucker einrühren und karamellisieren lassen. Anschließend mit dem Bier und ½ l der Brühe aufgießen und mit Muskat, Salz, Pfeffer sowie Zitronenschale abschmecken. Die Rosinen hinzufügen und köcheln lassen, bis sich die Sauce etwas reduziert hat.

Währenddessen die Zunge in 1 bis 1,5 cm dicke Scheiben schneiden. Wenn die Sauce fertig ist, die Zungenscheiben hinzufügen und in der Sauce wieder erwärmen.

Gekühlt halten sich die Zungenscheiben 4 bis 5 Tage, sodass man sie dann auch mit einer anderen →*Sauce* oder auch →*BBQ-Sauce* servieren kann.

Cowboy Beef Tongue

Gegarte Rinderzungenscheiben waren beliebter Proviant bei den Cowboys, wenn sie draußen übernachten mussten. Denn sie ließen sich zusammen mit Brot und Speck gut in der Satteltasche verstauen und vor allem schnell zubereiten.

Dazu werden Speckwürfel in einer Pfanne erhitzt und die vorgekochten Zungenscheiben in der Specksauce von beiden Seiten etwa 2 Minuten oder bis sie leicht gebräunt sind, gebraten.

Früher wurde danach mit Fladenbrot die Specksauce in der Pfanne ausgewischt.

Zu den Zungenscheiben schmecken →*Fladenbrot* oder →*Maisbrot* sowie einfache →*Saucen*, →*BBQ-Saucen* oder auch →*Würzbutter*. Was gerade verfügbar ist.

Grilled Beef Heart

1	Rinderherz – etwa 1,5 kg	1 EL	grobes Salz
1	Zitrone – ausgepresst	2 EL	Olivenöl
1 EL	Pfeffer		

Das Herz eine Stunde lang wässern. Anschließend Fettpolster, äußere Gewebeschicht, innere Knorpel und Adern entfernen. Zitronensaft, Pfeffer, Salz und Öl verquirlen. Das Herz in etwa 1,5 Zentimeter dicke Scheiben schneiden, in eine Schüssel legen, mit der Marinade übergießen und 4 Stunden im Kühlschrank ziehen lassen.
Die Herzsteaks von jeder Seite etwa 2 Minuten grillen. Da Herz sehr mager ist, sollte es medium rare oder höchstens medium gegrillt werden, da es sonst zäh wird. Anschließend fünf Minuten ruhen lassen und mit einer → *Würzbutter* servieren.

Prairie Oysters

Nein, dieses Rezept hat sich nicht verirrt, denn es handelt sich dabei nicht um den gleichnamigen Cocktail, sondern um Stierhoden, manchmal im Südwesten auch als Calf Fries auf der Speisekarte zu finden. Es soll zu den beliebtesten Gerichten der Cowboys gehören. Beim Branding der Rinder auf den Ranches im Frühjahr werden in der Regel die männlichen Tiere kastriert und die Hoden als Delikatesse zubereitet.

Es heißt, dass 1882 auf einer Ranch in Texas ein Koch von den Cowboys fast gehängt worden sein soll. Der aus dem Norden kommende neue Koch hatte geglaubt, die Cowboys wollten ihm einen Streich spielen, als sie die Schüssel mit Stierhoden in seine Küche stellten. Er machte einen großen Fehler: er warf sie weg, anstatt sie zuzubereiten. Eine Missachtung ihrer Wünsche, die sie nicht hinnehmen wollten.
Die Zubereitung ist sehr einfach. Die Hoden werden in Mehl, das mit Pfeffer und Salz gewürzt wurde, gerollt und in einer heißen Pfanne mit Speck von allen Seiten gebraten.
Der Eigentümer eines kleines Restaurants in Nord-Texas verriet zwar nicht seine persönliche Gewürzmischung, die mehr als Pfeffer und Salz enthielt, aber seine Art der Zubereitung: er weichte die Hoden 4 Stunden in Buttermilch ein, wälzte sie im gewürzten Mehl und frittierte sie anschließend.

Chicken Fried Steak

Dieses Gericht hat nichts mit Hähnchen zu tun, auch wenn der Name es vermuten lässt, sondern das Fleisch wird lediglich so wie Fried Chicken in heißem Fett ausgebraten. Es ist ein Überbleibsel aus mageren Zeiten wie dem Bürgerkrieg und der Depression. Bei dem Fleisch handelt es sich um ein preiswertes, sehr dünnes Stück Rindfleisch, das richtig geschnitten und entsprechend zubereitet sehr zart ist. Für die Mehlmischung hat fast jede Hausfrau ein anderes Gewürzrezept.
Ich lernte das Gericht 1993 als Gast des Besitzers der historischen R.A. Brown-Ranch in Texas, die 1895 gegründet wurde, kennen. Nach der Besichtigung der Pferde und Rinder lud mich Rob Brown, damals auch Präsident der AQHA (American Quarter Horse Association), zum Lunch ein. Über Feldwege chauffierte er mich einige Zeit zu einem etwas abseits liegenden, kleinen, älteren Haus mit einer Farbigen, die Serviererin und Köchin in einem war. Rob bestellte Chicken Fried Steak, Cole Slaw, Biscuits und Ice-Tea. Es war ohnehin das Einzige, was man hier bestellen konnte. Er erklärte mir, dass es im Umkreis von 100 Meilen kein besseres Chicken Fried Steak gäbe und die Leute teilweise von weit her kämen, um hier bei Celinda zu essen. Das Problem war allerdings, dass es nur vier Tische mit Bänken für jeweils 6 Personen pro Tisch im Gastraum gab und kein Telefon für eine Reservierung vorhanden war. Gäste, die eigene Tische und Stühle mitbrachten und sich vor die Tür setzten, wurden jedoch auch bedient. Solange der Tagesvorrat reichte. Und wer ein Bier trinken wollte, musste das selber mitbringen.

4	**sehr dünne, aus der Keule geschnittene Steakscheiben**	**1**	**Ei**
	Fleisch-Zartmacher – *oder* Papainpulver	**120 ml**	**Milch**
	schwarzer Pfeffer und/oder beliebige andere Gewürze	**240 g**	**Mehl**
		1 TL	**Baking Soda**
			Bratfett

Das Fleisch mit dem Zartmacher behandeln. Das Mehl mit den gewünschten und großzügig zugefügten Gewürzen gut vermischen. Eier und Milch verrühren und das Soda hinzufügen, damit die Kruste beim Backen einen goldenen Ton erhält. Die Steaks im Würzmehl wälzen, in die Eiermixtur tauchen und nochmals im Mehl wälzen. Anschließend in heißem Fett goldbraun braten.
Dazu werden → *Gravy* und → *Biscuits* serviert.

Riscky's Famous Beef Ribs

Wer je die Stock Yards in Fort Worth besucht, kommt an „Riscky's Famous Beef Ribs – All You can Eat" im legendären Riscky's Bar-B-Q nicht vorbei. Die Ribs werden mit einem Texas Toast, einer Scheibe Zwiebel, polnischen Pickles und natürlich mit der hauseigenen BBQ-Sauce serviert. Riscky's Bar-B-Q liegt an der Hauptstraße am alten Verladebahnhof direkt neben den Schienen der immer noch aktiven „Tarantula", dem historischen Zug, der früher das Vieh aus den Stock Yards zu den Schlachthöfen transportierte. Viehauktionen finden in den Stock Yards immer noch statt, zweimal täglich wird eine Longhornherde durch die Stadt getrieben und abends kann man sich ein Rodeo oder einen zünftigen Besuch im Western Saloon gönnen.

Im Jahr 1911 kam der polnische Einwanderer Joe Riscky nach Fort Worth und arbeitete als Verpackungsarbeiter in den Stock Yards. Zusammen mit seiner Frau eröffnete er 1927 Riscky's Grocery & Market, ein Lebensmittelgeschäft mit angeschlossenem Fleischmarkt, an einem Parkplatz nicht allzu weit von den Stock Yards entfernt. Die Mittagessen von ihrem selbstgebauten Grill wurden innerhalb kürzester Zeit zum Renner der „Cowtown", sodass sie direkt in den Stock Yards das Riscky's Bar-B-Q eröffneten, heute das älteste Restaurant der Stock Yards. Die Riscky Familie betreibt heute sechs große BBQ-Restaurants, ein Steakhaus, das Burger Restaurant Trailboss Burger sowie einen Catering-Service.

Das Geheimnis des Erfolges waren und sind, beste Qualität beim Fleisch sowie BBQ-Saucen und Rubs, deren Rezept geheim ist. Nicht geheim ist, dass heute wie damals die saftigen Rinder-Rippen mit dem berühmten „Riscky Dust" von Hand eingerieben und in einem mit speziellem Eichenholz betriebenen Rotisserie Smoker 4 bis 5 Stunden bei 110 °C gegart und mit einem Honig Rub, der die Süße liefert, glasiert werden. Sauce und Rubs kann man im Shop des Restaurants oder Online kaufen.

Barbecued Beef Ribs

Rinderrippchen können im geschlossenen Grill oder auch im Backofen vorgegart werden. Wichtig ist, sie langsam bei niedriger Temperatur zu garen, um ihnen anschließend auf dem Grill eine knusprige Kruste zu verpassen. Die zähe Haut der Rinderrippchen muss auf jeden Fall entfernt werden. Werden die Rippchen mariniert, lässt man sie meist über Nacht im Kühlschrank ziehen. Oder sie werden mit einer Gewürzmischung eingerieben. Die Einwirkungszeit ist unterschiedlich.
Den Backofen oder den Grill auf 100 °C vorheizen. Die Rippchen mit der Fleischseite nach unten auf ein Backblech legen und mit Alufolie abdecken. Oder für den Grill in Alufolie wickeln. Die Rippchen 3 Stunden bei 100 °C garen lassen. Nach 3 Stunden mit einer Gabel testen, ob sich das Fleisch leicht vom Knochen löst. Sollte das nicht der Fall sein, nochmals 30 Minuten oder länger nachgaren lassen.
Die Rippchen aus dem Ofen/vom Grill nehmen und die Folie entfernen. Wurden die Rippchen mariniert, sind sie jetzt fertig für den Grill. Wurden sie nicht mariniert, kann man sie mit einer BBQ-Sauce einpinseln.
Anschließend von beiden Seiten grillen, bis sie braun und knusprig sind.
→Rubs, →Marinaden, →BBQ-Saucen

Cook Larry's Lost Beef Ribs

1,5 kg	**kurze Rinderrippchen**	**1 EL**	**Melasse**
1,5 TL	**Salz**	**2 TL**	**Apfelessig**
0,5 TL	**Pfeffer**	**1 EL**	**Zwiebel – klein gehackt**
100 mg	**Tomatenmark**	**1 TL**	**Liquid Smoke**

Die Rippchen mit Salz und Pfeffer würzen. In den Dutch Oven oder eine große Pfanne mit Deckel legen. In einer kleinen Pfanne Tomatenmark, Melasse, Apfelessig, Liquid Smoke und die Zwiebeln verrühren. Aufkochen und bei kleiner Hitze 5 Minuten köcheln lassen. Die Sauce über die Rippchen gießen und diese bei 125 °C mit geschlossenem Deckel 3 bis 4 Stunden backen lassen.
Dieses Rezept kann auch mit Schweinerippchen zubereitet werden. Die Kochzeit verkürzt sich dann entsprechend.

Beef Ribs Swenson Ranch

1,5 kg Querrippe
3 EL Fett
250 ml Wasser
2 kleine Zwiebeln – gehackt
250 ml Ketchup
2 TL Worcestersauce
Pfeffer nach Geschmack

Zwiebeln, Ketchup, Worcestersauce und das Wasser 20 Minuten lang simmern lassen und nach Geschmack pfeffern. In der Zwischenzeit die Rippchen im Fett in einer grill- oder backofengeeigneten Form anbräunen. Die Sauce über die Rippchen gießen und diese bei 180 °C im Backofen oder geschlossenen Grill 2 Stunden oder bis das Fleisch sich leicht vom Knochen lösen lässt, backen.
Falls nötig Wasser zugießen.

Beef Brisket

Beef Brisket, geräucherte Rinderbrust, war und ist ein recht beliebtes und preiswertes BBQ-Essen. Die Rinderbrust, eigentlich zäh und fast ungenießbar, entwickelt sich, wenn sie bei niedriger Temperatur möglichst langsam gegart wird, zu einem zarten Stück Fleisch. Sechs Stunden im Holzkohlegrill, Gasgrill oder Smoker sollte man immer einplanen. Die Brisket ist dann saftig und würzig, da der hohe Fettanteil innen und außen das Fleisch vor dem Austrocknen bewahrt, aber bis zum Garwerden weggeschmolzen ist.

Brisket Triple Creek Ranch

Auf der Triple Creek Ranch wurden die Rippchen auf einem mit Mesquite-Holz bestückten Grill geräuchert. Da das hierzulande nicht möglich ist, kann man den Aroma-Effekt durch die Beigabe von Holz-Chips erzielen. *→ Seite 9*

2,5 kg Rinderbrust ohne Knochen
125 ml Apfelessig
1 Limette – ausgepresst
Limettenschale – geraspelt
1 EL Worcestersauce
125 ml Ketchup
1 große Zwiebel – gehackt
½ TL scharfe Chili-Sauce *oder* ein paar Tropfen Tabasco
2 Knoblauchzehen – zerdrückt
½ TL Chilipulver
¼ TL Salbei – klein gehackt
1 TL Salz
Räucherspäne

Alle Zutaten für die Marinade vermischen, aufkochen und 15 Minuten unter Rühren simmern lassen. Das Fleisch in der Marinade über Nacht marinieren.
Den Grill auf 140 °C erhitzen. Die Rinderbrust mit der Fettschicht nach oben in eine hitzebeständige Schale legen und in die Mitte zwischen die zwei Hitzequellen stellen. Den Grill schließen und das Brisket etwa 6 Stunden garen. In den ersten 4 Stunden jede Stunde mit der Marinade bestreichen. Das Fleisch nach Garwerden 10 Minuten ruhen lassen und anschließend quer zur Faserung in dünne Scheiben schneiden.

BBQ Brisket Pine Ranch

2,5 kg	**Rinderbrust ohne Knochen**	**1 EL**	**Cayenne-Pfeffer**
20 g	**Paprikapulver**	**1 TL**	**Oregano – klein gehackt**
2	**Knoblauchzehen – gehackt**	**1 TL**	**Senfpulver**
2 EL	**Kreuzkümmel – gemahlen**	**3 EL**	**Salz**
2 EL	**brauner Zucker**		**Bier**
1 EL	**Chilipulver**		

Das überschüssige Fett bis auf einen Rand von 1 cm abschneiden. Die Gewürze miteinander vermischen und das Fleisch von allen Seiten damit einreiben. Die Rinderbrust über Nacht in einem gut verschlossenen Plastikbeutel in den Kühlschrank legen. Zum Grillen das Fleisch zunächst Raumtemperatur annehmen lassen. Den Grill auf 120 °C anheizen und eine kleine Pfanne, mit Wasser oder Bier gefüllt, in den Grill stellen. Die Brust mit der Fettseite nach oben auf den Grill legen und sechs Stunden im geschlossenen Grill garen. Das Fleisch jede Stunde mit Bier bestreichen. Nach Ende der Garzeit ruhen lassen, das Fett abschneiden und das Fleisch quer zur Faserung in dünne Scheiben schneiden und mit beliebigen Beilagen und Saucen servieren.

Terry's Brisket

2,5 kg	**Rinderbrust ohne Knochen**	**60 ml**	**Worcestersauce**
1	**mittlere Zwiebel – geviertelt**	**2 EL**	**Zucker**
1	**Knoblauchzehe – zerdrückt**	**1 TL**	**Salz**
1	**Lorbeerblatt**	**2 EL**	**Liquid Smoke**
480 ml	**Ketchup**	**2 TL**	**Selleriepulver**
240 ml	**Wasser**	**1 TL**	**Chilipulver**
60 ml	**Zitronensaft**		

4 Stunden vor dem Servieren: die Rinderbrust, Zwiebel, Knoblauch und Lorbeerblatt in einen schweren Topf mit Deckel legen und gerade mit Wasser bedeckt zum Kochen bringen. Die Hitze reduzieren und 2 bis 2,5 Stunden köcheln lassen, bis das Fleisch zart ist. Den Backofen auf 175 °C vorheizen. In einem Saucentopf bei mittlerer Hitze das Ketchup, Wasser und die restlichen Zutaten zum Kochen bringen. Das Fleisch abtrocknen und in eine flache Pfanne legen. Das Fleisch mit der Ketchup-Mixtur einpinseln und 45 Minuten im Backofen backen lassen. Die übrig gebliebene Sauce erwärmen und mit dem Fleisch servieren.
Für 10 bis 12 Personen

Steaks

Die Grill-/Bratzeiten der Tabelle gelten für Steaks von 200 bis 250 g – etwa 2 cm dick geschnitten. Je 1 cm mehr wird 1 Minute pro Seite dazu addiert.
Nach dem Grillvorgang das Fleisch vom Grill nehmen, bedecken und ein paar Minuten ruhen lassen, damit sich der Saft im Fleisch verteilen kann. Dabei gart das Steak noch nach.

English rare – innen roh	Medium – innen rosa	Well Done – durchgebraten
Bratzeit je Seite 1 bis 2 Minuten	Bratzeit je Seite 3 Minuten	Bratzeit je Seite 4,5 Minuten
Ruhezeit 6 bis 8 Minuten	Ruhezeit 4 Minuten	Ruhezeit 1 Minute
Im Kern noch blutig, sonst rosa. Außen eine braune Kruste.	Innen durchgehend rosa. Außen knusprig. Typische Garstufe für Rindersteaks.	Manche sagen: Totgebraten Oft zäh und trocken

Chuck Wagon Steak

4	**Steaks – 1,5 bis 2,5 cm dick**	**2 TL**	**Salz**
1	**Zwiebel – klein gehackt**	**1**	**Knoblauchzehe – zerdrückt**
240 ml	**Ketchup**	**1**	**Lorbeerblatt**
80 ml	**Essig**	**1–2**	**Tropfen Tabasco**
2 EL	**brauner Zucker**		

Alle Zutaten für die Marinade gut verrühren und in einer Pfanne erhitzen. Unter gelegentlichem Umrühren 10 Minuten bei mittlerer Hitze köcheln lassen. Das Fleisch anschließend etwa 10 Stunden im Kühlschrank in der erkalteten Marinade ziehen lassen. Die Steaks aus der Sauce nehmen und auf dem Grill oder in der Pfanne braten.

Steak Nueces County

4 **Steaks – Art nach Belieben**
125 ml **Öl**
125 ml **Whiskey**
1 EL **Chilipulver**
2 **Knoblauchzehen – zerdrückt**
1 TL **Majoran – fein gehackt**
2–3 **Tropfen Tabasco**

Alle Zutaten für die Marinade gut miteinander verrühren, die Steaks 5 bis 6 Stunden darin ziehen lassen, abtrocknen und grillen. Die Steaks kurz vor Grillende noch einmal mit der Marinade bepinseln.

Steak Diamond-D-Ranch

4 **Steaks – etwa 4 cm dick**
200 ml **Bockbier**
4 **Knoblauchzehen – zerdrückt**
4 EL **brauner Zucker**
4 EL **Worcestersauce**
4 EL **schwarzer Pfeffer**
2 EL **Öl**

Bier, Zucker, Worcestersauce und Öl so lange verrühren, bis sich der Zucker aufgelöst hat. Knoblauch und Pfeffer einrühren. Die Steaks in die Marinade legen und 2 bis 3 Stunden lang im Kühlschrank ziehen lassen. 30 Minuten vor dem Grillen bei Raumtemperatur weiter ziehen lassen.
Die Marinade abtropfen lassen und die Steaks von jeder Seite etwa 5 Minuten grillen. Anschließend am Rand des Grills fünf Minuten ruhen lassen.

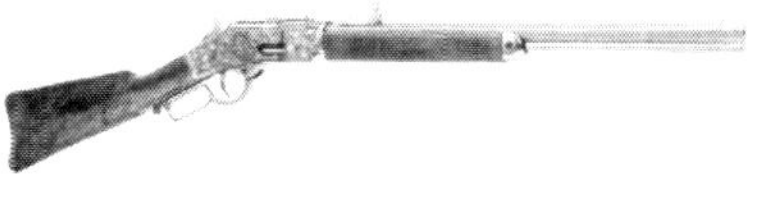

Steak Kingsville

4 **Steaks – etwa 4 cm dick**
125 g **Butter**
2 EL **Orangenmarmelade *oder***
2 EL **Orangensaft**
1 **Zwiebel – fein gehackt**
1 EL **roter Pfeffer**
1 Msp. **Piment**

Die Butter mit den anderen Zutaten gut verrühren. Die Steaks von jeder Seite etwa 5 Minuten grillen. Anschließend am Rand des Grills fünf Minuten ruhen lassen.
Die fertigen Steaks mit der Orangen-Pfeffer-Butter bestreichen.
Diese Butter schmeckt auch sehr gut zu →*gegrillten Maiskolben*.

Sirloin Roast

1,5 kg	**Roastbeef**	**1/8 TL**	**Knoblauchpulver**
2	**Knoblauchzehen**	**2 EL**	**Weinessig**
1/2 TL	**schwarzer Pfeffer**	**60 ml**	**Öl**
1 Prise	**Cayenne-Pfeffer**		

Alle Gewürze und den Essig gut miteinander vermischen und das Fleisch damit einreiben. Anschließend von allen Seiten mit Öl einpinseln. Abgedeckt zwei Stunden bei Zimmertemperatur ziehen lassen.
Die Kohlen im Grill durchglühen lassen und das Fleisch in der Folie 15 cm über den Kohlen auf dem Grill platzieren. Öfter vorsichtig umdrehen, sodass die Folie nicht reißt. Gesamtgrillzeit beträgt etwa 45 bis 60 Minuten.

Old Texan Tenderloin

2 kg	**Rinderlende**	**60 ml**	**Whiskey**
	Pfeffer	**4**	**scharfe Chilis – fein gehackt – ersatzweise Tabasco**

Wenn möglich, die Chilischoten eine Woche im Whiskey einlegen. Die schnellere Variante ist, vor dem Grillen etwas Tabasco mit Whiskey zu verrühren. Den Braten mit Pfeffer einreiben und das flüssige Gewürz gut einmassieren. Das Lagerfeuer oder den Holzkohlengrill gut durchglühen lassen.
Das Fleisch auf einen Spieß, notfalls auf einen Ast aus frischem Holz, stecken und eventuell mit Draht fixieren. Zwei Astgabeln so neben das Feuer stecken, dass der Spieß 15 cm über der Glut hängt. Oder den Spieß in die dafür vorgesehene Öffnung eines Grills stecken. Den Spieß des Öfteren drehen, damit das Fleisch gleichmäßig gart, und zwischendurch immer wieder mit dem Gewürz-Whiskey einpinseln.
Die Lende braucht etwa 45 bis 60 Minuten, bis sie gar ist. Das Fleisch vor dem Anschneiden einige Minuten ruhen lassen, damit sich der Saft verteilt.
Natürlich kann die Rinderlende auch auf einem Gasgrill zubereitet werden.

Daddy Tanner‘s BBQ Roast

2,5 kg	**Rinderbraten**	**2**	**Tüten Zwiebelsuppe**
300 g	**würziger Senf**		

Am Morgen vor dem Grillen den Senf mit dem Pulver der Zwiebelsuppe gut vermischen. Das Fleisch rundherum großzügig mit dem Zwiebelsenf bestreichen und auf eine große Alufolie legen und an den Seiten und oben verschließen. In eine weitere Alufolie einwickeln, so dass das Fleisch fest eingeschlossen ist und beim Umdrehen im Grill kein Saft auslaufen kann. Den Grill auf mittlere Hitze stellen und das Fleisch zwischen die Hitzequellen bzw. daneben legen. Bei einem kleineren Holzkohlegrill die Kohlen auf eine Seite schieben. Den Grilldeckel schließen und den Roast 2 bis 2,5 Stunden oder bis die Kerntemperatur 65 °C beträgt, grillen. Den Braten alle 30 Minuten umdrehen.
Vor dem Servieren 10 Minuten in der Folie ruhen lassen, anschließend in eine tiefere Schale legen, damit der Bratensaft nicht verloren geht, und aufschneiden.

Prime Rib Wagon Wheel Ranch

4 kg	**Rinderbraten aus der vorderen Hochrippe mit Knochen**	**1 TL**	**Estragon – fein gehackt**
2 EL	**Zwiebelpulver**	**2**	**Knoblauchzehen – zerdrückt**
3 EL	**Rosmarinblätter – gehackt**	**4 EL**	**Chilipulver**
2 EL	**Pfeffer**	**2 TL**	**Salz**

Den Braten eine Stunde vor dem Grillen aus dem Kühlschrank nehmen. Alle Gewürze gut miteinander vermischen und den Braten damit einreiben. Den Grill auf 165 °C heizen. Den Braten mit den Rippen nach unten auf den eingeölten Rost legen und bei geschlossenem Deckel pro Pfund 12 bis 14 Minuten grillen. Den Deckel nicht zwischendurch öffnen, da eine gleichmäßige Temperatur sehr wichtig ist. Der Braten ist fertig und medium, wenn die Kerntemperatur 65 °C beträgt. Ein höherer Gargrad würde die Prime Rib ruinieren.
Den Braten bedeckt 20 bis 30 Minuten ruhen lassen, bevor er aufgeschnitten wird.
Für 10 Personen

Geflügel, Wild und Fisch

Wynona's Hühnertopf

2 kg	**fleischige Hühnerteile**	**3**	**Zwiebeln – in Scheiben**
100 g	**Mehl**	**2 TL**	**Salz**
1 TL	**Salz**	**¼ TL**	**Pfeffer**
60 g	**Fett**	**½ kg**	**weiche Okra**
720 ml	**Wasser**		***oder* zarte Erbsenschoten**
750 g	**Tomaten – geviertelt**	**60 g**	**Mehl**

Die Hühnerteile im Mehl wälzen und salzen. In einer schweren Pfanne das Fett erhitzen, das Fleisch hineinlegen und langsam bräunen. Mit dem Wasser ablöschen, Deckel auflegen und bei niedriger Hitze eine halbe Stunde lang köcheln lassen. Tomaten, Zwiebeln, Salz und Pfeffer einrühren. Weiter simmern lassen, bis das Fleisch fast gar ist. Die Okras oder Erbsenschoten auf den Hühnerstücken verteilen und unbedeckt nochmals 20 Minuten köcheln lassen. Die 60 g Mehl mit etwas Wasser vermischen und langsam in die Pfanne einrühren, bis die Sauce dicklich wird.
Für 6 Personen

MATADOR RANCH

50

Chicken Wolf Creek Ranch

1	**großes Huhn – in 6 bis 8 Teile zerlegt**	**3**	**Knoblauchzehen – gehackt**
	Fett zum Anbraten	**200 ml**	**Saure Sahne**
2	**Porree-Stangen – in Ringen**	**200 g**	**Pecannüsse – geviertelt**
			Maismehl *oder* Weizenmehl
2	**große Äpfel – geschält, entkernt und in Schnitzen**	**¼ TL**	**Thymian**
			Salz und Pfeffer
2	**Zwiebeln – klein gehackt**		

In einer großen Pfanne Fett erhitzen und Zwiebeln und Knoblauch darin glasig werden lassen. Die gepfefferten und gesalzenen Hühnerteile dazugeben und von beiden Seiten goldbraun anbraten. Mit etwas Wasser ablöschen, den Porree, die Nüsse und später die Äpfel hinzufügen, damit diese nicht zu weich werden. Bei geschlossenem Deckel langsam garköcheln. Die Saure Sahne einrühren, die Sauce mit Mehl etwas andicken und mit Salz und Pfeffer abschmecken.

Texas Pecan-Chicken

4	Hühnerbrüste	2 EL	Melasse
2 TL	Öl	1/4 TL	Salz und Pfeffer
1	Zwiebel – in Ringen	60 g	Pecannüsse – gehackt
15	Backpflaumen – halbiert		– notfalls Walnüsse
4 EL	Rum		

Die Zwiebeln im erhitzten Öl anbräunen. Aus der Pfanne nehmen und beiseitelegen. Im gleichen Öl die Hühnerbrüste von allen Seiten anbraten. Pflaumen, Rum, Melasse, Pfeffer, Salz und die Zwiebeln vermischen und über dem Fleisch verteilen. Bei geschlossenem Deckel 30 bis 40 Minuten bei geringer Hitze garen lassen. Die Hühnerbrüste zwischendurch einmal umdrehen. Die Pecannüsse hinzufügen und kurz ziehen lassen.

Mais-Hühnchen

500 g	gekochtes Hühnerfleisch	250 ml	Sahne
	– in kleinen Stücken	1 EL	Butter
3	Eier – verquirlt	1 EL	Maismehl
1 grDo	Mais – abgetropft	1/4 l	Milch
1	grüne Paprika – gestückelt		Salz und Pfeffer
125 g	Brotkrumen *oder* Paniermehl		

Die Butter in einem Topf zerlassen und das Mehl einrühren, bis die Masse glatt ist. Die kalte Milch nach und nach zugeben und aufkochen. Sahne und Eier einrühren. In einer gefetteten Pfanne die Hühnerstücke und den Mais verteilen. Die Sauce darübergießen, die Paprikastücke und Brotkrumen darüberstreuen. Bei mittlerer Hitze etwa 30 Minuten zugedeckt backen lassen oder bis die Ei-Mischung gestockt ist.

Honey-Chicken Copper Canyon Ranch

4	**Hühnerbrüste mit Knochen – ohne Haut**	**1**	**Orange – ausgepresst**
2 EL	**flüssiger Pinienhonig**	**1**	**Knoblauchzehe – zerdrückt**
			Salz und Pfeffer

In jede Hühnerbrust 3 Einschnitte machen und nebeneinander in eine Schüssel legen. Alle restlichen Zutaten mixen und über die Hühnerbrüste gießen. Die Schüssel abdecken und die Marinade an einem kühlen Ort für 1 bis 2 Stunden einziehen lassen. Die Hühnerbrüste bei mittlerer Hitze 4 bis 6 Minuten von jeder Seite oder bis sie gar sind, grillen.
Fingerdrucktest: Das Fleischstück sollte sich fest anfühlen.

Wildhuhn am Spieß

2	**Wildhühner – notfalls Hähnchen – von etwa 900 g**	**1 TL**	**Salz**
		½ TL	**Pfeffer**
1 TL	**Oregano – fein gehackt**	**1**	**Zitrone – ausgepresst**
1 TL	**Rosmarinblätter – gehackt**	**100 ml**	**Olivenöl**
1 TL	**Thymianblätter – gehackt**	**3 TL**	**scharfer Senf**
1 TL	**glatte Petersilie – gehackt**	**4**	**Thymianzweige**
3	**Knoblauchzehen – gehackt**	**4**	**Rosmarinzweige**

Die fein gehackten Kräuter, Knoblauch, Salz und Pfeffer miteinander vermischen. Nacheinander Senf, Zitronensaft und Öl bis auf 2 Esslöffel hinzufügen und alles zu einer Paste verarbeiten. Die Hühner innen und außen mit der Paste einreiben. In die Bauchhöhle der Hühner jeweils 1 Teelöffel Kräuterpaste zusätzlich sowie 2 Thymian- und 2 Rosmarinzweige geben. Jedes Huhn mit Küchengarn zusammenbinden und mindestens zwei Stunden im Kühlschrank abgedeckt ziehen lassen.
Den Grill auf hohe Temperatur vorheizen und die Hühner auf den Drehgrillspieß stecken. Die Hühner 40 bis 60 Minuten grillen. Während des Grillens gelegentlich mit dem restlichen Öl bestreichen.

Samuel's Buffalo Wings

4–8	Hühnerflügel pro Person	4 EL	Honig
2	Zitronen – ausgepresst		Tabasco
250 ml	Chili-Sauce		Salz und Pfeffer
2	Knoblauchzehen – zerdrückt		

Den Zitronensaft mit Honig und Chili-Sauce verrühren. Knoblauch, Salz und Pfeffer hinzufügen. Die Marinade je nach gewünschter Schärfe mit mehr oder weniger Tabasco abschmecken. Die Hühnerflügel darin mindestens zwei Stunden, besser länger, an einem kühlen Ort ziehen lassen.
Auf dem heißen Grillrost von beiden Seiten grillen, bis die Hühnerflügel knusprig braun sind. Durch den Honig werden die Wings recht dunkel.

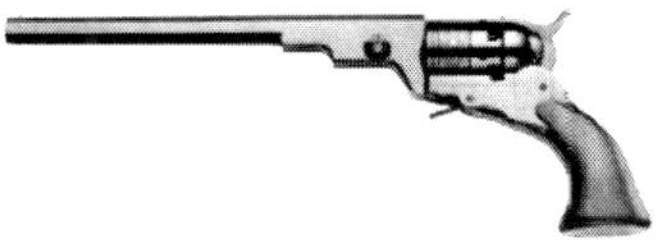

Sharon's Limettenhuhn

2	Hähnchen – jeweils in vier Teile zerlegt	*Marinade:*	
1 EL	Olivenöl	1 l	Wasser
1	Limette – ausgepresst	125 g	Salz
Rub		2	Knoblauchzehen – zerdrückt
1 TL	Zwiebelpulver	1 TL	Chilipulver
1 TL	scharfes Paprikapulver	2	Limetten – ausgepresst
½ TL	Chilipulver		
1 TL	Knoblauchpulver		
½ TL	Pfeffer		

Alle Zutaten für die Marinade vermischen. Die Hähnchenteile in eine Schüssel legen und mit der Marinade übergießen. Sie sollen ganz bedeckt sein. Notfalls noch etwas Wasser zugeben. Abgedeckt 2 bis 3 Stunden im Kühlschrank ziehen lassen. Anschließend die Hühnerteile trocken tupfen. Die Gewürze vermischen und das Fleisch damit einreiben. Das Olivenöl mit dem Limettensaft vermischen und die Hähnchenteile damit einpinseln. Den Grill auf mittlere Hitze vorheizen und die Hühnerteile mit etwas Zwischenraum auf den Grillrost legen. Alle 5 Minuten wenden. Die Grillzeit beträgt je nach Intensität der Hitze etwa 30 bis 45 Minuten. Nach dem Grillen noch 5 Minuten ruhen lassen.

Texas Hill Country Beer Butt Chicken

1	Hähnchen – 1,6 bis 1,8 kg	1 EL	Knoblauchpulver
1	Dose Bier nach Geschmack – bevorzugt Malzbier	1 TL	Zwiebelpulver
		1 TL	Selleriesalz
1	kleine Zwiebel – geschält	½ TL	Cayenne-Pfeffer
2 EL	brauner Zucker		Öl
2 EL	Paprikapulver – süß		Spezialhalterung für Geflügel – falls vorhanden
1 EL	Pfeffer		
1 EL	Salz		

Einen Grill mit ausreichend hohem Deckel auf 160 bis 175 °C vorheizen.
Die Gewürze verrühren und das Hähnchen damit innen und außen würzen. Anschließend mit Öl einpinseln. Mindestens ein Drittel des Biers abgießen und beiseite stellen. Den Rest der Gewürzmischung in die Bierdose füllen.
(Vorsicht, kann kräftig schäumen)
Zusätzliche Löcher in den Deckel der Bierdose stechen, damit das Bier besser verdampfen kann.
Das Huhn auf die Dose setzen und mit einer Auffangschale darunter in den Grill stellen. Die Hühnerbeine so aufrichten, dass das Huhn nicht umkippen kann. Optimal ist dafür ein spezieller Dosenhalter, der die Bierdose und das Huhn stabilisiert. Durch die gewürzte Flüssigkeit in der Dose wird das Fleisch von innen gedämpft und aromatisiert, während es von außen gegrillt wird.
Gegrillt wird indirekt – also nicht über, sondern neben der Glut. Den Deckel des Grills schließen. Gelegentlich mit dem Fett aus der Auffangpfanne, dem übrig gebliebenen Gewürz und dem Restbier einpinseln. Den Grill dabei nicht zu lange auflassen, damit die Temperatur nicht zu sehr absinkt.
Man rechnet als Garzeit je Pfund etwa 18 Minuten. Die Temperatur im Grill sollte gehalten werden, da das Hähnchen bei größerer Hitze nicht schneller gart, sondern von außen schwarz wird und innen roh bleibt.
Das Hähnchen, wenn es gar ist, mit der Auffangschale aus dem Grill holen, von der Bierdose nehmen und tranchieren.
Vorsicht: Die restliche Flüssigkeit in der Dose ist sehr heiß!
Auf diese Art und Weise kann bei entsprechender Grillzeit auch jedes andere Geflügel wie Truthahn oder Ente gegrillt werden.

Pollo Con Mole San Ysidro Ranch

Dieses traditionelle mexikanische Hühnergericht hat sich in sehr vereinfachter Form auch im Süden der USA, der lange Zeit zu Mexiko gehörte, verbreitet. Die original mexikanische Mole Poblano besteht aus mehr als 80 Zutaten, deren Zusammensetzung jede mexikanische Hausfrau geheim hält. Ihre Hauptkomponenten sind Chili und Bitterschokolade. Besonders getrocknete rote Chilischoten entwickeln neben ihrer Schärfe ein süß-fruchtiges Aroma, das optimal mit Bitterschokolade harmoniert. Gerne werden die beiden Sorten „Ancho“ (getrockneter Poblano-Chili) und „Chipotle“ (getrocknete Jalapeños) verwendet.

1 **Huhn *oder* Hühnerteile**

Für die Mole:

60 ml **Öl**
1 **Zwiebel – sehr fein gehackt**
2 **Knoblauchzehen – sehr fein gehackt**
¼ l **Wasser, Gemüsebrühe *oder* Hühnerbrühe**
4 TL **Chilipulver Ancho – notfalls ein anderes**
4 TL **Chilipulver Chipotle – notfalls ein anderes**
2 TL **Zimt**
100 g **Bitterschokolade – 66 % Kakao oder mehr – klein gehackt**
Salz

Das Huhn oder auch die Hühnerteile in Wasser oder Gemüsebrühe gar kochen. In einem kleinen Topf Zwiebeln und Knoblauchzehen im Pflanzenöl weichdünsten und auf einem Teller beiseitestellen. In dem Topf nun das Wasser oder die Brühe erhitzen und das Chilipulver einrühren. Die Schokolade in die Chili-Mischung geben, darin schmelzen lassen und gut verrühren. Die Zwiebel-Knoblauch-Mischung und den Zimt hinzufügen, gut verrühren und mit etwas Salz würzen. Das Ganze auf kleiner Flamme weiterköcheln lassen und rühren, bis die Mole schön dickflüssig wird. Aufpassen, dass sie nicht ansetzt. Die Mole heiß zum Fleisch servieren.
Übrig gebliebene Mole hält sich ein paar Tage an einem kühlen Ort.
Die herb-süßlich-scharfe Mole passt nicht nur gut zu Geflügel, sondern auch zu Schweinefilet.

Truthahn

Der Truthahn ist Bestandteil jedes Thanksgiving- oder Weihnachts-Dinners in den USA, ob nun Zucht- oder Wildtruthahn. Die Truthahnfüllung variiert von Familie zu Familie. Je nachdem, wo diese ursprünglich herkommt und/oder wo sie lebt.
Ist die Besucherschar überschaubar, wird der Truthahn als Ganzes im Backofen zubereitet. Übersteigt die zu erwartende Personenzahl jedoch die Kapazität des Backofens, werden in den Tagen vor dem Fest entsprechend viele Truthähne vorgebraten, zum Fest in Stücke zerlegt und noch einmal auf dem Grill oder im Backofen auf die richtige Temperatur gebracht.

Den ausgenommenen Truthahn innen und außen mit Salz und Pfeffer einreiben. Die Füllung in den Truthahn geben und das Tier zunähen, damit die Füllung beim Wenden nicht herausfällt. Die Beine werden am Körper festgebunden.
Das Tier wird auf einen Rost über eine Auffangpfanne gelegt. Zum Einpinseln kann einfaches Öl verwendet werden oder aber eine Mischung aus Honig, Öl und Zitronensaft. Während des Bratens sollte der Truthahn immer wieder damit eingepinselt werden.
Die Garzeit eines Truthahns richtet sich nach seinem Gewicht. Man kalkuliert pro Kilogramm 45 Minuten Bratzeit bei einer Ofentemperatur von 180 °C.
Die Füllung wird vor dem Servieren aus dem Truthahn genommen und in einen kleinen Topf gefüllt. Falls erforderlich, die Füllung nochmals kurz erwärmen und getrennt vom Truthahn servieren.

Bei einem traditionellen Thanksgiving- oder Weihnachts-Dinner werden zum Truthahn beispielsweise folgende Beilagen serviert, die teilweise in den entsprechenden Kapiteln dieses Buches zu finden sind.

Corn Chowder (als Vorspeise)
Sweet Potatoes
Cole Slaw
Grünes Gemüse (Erbsen, Bohnen, Rosenkohl)
Cranberry-Kompott
Pumpkin Pie (als Nachtisch)

Aus den Resten des Festessens lässt sich eine leckere → *Thanksgiving Leftover Soup* zubereiten.

Truthahn-Mais-Champignon Füllung

120 g	Butter	1 EL	Salz
250 g	Truthahnleber*	je ½ TL	Pfeffer, Majoran, Salbei und Thymian
2	Zwiebeln – klein gehackt	200 ml	Hühnerbrühe
2	grüne Paprika – gewürfelt	1 grDo	Mais – abgetropft
500 g	Champignons – grob gehackt	250 g	Pecannüsse – klein gehackt
500 g	Stangensellerie mit Blättern – klein geschnitten	8	Scheiben Toast – gewürfelt

Die Truthahnleber klein schneiden und mit Zwiebeln, Paprika, Sellerie, Champignons und Gewürzen vermischen. Die Butter in einen Topf geben, erhitzen und die Mischung darin anbräunen. Die Hühnerbrühe, Mais, Pecannüsse und das Toastbrot hinzufügen und alles gut vermengen. Den Hohlraum des Truthahns damit füllen.
Für einen Truthahn von etwa 4 kg.
**Anstatt Truthahnleber kann auch frische Bratwurst verwendet werden.*

Truthahn-Füllung Wolf Creek Ranch

250 g	Esskastanien	1 TL	Salbei
1 EL	Butter *oder* Öl	1½ TL	Salz
250 g	Truthahnleber*	1 TL	Pfeffer
1	Zwiebel – klein geschnitten	3 EL	Sherry
120 ml	heißes Wasser	8	Scheiben Toast – gewürfelt

Die Kastanien an beiden Seiten aufschlitzen und 15 Minuten bei 250 °C in den Backofen legen. Anschließend die Schale und Haut entfernen, 20 Minuten in Salzwasser kochen und in kleine Stücke schneiden. Die Truthahnleber klein schneiden und in Butter mit den Zwiebeln anbraten. Das heiße Wasser, Salbei, Salz, Pfeffer, Sherry, die Kastanien und die Toastbrotwürfel hinzugeben. Alles gut vermengen und den Hohlraum des Truthahns damit füllen. Die Füllung ist für einen Truthahn von etwa 4 bis 6 kg gedacht.
**Anstatt Truthahnleber kann auch frische Bratwurst verwendet werden.*

Truthahn-Reis-Kasserolle

500 g **Truthahnfleisch – gewürfelt**
500 g **Naturreis – fertig gekocht**
2 **Zucchini – in Scheiben**
80 g **Cheddar – geraspelt**
2 **Tomaten – gestückelt**
1 **grüne Paprika – in Stücken**

Sauce:
250 ml **Sauerrahm**
80 g **Zwiebeln – fein gehackt**
½ TL **Salz**
¼ TL **Oregano**
Pfeffer
180 g **Cheddar – geraspelt**

Den Reis in eine gefettete Auflaufform geben. Alle anderen Zutaten darauf verteilen. Die Zutaten für die Sauce, außer dem Käse, gut vermischen und über dem Inhalt in der Auflaufform gleichmäßig verteilen. Den Käse darüberstreuen. Etwa 30 Minuten bei 175 °C backen.

Old Cap's Campfire Dove

In der Zeit, als Old Cap als junger Mann in seinem Blockhaus in Nord-New Mexico lebte, musste er sich, bis auf wenige Dinge, die er bei seinen seltenen Besuchen in der Zivilisation erstand, hauptsächlich mit dem versorgen, was die Natur ihm gab. Dazu gehörten auch Vögel verschiedenster Art wie Truthahn, Enten, Gänse, Rebhuhn, Fasanen, Schnepfen oder auch Tauben. Die kleineren Vögel bereitete er gerne nach dem folgenden Rezept zu.

2 **Tauben *oder* andere Vögel**
4 **lange Scheiben Speck – dünn geschnitten**
4 **Wildzwiebeln – *oder* andere**
Salz und Pfeffer

Die Tauben innen und außen mit Salz und Pfeffer einreiben und kleine Zwiebeln, falls vorhanden, in die Taube legen. Jede Taube in zwei Speckstreifen einwickeln und diese mit Faden oder Draht festbinden. Die Tauben auf einen Drehspieß stecken und über dem vorgeheizten Grill oder dem Lagerfeuer platzieren. Die Fettpfanne darunterschieben (falls möglich) und die Tauben etwa 30 Minuten grillen. Zwischendurch mit dem heruntertropfenden Fett bestreichen.
Steht kein Grill zur Verfügung, kann man die Tauben auch im Backofen bei 200 °C ungefähr 30 Minuten über einer Fettpfanne backen.
Für 1 Person

Great-Grandpa John's Wild Duck

1	Wildente		frische Thymianzweige
	frische Rosmarinzweige	1 EL	Salz

Die Enten entlang des Rückgrats einschneiden und den Brustknochen nach unten drücken, bis die Ente flach liegt. Rundherum mit den Thymian- und Rosmarinzweigen spicken und salzen. Mit der Haut nach unten grillen, bis die Ente eine schöne braune Farbe hat. Dann umdrehen und grillen, bis das Fleisch medium ist. Nicht übergaren, da Wildenten sonst hart und trocken werden.
Für 2 Personen

Ente mit Wildreis-Füllung

1	große Ente	1 TL	Bohnenkraut – fein gehackt
	Innereien der Ente	2 EL	Petersilie – fein gehackt
500 g	Wildreis – gekocht	2 EL	Mehl
100 g	Pinienkerne	¾ l	Wasser
2	saure Äpfel – in kleinen Stücken		Sour Cream bei Bedarf
1	Zwiebel – klein gehackt		Salz und Pfeffer

Wildreis, Pinienkerne, Äpfel, Zwiebeln und Gewürze vermischen und kräftig mit Salz und Pfeffer abschmecken. Die Ente mit der Reismischung füllen und zunähen oder zustecken. Bei 165 °C mit der Brustseite nach unten etwa 60 Minuten im Backofen braten. Die Ente wenden, mit Bratenflüssigkeit bestreichen und eine gute weitere Stunde braten. Die Ente ist gar, wenn beim Anstechen mit einer Nadel klarer Saft aus dem Schenkel austritt. Während die Ente brät, die Innereien mit Salz in dem Wasser zu einer Brühe kochen. Nach dem Braten den Bratensatz mit der Brühe aufkochen, salzen und pfeffern und nach Belieben andicken und evtl. mit Sour Cream verfeinern.

Wild

Da in den meisten Staaten der USA jeder auf seinem eigenen Land das Jagdrecht besitzt und auch Jagdlizenzen für öffentliches Land meist unproblematisch zu erwerben sind, kommen Wildgerichte recht häufig auf den Tisch.

Wildfleischbällchen

1,5 Kilo	**Wildfleischreste**	**60 ml**	**Milch**
500 g	**rohe Kartoffeln – gerieben – sehr fein gehackt**	**60 g**	**Butter**
1	**Zwiebel – gerieben**	**625 ml**	**Wasser**
1,5 TL	**Salz**	**2–3 TL**	**Mehl**
½ TL	**Pfeffer**	**500 ml**	**Sour Cream**
1	**Ei**		**Koriander – fein gehackt**

Fleisch, Kartoffeln, Zwiebeln, Eier, Milch, Salz und Pfeffer miteinander vermischen und anschließend zu walnussgroßen Bällchen formen. Die Wildbällchen in einer Pfanne in der erhitzten Butter langsam braun werden lassen und 125 ml Wasser hinzufügen. 20 Minuten simmern lassen oder bis sie gar sind. Anschließend die Wildbällchen mit einer Schöpfkelle aus der Pfanne nehmen. Das Mehl mit etwas kaltem Wasser verrühren, zum restlichen Wasser geben, in die Pfanne einrühren und köcheln lassen, bis die Sauce dicklich wird. Die Sour Cream und den Koriander einrühren. Anschließend die Wildbällchen wieder hinzufügen und servieren.

Old Ned's Wild-Chili

Old Ned's Familie kam nach dem Bürgerkrieg, vertrieben durch die Yankees, die auch kleine Familienplantagen ohne Sklavenhaltung erbarmungslos niederbrannten, nach Texas und siedelte sich im Lavaca County an. Die kleine Ranch warf keine Reichtümer ab, doch die Familie hatte ihr Auskommen. Zudem verdienten sich Ned's Großvater und auch Vater bei Brandings, Round-Ups und ähnlichen Events als begehrte Ranchköche etwas dazu.

*Old Ned's einziger Sohn fiel im Vietnam-Krieg und die Kinder seiner verstorbenen Schwester zog es in die Stadt. Als 1995 seine Frau starb, verpachtete er das gesamte Land. Der alte Mann (*1925) lebte von den schmalen Pachterträgen, einem Dutzend Hühnern und dem, was er auf seinem Land jagte. Er galt in der Region nicht nur als guter Jäger, der mehr Wildschweine als jeder andere zur Strecke brachte, sondern ebenso wie sein Großvater und Vater auch als exzellenter Koch, da er aus fast allem eine schmackhafte Mahlzeit zubereiten konnte. Bereichert durch Gemüse und Kräuter aus dem Gemüsegarten, den seine Frau angelegt hatte und den er in ihrem Gedenken sorgsam pflegte. Sein schmales Budget besserte er selbst als 80-jähriger noch auf Ranch-Events mit seiner Kochkunst auf.*

Dieses Chili, bei dem man nicht so begehrte Wildkleinteile oder auch das Herz gut verwenden kann, servierte Old Ned durchaus auch mit Rind- oder Schweinefleisch. Je nachdem, was zur Verfügung stand. Die Bohnen sind nicht zwingend erforderlich, aber strecken das Gericht, falls mehr Gäste als erwartet kommen und machen eben satt, wie Old Ned augenzwinkernd erzählte.

Die Jalapeños können bei empfindsamerem Gaumen durch mildere Chilis ersetzt werden.

1 kg	**Hackfleisch aus Wild – was gerade da ist**	**¾ TL**	**Cayenne-Pfeffer**
		2 TL	**Kreuzkümmel – gemahlen**
2 EL	**Pflanzenöl**	**1 EL**	**Oregano**
1	**große Zwiebel – gehackt**	**1 klDo**	**Kidney-Bohnen – abgetropft**
1	**rote Paprika – kleine Stücke**	**1 grDo**	**geschälte Tomaten**
2	**Jalapeños – fein gehackt**	**1 klDo**	**Tomatenmark**
6	**Knoblauchzehen – zerdrückt**	**875 ml**	**Brühe aus Wildknochen**
1,5 EL	**Chilipulver**	**1,5 TL**	**Salz**

Das Öl in einer Pfanne erhitzen und Zwiebeln, Paprika und Knoblauch darin weich dünsten. Das Fleisch hinzufügen und anbraten, bis es krümelig wird, und mit dem Wasser ablöschen. Die restlichen Zutaten einrühren und aufkochen lassen. Anschließend die Hitze verringern und das Chili ohne Deckel etwa 60 bis 90 Minuten unter gelegentlichem Rühren köcheln lassen.

Wie zu allen Chilis schmeckt →*Fladenbrot* sehr gut dazu.

North Texas Pecan-Kaninchen

1	Wildkaninchen – in Stücke zerlegt notfalls Hauskaninchen	240 ml	Sour Cream
150 g	frische Pilze – in Scheiben notfalls aus der Dose	2 EL	Mehl
50 g	Speck – fein gewürfelt	100 g	Pecannüsse – gehackt
	Wasser	½ TL	Salz
		½ TL	Pfeffer
		1 EL	Limettensaft

Die Kaninchenteile salzen, pfeffern und in Mehl wälzen. Die Speckwürfel in einer Pfanne auslassen. Die Kaninchenteile hineinlegen, langsam von beiden Seiten goldbraun braten lassen, wieder herausnehmen und warm stellen. Die Pilze im Bratensud kurz anbraten, dann 2 Esslöffel Wasser und 2 Esslöffel Mehl dazugeben und umrühren, bis die Sauce eindickt. Anschließend den Sauerrahm und die Pecan-Nüsse hinzufügen. Etwa 20 Minuten köcheln lassen und dabei gelegentlich umrühren. Kurz vor dem Servieren den Limettensaft zugeben.
Die Kaninchenteile mit der Sauce übergossen servieren.

Hase am Spieß Shelby Ranch

1	Hase, notfalls Kaninchen – küchenfertig	6 EL	Honig
4 EL	Butter – zerlassen	1	Knoblauchzehe – zerdrückt
1	Zitrone – ausgepresst	1 TL	Chilipulver

Alle Zutaten für die Marinade vermischen und eine Stunde kalt stellen. Den Hasen längs auf einen Drehspieß stecken und mit der Marinade einpinseln. Das Tier etwa 50 bis 60 Minuten grillen und dabei gelegentlich mit der Marinade bestreichen. Der Abstand vom Spieß zum Feuer sollte nicht unter 30 cm liegen.

Wildschweinsteaks in Jalapeño-Sauce

2	Wildschwein-Steaks pro Person – 2,5 cm dick – notfalls Schweine-Steaks	100 g	Speck – gewürfelt
120 g	brauner Zucker	2	Jalapeños – fein gehackt
60 ml	Rotweinessig	1	kleine Zwiebel – gehackt
250 ml	Fleischbrühe	1 TL	Koriander – fein geschnitten
			Pfeffer
		1 EL	Maismehl

Den Speck anbraten, alle Saucen-Zutaten außer Maismehl hinzufügen und zum Kochen bringen. Das Maismehl mit etwas kalten Wasser vermengen und in die Sauce einrühren. Die Hitze herunterstellen und alles 15 Minuten köcheln lassen. Gekühlt kann die Sauce 2 bis 3 Tage aufbewahrt werden.
Die Steaks bei mittlerer Hitze grillen. Idealerweise über Mesquite-Holz oder durch Mesquite-Chips aromatisiert. Vor dem Servieren mit Jalapeño-Sauce übergießen.

Wildschweinkeule vom Drehspieß

2 kg	Wildschweinkeule – küchenfertig	1	Zwiebel – fein gehackt
120 ml	Melasse	80 ml	milder Senf
120 ml	Bier	1 TL	Worcester-Sauce
120 ml	Chili-Sauce		Salz und Pfeffer

Die Marinaden-Zutaten gut miteinander vermischen, die Keule damit einpinseln und über Nacht kühl stellen.
Das Fleisch abtropfen lassen und am Drehspieß befestigen. Etwa 100 bis 120 Minuten bei 160 °C grillen. Anfangs kurz bei etwas höherer Temperatur, bzw. näher an der Glut, damit sich eine Kruste bildet. In regelmäßigen Abständen das Fleisch immer wieder mit der Marinade einpinseln.
Nach dem Grillen vor dem Aufschneiden noch etwa 20 Minuten ruhen lassen.

Gebackene Hirschsteaks

4	Hirschsteaks	2 EL	Honig
3 EL	Mehl	240 ml	Sour Cream
4 EL	Butter		Salz und Pfeffer

Die Steaks mit Mehl bestäuben, in 2 Esslöffeln erhitzter Butter von beiden Seiten anbraten und in eine große flache Kasserolle legen. Honig, Salz und Pfeffer vermischen und die Steaks von beiden Seiten damit einpinseln. Anschließend im Ofen bei 150 °C etwa 2 Stunden backen. Die Steaks warm stellen. In einem Topf die restliche Butter erwärmen, 2 Esslöffel Mehl einrühren und die Flüssigkeit aus der Kasserolle hinzufügen. Die Sauce erhitzen, bis sie eindickt, und die Sour Cream langsam einrühren. Die Sauce mit den Steaks servieren.

Wildbraten vom Grill

2 kg	Wildbraten	2 EL	Petersilie – gehackt
250 g	Bacon – in dünnen, langen Scheiben	1 TL	Majoran – gehackt
150 g	Wildpilze – notfalls Champignons – fein gehackt		Butterschmalz
2	Zwiebeln – fein gehackt		Salz und Pfeffer
			Schnüre

Zwiebeln im Butterschmalz glasig werden lassen. Die Pilze hinzufügen und mit Salz, Pfeffer und Majoran würzen. Die Mischung pürieren, die Petersilie einrühren und alles abkühlen lassen. Die Speckstreifen in Größe des Fleischstückes nebeneinander legen und mit der Pilzmischung bestreichen. Den Braten auf einen Drehspieß gesteckt auf die Speckscheiben legen und mit der restlichen Pilzmischung bestreichen. Anschließend mit dem restlichen Speck rundherum bedecken und mit Draht zusammenbinden.

Den Spieß 30 cm über der Glut aufhängen und etwa 40 bis 50 Minuten oder bis der Braten gar ist, von allen Seiten grillen. Das Fleisch soll beim Servieren leicht rosa und nicht ganz durchgebraten sein (Kerntemperatur etwa 60 °C), sonst wird es zäh und ungenießbar.

Den Braten vom Grill nehmen und 15 Minuten ruhen lassen. Den Spieß herausziehen, das Fleisch in Scheiben schneiden und servieren.

Dazu schmeckt →*Grandma Ruth's Cranberry-Dessert* sehr gut.

Fisch

Fischen und Angeln gehören in vielen Regionen Nordamerikas seit den Pioniertagen dazu. Viele Familien besitzen ein Boot, um am nächsten See oder Fluss zu fischen oder zu angeln. Ob mit oder ohne Boot findet man ganze Großfamilien, aber auch Großväter mit ihren Enkeln oder Väter mit ihren Kindern bei dieser beliebten Freizeitbeschäftigung. Häufig verbunden mit Übernachtung im Zelt oder einer gemieteten Hütte, je nach Örtlichkeit. Das Gefangene wird meist vor Ort zubereitet.
Die einfachste Art Fische zu grillen, ist die im Fischgrillkorb, da der Fisch so beim Wenden nicht auseinanderfällt. Soll der Fisch mariniert werden, schneidet man ihn auf jeder Seite schräg zur Längsrichtung drei- bis viermal parallel ein, damit er die Marinade besser aufnehmen und auch gleichmäßiger garen kann.
Bei allen Rezepten wird von küchenfertigen Fischen ausgegangen, d. h. entschuppt und ausgenommen. Viele der hier vorgestellten Rezepte lassen sich ebenso für andere als die angegebenen Fischarten anwenden.
Zu fast jedem gegrillten Fisch passen →Chili-Limetten-Butter, →Limetten-Butter, →Chili-Mayonnaise, →Knoblauch-Mayonnaise, →Limetten-Sauce oder andere leichte →Saucen.

Fisch über dem Lagerfeuer gegrillt

Man kann jeden Fisch, der festes Fleisch hat, am Stock über dem Feuer grillen. Forellen, Zander, kleine Hechte oder was auch immer, werden innen und außen sehr gut gesalzen und vom Maul her auf einen langen, angespitzten grünen Ast gespießt. Das dickere Ende des Astes wird direkt neben dem zu drei Viertel abgebrannten Feuer schräg in die Erde gerammt, sodass der Fisch über der Glut hängt. Ab und zu wenden.
Wenn die Fische gar sind, lassen sich die Flossen leicht herausziehen. Man schält die Fischhaut ab und isst das saftig gebliebene Fleisch. Die Grillzeit beträgt etwa 20 bis 35 Minuten, je nach Größe des Fisches.

Fisch in der Lagerfeuerglut gegart

1	**Forelle *oder* was der Angler pro Person gefangen hat**	**2**	**Zwiebelscheiben**
			Butter
2	**Zitronenscheiben**		**Salz und Pfeffer**

Zwiebelscheiben, Zitronenscheiben und etwas Butter in den Fisch legen. Von innen und außen salzen und pfeffern oder anderweitig würzen und in Alufolie einwickeln. Auf die Glut legen und je nach Größe etwa 10 bis 15 Minuten von jeder Seite garen lassen.

Alternative Zubereitungsmöglichkeiten

- *anstatt in Alufolie den Fisch in feuchtes Backpapier einwickeln. Außen herum noch mehrere Lagen nasses Zeitungspapier verwenden.*
- *das Folien-Fischpaket auf einen nicht zu heißen Grill legen und von beiden Seiten jeweils etwa 10 bis 15 Minuten grillen.*
- *den Fisch in einen Fischkorb legen und bei moderater Temperatur von beiden Seiten jeweils etwa 10 bis 15 Minuten grillen.*

Würzmöglichkeiten

- *die einfache Butter durch →Würzbutter ersetzen.*
- *den Fisch anstatt mit Pfeffer und Salz mit speziellen →Rubs würzen.*
- *den Fisch mit sehr dünnen Bacon-Scheiben umwickeln.*

Kleine Fische in Maisblättern gegrillt

1–2	kleinere Fische ohne Kopf und Schwanz pro Person	Butter
1–2	Maiskolben in Blättern	Salz und Pfeffer

Die Fische innen und außen salzen und pfeffern sowie Butterflöckchen in den Fisch geben. Von einem Maiskolben, der etwa so groß wie der Fisch sein sollte, werden die Hüllblätter der Länge nach auf einer Seite aufgeschlitzt und vorsichtig zurückgestreift. Den Maiskolben herausbrechen, etwaige Maishaare entfernen und den Fisch anstelle des Kolbens hineinlegen. Die Blätter wieder verschließen und mit Draht umwickeln. Die Pakete 10 Minuten in kaltes Wasser legen und von beiden Seiten jeweils 10 bis 15 Minuten grillen, bis der Fisch gar ist.
Die Maiskolben 25 Minuten von allen Seiten grillen und mit Butter und Salz servieren oder mit → *Chili-Butter*, → *Devil's-Butter* oder einer anderen → *Würzbutter*.

Fisch Ruidoso

1	großer Fisch – 800 bis 1.000 g	2	rote Chilis – fein gehackt
		100 g	Butter – Zimmertemperatur
2 TL	grüne Pfefferkörner – sehr fein gehackt	2 EL	Limettensaft
		1 EL	Zucker

Pfeffer, Chilis, Limettensaft, Zucker und Butter zu einer feinen Paste verrühren und zwei Stunden im Kühlschrank durchziehen lassen. Anschließend auf Zimmertemperatur erwärmen. Den Fisch an der dicksten Stelle zweimal diagonal einschneiden, innen und außen mit der Paste einreiben und 20 Minuten kaltstellen. Von jeder Seite etwa 15 bis 20 Minuten grillen, je nachdem wie schwer der Fisch ist. Anschließend mit dem Rest der Chili-Butter servieren.
Am einfachsten ist es, den Fisch in einem Fischbräter zu grillen, da er sich so, ohne zu zerfallen, gut wenden lässt.

Catfish Lake Arrowhead

2	**Catfish (Welse/Waller) je etwa 500 g – ohne Kopf**	**2 EL**	**Senfpulver**
120 ml	**Zitronensaft**	**2 EL**	**Chilipulver**
100 ml	**Öl**	**1 TL**	**Salz**
1	**Zwiebel – sehr fein gehackt**	**½ TL**	**Tabasco Sauce**

Den Rückenknochen entfernen, möglichst ohne dass die Welse in zwei Teile fallen, und die Fische nebeneinander mit der Haut nach unten in eine flache Schüssel legen. Alle Zutaten zur Marinade gut miteinander verrühren und die Hälfte davon über die Fische gießen. Die Welse für 20 Minuten abgedeckt in den Kühlschrank stellen, anschließend umdrehen und nochmals 20 Minuten ziehen lassen.
Währenddessen den Grill vorheizen.
Die Fische mit der Haut nach unten auf den gut gefetteten Grillrost legen und bei mittlerer Hitze etwa 15 Minuten oder bis sie gar sind, grillen. Während des Grillens mehrfach mit der Marinade einpinseln.

Southern Cornbreaded Fish

Im Süden wird Fisch gern mit einer Maispanade überzogen, da diese den Fisch sehr knusprig macht und verhindert, dass er austrocknet. Wichtig ist, den Fisch erst kurz vor der Zubereitung zu panieren, damit die Panade nicht durchweicht.

4	**Forellen *oder* andere Fische – je etwa 300 g**		**Salz und Pfeffer**
60 ml	**Öl**	**8**	**Streifen Frühstücksspeck – fein gewürfelt**
4 EL	**Pinienkerne**	**1**	**Limette – ausgepresst**
150 g	**Maismehl**		**Wasser**

Den Speck unter ständigem Rühren knusprig braten, aus der Pfanne nehmen und beiseitestellen. Das Maismehl, Salz und Pfeffer miteinander vermischen und die Forellen gut von allen Seiten darin wälzen. Das Öl in die Pfanne geben, sodass die Fische im Fett schwimmen. Bei mäßiger Hitze 2 Fische zugleich etwa 4 bis 5 Minuten jeweils von beiden Seiten braten. Aus der Pfanne nehmen und abtropfen lassen. Mit den restlichen Forellen ebenso verfahren. Bacon und Pinienkerne im Öl kurz erwärmen, den Limetten-Saft hinzufügen, einige Sekunden hochkochen und anschließend über die Fische gießen.
Auf die gleiche Art und Weise lassen sich auch Fischfilets zubereiten.

Old Hank's Breaded Fish

1 kg	**Hecht- , Barschfilet** *oder* **ähnliche Fische**	**2 TL**	**Salz**
3	**Eier**	**100 g**	**Mehl**
½ Do	**Bier – etwas abgestanden**	**100 g**	**Maismehl**
			Butter oder Öl

Die Eier schlagen, bis sie schaumig sind. Das Bier und 1 Teelöffel Salz einrühren. In einer anderen Schüssel Mehl, Maismehl und das restliche Salz vermischen. Die Filets erst in die Flüssigkeit tunken, dann in die trockene Mischung und nochmals in die Eiermixtur. In Butter oder Öl braten, bis die Filets goldbraun sind.

Orange-Fish Rio Grande Valley

1 kg	**dick geschnittenes Fischfilet** *oder* **halbierter Fisch**	**3 EL**	**Petersilie – fein gehackt**
3–4	**Orangen – in dicke Scheiben geschnitten**	**3 EL**	**Pecannüsse – grob gehackt – notfalls Walnüsse**
4 EL	**Butter**		**Pfeffer**

2 Esslöffel Butter in einer Pfanne schmelzen lassen. Den Fisch hineinlegen, mit der restlichen Butter bestreichen und mit Petersilie und Pfeffer bestreuen. Die Orangenscheiben auf dem Fisch verteilen und die Nüsse darüber verstreuen. Den Fisch in der geschlossenen Pfanne bei mittlerer Hitze etwa 40 Minuten oder bis der Fisch noch saftig, aber durch ist, garen lassen.

Chili-Fischfilet

1 kg	**Fischfilet**	**250 g**	**Cheddar – gerieben**
200 ml	**Chili-Sauce – mittelscharf**		

Den Ofen auf 200 °C vorheizen. Das Fischfilet in eine flache, gefettete Auflaufform legen, die Chili-Sauce darauf verteilen und mit dem Käse bestreuen. Den Fisch im Ofen 20 bis 30 Minuten, je nachdem wie dick das Filet ist, überbacken.

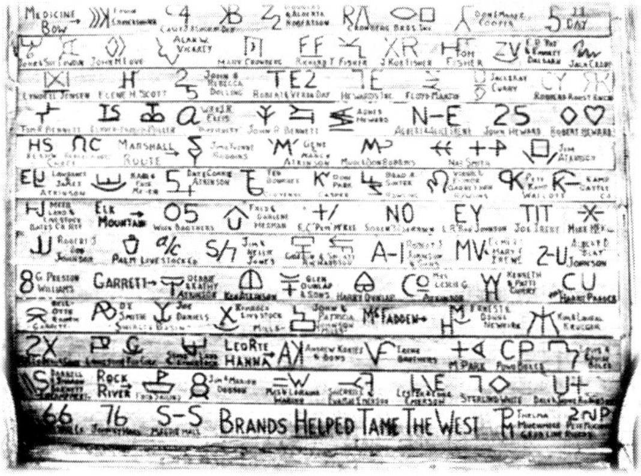

Zucchini-Fisch-Pfanne

500 g	**Fischfilet – in mundgerechte Stücke geschnitten**	**150 g**	**gestreifter Speck – gewürfelt**
3 EL	**Zitronensaft**	**4 EL**	**Mehl**
3	**Zucchini – geschält und in Scheiben geschnitten**	**150 ml**	**Sahne**
1	**Zwiebel – gewürfelt**	**200 ml**	**Fisch-** ***oder*** **Gemüsebrühe**
		½ Bund	**Dill**
			Salz und Pfeffer

Den Fisch mit Zitrone beträufeln, salzen und im Mehl wenden. Den Speck in einer Pfanne knusprig braten und aus dem Fett nehmen. Den Fisch im Bratfett rundum braten, aus der Pfanne nehmen und beiseitestellen. Zwiebeln und Zucchini in der Pfanne im Fett bei niedriger Hitze weichdünsten. Die Sahne und Brühe einrühren und 3 Minuten köcheln lassen. Die Fischstücke vorsichtig in die Pfanne einrühren, mit Salz und Pfeffer würzen und nochmals 3 Minuten köcheln lassen. Vor dem Servieren mit Dill und Speckwürfeln überstreuen.

Hill County Fish-Stew

1 kg	**Fischfilet – groß gewürfelt**	**1 miDo**	**weiße Bohnen**
150 g	**Sellerie – gewürfelt**	**1 EL**	**süßer Essig**
250 g	**Möhren – in Scheiben**	**1 EL**	**Worcester-Sauce**
1	**Zwiebel – klein gehackt**	**½ TL**	**getrocknetes Basilikum**
1	**Knoblauchzehe – gehackt**	**160 ml**	**Wasser**
1 miDo	**Mais**		**Salz und Pfeffer**
1 miDo	**Tomaten**		

In einem großen Topf etwas Öl bei mittlerer Temperatur erhitzen und Zwiebeln, Möhren, Sellerie und Knoblauch dünsten, bis sie weich sind. Mais, Tomaten, Bohnen, Essig, Worcester-Sauce, Basilikum und Wasser hinzugeben. Mit Salz und Pfeffer kräftig würzen und kurz aufkochen lassen. Den Fisch hinzufügen und abgedeckt unter gelegentlichem Umrühren 20 Minuten köcheln lassen.

Blacky's Fishpot

1,5 kg	**Forellen *oder* anderer Fisch ohne Kopf und Schwanz**	**2 TL**	**Chilipulver**
10	**mittelgroße Kartoffeln – in Scheiben geschnitten**	**4 EL**	**Öl**
4	**Zwiebeln – in Scheiben**	**2**	**„handvoll" Maismehl**
			Salz und Pfeffer
			Öl *oder* Schmalz

2 Esslöffel Öl oder ein wenig Schmalz in einem schweren Topf mit Deckel erhitzen. Die Kartoffeln und Zwiebeln darin aufschichten und immer wieder zwischendurch mit den Gewürzen bestreuen. Den Deckel des Topfes schließen und alles 20 bis 30 Minuten bei mittlerer Hitze backen oder bis die Kartoffeln fast gar sind. In einer Pfanne das restliche Öl erhitzen. Die Fische im Maismehl wälzen, salzen, pfeffern und im heißen Öl von beiden Seiten 5 Minuten braten. Die Forellen auf die Kartoffeln im Topf legen und noch ungefähr 10 Minuten weiter backen lassen.
Für 4 bis 6 Personen

Fischpfanne aus dem Backofen

1,5 kg **beliebiger Fisch**
2 **große Zwiebeln – in dickere Scheiben geschnitten**
6 **Kartoffeln – in dickere Scheiben geschnitten**
10 **Scheiben Speck – dünn geschnitten**
250 ml **heißes Wasser**
2 TL **Salz**
Pfeffer

Den Fisch von innen und außen mit Salz einreiben und in eine Pfanne legen. Zwei Drittel der Zwiebeln und Kartoffeln außen um den Fisch verteilen, den Rest in den Fisch legen. Etwas Pfeffer darüber geben. Die Speckscheiben auf dem Fisch verteilen. Das heiße Wasser von der Seite her eingießen und den Fisch bei 190 °C etwa 70 bis 80 Minuten im Ofen auf der mittleren Schiene backen.

Catfish-Balls

1 **Catfish (Wels, Waller) – etwa 1,3 kg**
500 g **gekochte Kartoffeln**
1 **Ei**
Salz und Pfeffer

Die Kartoffeln stampfen. Den Catfish backen oder dünsten. Anschließend die Gräten entfernen und den Fisch in kleine Stücke schneiden. Fisch, Kartoffeln und Ei gut vermischen und mit Salz und Pfeffer würzen. Den Mix zu Kugeln formen und bei 175 °C frittieren, bis die Kugeln goldfarben und kross sind. Auf einem Küchentuch das Fett abtropfen lassen.
Steht keine Fritteuse zur Verfügung, in einer Pfanne mit genügend Öl ausbacken.

Rubs, Würzbutter und Saucen aller Art

Rubs

Selbstgemixte Trocken-Gewürzmischungen (Rubs) erlauben individuelles Würzen, je nach Gusto mehr oder weniger scharf. Vor allem können Allergiker „ihre“ Mischung selbst bestimmen. Die Gewürzmischungen hier eignen sich je nach Zusammensetzung für Fleisch, Eintöpfe oder andere Gerichte und halten sich in einem kleinen Schraubglas meist sehr lange. Alle Zutaten müssen gut miteinander vermischt werden.
Das jeweilige Fleisch wird damit häufig unmittelbar vor dem Grillvorgang eingerieben. Gelegentlich auch einige Stunden vorher, denn je länger das Gewürz einzieht, umso intensiver wirkt es.
Weitere Rubs sind bei den entsprechenden Rezepten zu finden.

Grandpa Tyler's Cowboy-Rub

½ TL	**Salz**	**1 EL**	**Paprikapulver**
1 EL	**Chilipulver**	**1 EL**	**brauner Zucker**

Alle Zutaten gut vermischen und damit das Fleisch einreiben.

Mom Velma's Cajun Rub

Cajun Rubs geben Huhn, Schwein und auch Fisch ein wunderbares Aroma und lassen sich gut in verschlossenen Gläsern aufbewahren. Diese Art der Würzmischung gelangte nach dem Bürgerkrieg nach Texas, als etliche Bewohner Louisianas, deren Besitztümer von den Yankees zerstört und geplündert wurden, sowie ehemalige Sklaven hier eine neue Heimat suchten. Die Zutaten eines Cajun Rubs entstammten der eher einfachen und rustikalen Küche Louisianas und enthielten lokal verfügbare Zutaten. Daher variieren die Mischungen der einzelnen Haushalte in ihrer Zusammensetzung. Insbesondere die Schärfe lässt sich so gut regulieren.

1 TL	**Salz**	**1 TL**	**Zwiebelpulver**
1 TL	**Knoblauchpulver**	**½ TL**	**Cayenne-Pfeffer**
1 TL	**Paprikapulver**	**½ TL**	**Oregano – getrocknet**
1 TL	**Pfeffer**	**½ TL**	**Thymian – getrocknet**

Alle Zutaten gut miteinander vermischen.

Cook Larry's Rub

½ TL	brauner Zucker	1 TL	Rauchpaprika
½ TL	Salz	½ TL	Kreuzkümmel – gemahlen
½ TL	Senfpulver	½ TL	Schwarzer Pfeffer
½ TL	Chilipulver	½ TL	Knoblauchpulver

Alle nicht pulverigen Zutaten im Mörser fein zerstoßen, bevor sie mit den anderen vermischt werden. Gut durchmischen und in einem verschlossenen Glas aufbewahren, da der braune Zucker bei Feuchtigkeit sonst das Gewürz verklebt.

Ortegas's Chili-Rub

4 TL	Paprikapulver – edelsüß	2 TL	Salz
2 TL	Chilipulver	2 TL	Zwiebeln – granuliert
2 TL	Kreuzkümmel – gemahlen	1,5 TL	Knoblauch – granuliert
2 TL	Cayenne-Pfeffer	2 EL	brauner Zucker
1 TL	Pfeffer		

Diese Gewürzmischung eignet sich nicht nur für Fleisch, sondern auch für ein Chili.

Texan Border Lemon Spice

Diese alte Familien-Gewürz-Mischung kann sowohl für Schweinefleisch als auch Fisch und Huhn verwendet werden, versicherte die Besitzerin des „Texan Border Restaurants" in Del Rio.

1 EL	Zitronenpulver *oder* Granulat	6 EL	Salz
6 EL	Zucker	2,5 EL	Pfeffer
1 EL	Paprikapulver		

Alle Zutaten gut miteinander vermischen.

Chili-Mayonnaise

500 ml	**Mayonnaise**	**1**	**Jalapeño – sehr fein gehackt**
1	**Limette – ausgepresst**	**2 EL**	**Korianderkraut – gehackt**
1	**kleine Zwiebel – gehackt**		**Salz und Pfeffer**
1 EL	**rote Paprika – fein gehackt**		

Die Mayonnaise mit dem Limettensaft, Salz und Pfeffer gut verrühren. Die anderen Zutaten hinzufügen und bis zum Verbrauch zugedeckt kühl stellen.
Chili-Mayonnaise schmeckt gut zu Geflügel und Fisch oder auch als Sandwich-Aufstrich.

Louise's Country Mustard

4 EL	**braune *oder* schwarze Senfkörner**	**8 TL**	**Apfelessig**
120 g	**grobgemahlene Senfkörner**	**1,5 TL**	**Salz**
120 ml	**warmes Wasser *oder* Bier**	**2 TL**	**Honig**

Die Senfkörner mit einem Esslöffel leicht andrücken, sodass sie ein wenig angeknackst sind. Alle trockenen Zutaten miteinander vermischen. Anschließend Wasser und Essig hinzufügen. Das Gemisch sieht nun etwas „suppig" aus, was sich ändert, wenn der Senf die Flüssigkeit absorbiert hat. Das Gemisch für zwei Tage zugedeckt bei Zimmertemperatur wegstellen. Diese Zeit benötigt der Senf, um einzudicken und Geschmack anzunehmen. Zu frischer Senf schmeckt bitter.
Nach zwei Tagen den Senf in ein sauberes Glas mit Deckel füllen. Im Kühlschrank hält er sich bis zu vier Monaten.
Louises Vater liebte die Bier-Senf-Variante, bei der das Wasser durch Bier ersetzt wurde. Soll der Senf süßlicher schmecken, kann man anstatt 2 auch 4 Teelöffel Honig hinzufügen.

Ketchup

Ketchup wird als Ergänzung für fertige Gerichte verwendet, aber auch zur Herstellung von BBQ-Saucen und Ähnlichem oder als Geschmackszugabe bei Eintöpfen. Seit Mitte des 19. Jahrhunderts ist Tomaten-Ketchup in den USA verbreitet, wurde jedoch überwiegend aus frischen Tomaten bzw. Dosentomaten selbst hergestellt.
Jeder Haushalt hatte sein eigenes Rezept, dessen Geschmacksrichtung je nach persönlichen Vorlieben variierte.
Dieses modernere Rezept mit Tomatenmark als Basis lässt sich schnell zubereiten.

100 g	**Tomatenmark – 2-fach konzentriert**	**100 ml**	**Wasser**
3 EL	**brauner Zucker *oder* 2 EL Honig**	**2 EL**	**Essig**
		½ TL	**Senf**
			Salz nach Geschmack

Den braunen Zucker in etwas Wasser auflösen und anschließend mit den gut verrührten restlichen Zutaten kurz aufkochen. Etwa 5 Minuten köcheln lassen. Dabei gelegentlich umrühren, damit das Ketchup nicht ansetzt.
Warm oder kalt servieren.
Wer es würziger liebt, kann dieses Grundrezept nach Gusto geschmacklich verändern. Zum Beispiel durch die Zugabe von etwas Piment und/oder einer sehr fein gehackten, kleinen Zwiebel. Soll das Ketchup schärfer sein, kann man Cayenne-Pfeffer oder Chilipulver hinzufügen oder je nach Geschmacksrichtung auch würziges Currypulver.

Wer es ganz klassisch mag, fügt die Gewürze aus einem der Rezepte von „Heinz“ aus dem Jahr 1883 hinzu: Gewürznelken, Cayenne-Pfeffer, Muskatnuss, Zimt und Piment.

Mom Velma's Ketchup

Ketchup ist die Grundlage der meisten BBQ-Saucen. Die Zubereitung von Ketchup ist zwar aufwändig, dafür enthält es jedoch keine künstlichen Aromastoffe oder Konservierungsmittel. Geschmacklich ist das hausgemachte Ketchup daher dem gekauften in der Regel weit überlegen. Notfalls können alle Saucen natürlich auch mit einem fertigen Ketchup zubereitet werden.

3 kg	**reife Tomaten**	**1 TL**	**Salz**
1	**große Zwiebel – gehackt**	**1 TL**	**Senfpulver**
2	**Knoblauchzehen – zerdrückt**	**½ TL**	**Pimentpulver**
250 ml	**Apfelessig**	**½ TL**	**Cayenne-Pfeffer**
200 g	**brauner Zucker**	**½ TL**	**Nelkenpulver**
1 EL	**grüne Pfefferkörner**		

Alle Zutaten in einem großen Topf aufkochen und 35 Minuten unter häufigem Umrühren bei mittlerer Hitze köcheln lassen. Vom Herd nehmen und zur Entfaltung des Aromas 1 bis 2 Stunden ziehen lassen. Die Masse durch ein feines Sieb passieren und das Ketchup in einem sauberen Topf erneut aufkochen und unter gelegentlichem Umrühren 1 bis 2 Stunden köcheln lassen, bis es dickflüssig geworden ist. Das Ketchup in sterilisierte Gläser füllen.
Es hält sich im Kühlschrank ungefähr einen Monat.

Sally's Limetten-Ketchup

500 ml	**Ketchup**	**1,5**	**Limetten – ausgepresst**
½ TL	**Cayenne-Pfeffer**		

Alle Zutaten verrühren und bis zum Servieren kühl stellen.

Butter

Butter war früher in fast jedem Haushalt vorhanden. Gewürzt oder gesüßt konnte sie jedem Gericht eine spezielle Note geben. Egal, ob es sich um Fleisch, Gemüse oder eine Süßspeise handelte.
Schnell zuzubereitende Buttersorten gehörten daher zum Standard-Repertoire der Ranchküche. Egal, ob die Frau des Ranchers, der Cookie oder eine andere Kochhilfe in der Küche stand.

Honig-Butter

1 EL	**Butter pro Person**	**1**	**EL Honig pro Person**

Beides zusammen in eine kleine Pfanne geben, kurz erwärmen, durchrühren und servieren.
Schmeckt sehr gut zu →*Johnny Cakes* oder →*Pfannkuchen*

Orangen-Honig-Butter

125 g	**Butter – Zimmertemperatur**	**2 EL**	**Orangenmarmelade**
2 EL	**Honig**		

Die Zutaten gut in die Butter einarbeiten.
Schmeckt sehr gut zu →*Johnny Cakes* oder →*Pfannkuchen*

Limetten-Butter

100 g	**Butter – Zimmertemperatur**	**½ TL**	**frischer Thymian – gehackt**
5 TL	**Limettensaft**		**Salz und Pfeffer**

Alle Zutaten gut miteinander verrühren. Bis zur Verwendung zugedeckt in den Kühlschrank stellen.
Schmeckt sehr gut zu gegrilltem Fisch.

Pinienkern-Butter

125 g	Butter		etwas Cayenne-Pfeffer
1 EL	Honig		Salz
100 g	Pinienkerne		

Die Pinienkerne in einer Pfanne unter Rühren bis zur leichten Bräunung trocken (ohne Öl) rösten. Die Butter mit Honig, Salz und Cayenne-Pfeffer schaumig schlagen. Die Pinienkerne sehr fein hacken und anschließend zur Buttermischung geben. Gut verrühren und vor dem Gebrauch 12 Stunden lang kühl stellen.

Devil's Butter

250 g	Butter – Zimmertemperatur	2 TL	geriebene Limettenschale
1–2	scharfe Chilis – sehr fein gehackt	1 EL	Petersilie – fein gehackt
½	Limette – ausgepresst		Salz nach Geschmack

Alle Zutaten gut miteinander verrühren und zum Durchziehen mindestens 2 Stunden kalt stellen.
Alternativ kann der Chili notfalls durch ¼ TL Cayenne-Pfeffer und ¼ TL Chilipulver ersetzt werden. Oder, wenn gar nichts anderes da ist, durch ein paar Spritzer Tabasco.
Die Butter schmeckt gut zu Maiskolben oder gegrilltem Fleisch.

Koriander-Butter

100 g	Butter	¼ TL	Kreuzkümmel – gemahlen
8 EL	Korianderkraut – klein geschnitten	⅓ TL	Chilipulver
		1 TL	Salz

Alle Zutaten mit einem Pürierstab so lange verrühren, bis die Butter cremig und der Koriander fein zerhackt ist. Die Butter zu einer Rolle von 3,5 cm Durchmesser formen, in Alufolie einrollen und mindestens eine Stunde in den Kühlschrank legen. Zum Verbrauch in Scheiben schneiden.
Schmeckt gut zu Gegrilltem.

Whiskey-Butter Buffalo Head Ranch

Diese Butter stammt von der ehemaligen Buffalo Head Ranch im Grenzgebiet von New Mexico und dem Texas-Panhandle. Die Ranch ist schon seit Jahrzehnten verkauft, aber ein Nachfahre der ehemaligen Eigentümer lebt noch in Kenton und bringt diese Butter immer zu örtlichen BBQ-Festen mit, wo sie gerne zu Gegrilltem jeder Art verspeist wird. Er selbst liebt sie als Brotaufstrich für seine Sandwiches.
Ursprünglich befand sich kein Whiskey in dieser Butter. Doch eines Tages kippte die Whiskeyflasche auf dem Tisch der Cowboys beim Essen um, sodass sich Whiskey in die Butterschale ergoss. Da es damals nicht üblich war, etwas wegzuwerfen, wurde sie mit dem Whiskey angereichert gegessen. Den Männern gefiel der Geschmack so gut, dass sie verlangten, dass die Butter zukünftig nur noch mit dieser Zutat zubereitet würde.
Die Butter schmeckt jedoch auch ohne den Whiskey sehr lecker.

250 g **Butter – zimmerwarm**
1 **rote Zwiebel – fein gehackt**
50 g **Speck – fein gewürfelt**
1 **Knoblauchzehe**
1 EL **Honig**
1–2 EL **Whiskey**
Salz und Pfeffer

Den Speck in einer Pfanne anrösten. Zwiebeln hinzufügen und anschwitzen. Etwas abkühlen lassen, dann beides zur Butter geben und auch die restlichen Zutaten hinzufügen. Salz und Pfeffer nach Geschmack. Alles oder per Hand gut verrühren.
In eine Schale füllen und bis zum Gebrauch in den Kühlschrank stellen.

Simple Old Fashioned Dip

120 ml **Mayonnaise**
60 ml **Ketchup**
½ TL **Knoblauchsalz**
¼ TL **Worcester-Sauce**
½ TL **schwarzer Pfeffer**

Alles gut verrühren und eine halbe Stunde im Kühlschrank ziehen lassen.
Dieser Dip schmeckt fast zu allem.

Guacamole

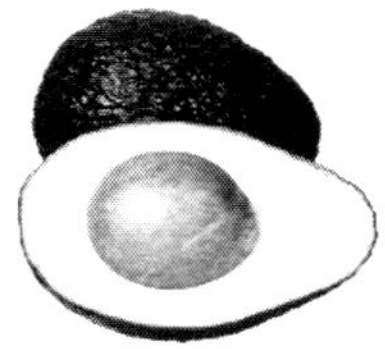

Guacamole ist eine aus Mexiko stammende Avocado-Creme, die in fast jedem Haushalt etwas anders zubereitet wird. Die Creme war in ihrer einfachsten Form bereits vor 500 Jahren unter den Azteken beliebt. In den ehemals mexikanischen Staaten New Mexiko und Texas ist sie aus der Küche nicht mehr wegzudenken. Guacamole schmeckt gut als Beilage zu Fleischgerichten zusammen mit Tortillas oder Fladenbrot, aber auch als einfacher Brotaufstrich.
Wichtig ist, dass die Avocado auch wirklich reif ist. Die Avocado wird halbiert, der Kern herausgelöst, das Fruchtfleisch mit einem Teelöffel aus der Schale geholt, anschließend zerdrückt und mit den jeweiligen Zutaten vermischt.
Die Zugabe von Limetten- oder Zitronensaft ist bei der Zubereitung der Guacamole unabdingbar, da sie sich sonst rasch braun färbt.

Classic Guacamole

1 reife Avocado – zerdrückt
1 EL Limettensaft
1 kleine Zwiebel – fein gehackt
Salz und Pfeffer
Chilipulver– optional

Wer es schärfer mag, kann mit etwas Chilipulver zusätzlich würzen.

Jalapeño -Guacamole

2 reife Avocados – zerdrückt
1 Jalapeño – fein gehackt
1 Tomate – fein gewürfelt
1 kleine Zwiebel – fein gehackt
1 Knoblauchzehe – gehackt
1 TL Limettensaft
2 TL Sour Cream
Salz

Tabasco-Guacamole

2 reife Avocados – zerdrückt
1 Tomate – fein gewürfelt
2 EL Zwiebeln – sehr fein gehackt
3 EL Koriander – fein gehackt
2 TL Limettensaft
1–2 Tropfen Tabasco – möglichst Green Pepper
Salz

Marinaden

Wer einmal sein Fleisch selbst mariniert hat, wird kein fertig eingelegtes mehr kaufen wollen. Nicht nur Qualität und Frische sind bei unbehandeltem Fleisch besser zu beurteilen, sondern auch Allergiker profitieren ebenso wie bei den Gewürzmischungen von selbst zusammengestellten Marinaden.
Im Idealfall kann man das Grillgut bereits am Vortag vorbereiten und es über Nacht zugedeckt an einem kühlen Ort marinieren, sodass sich die Aromastoffe gut entfalten können. Die Intensität des Aromas steigt mit der Länge der Einwirkungszeit.
Die beiden folgenden Marinaden kommen aus dem südlichen Teil von Texas und sind sowohl für Schwein als auch Geflügel geeignet.
Viele weitere Marinaden sind bei den entsprechenden Fleischgerichten zu finden.
Man kann das Fleisch auch einfach nur mit Liquid Smoke einpinseln, das dem Fleisch einen leckeren Rauchgeschmack verleiht. Man lässt es 1 bis 4 Stunden einziehen und muss das Grillgut vor dem Grillen nur noch nach Wunsch würzen.

Orangen-Marinade

4 EL **Orangenmarmelade**
4 EL **Ketchup**
4 EL **Erdnussöl *oder* neutrales Öl**
2 EL **Weinessig**
1 **Zwiebel – sehr fein gehackt**
1 EL **Worcester-Sauce**
1 **Spritzer Tabasco**
½ EL **Oregano – getrocknet**

Die Zutaten sorgfältig in einer Schüssel miteinander vermischen. Vor dem Marinieren etwa 12 Stunden im Kühlschrank abgedeckt durchziehen lassen. Am nächsten Tag noch einmal aufrühren und das Fleisch darin einlegen und 60 Minuten abgedeckt kühl stellen.

Orange-Chili-Marinade

6 EL **heißes Wasser**
50 g **Pecannüsse – fein gehackt**
2 **Knoblauchzehen – gehackt**
1 **roter Chili – gehackt**
3 EL **Orangenmarmelade**
1 EL **brauner Rohrzucker**
3 EL **Weißweinessig**
2 EL **Worcester-Sauce**
3 EL **Öl**
1 TL **Salz**
½ TL **Pfeffer**

Alle Zutaten miteinander gut vermischen. Das Fleisch in eine Schüssel legen, mit der Marinade übergießen und zwei Stunden abgedeckt in den Kühlschrank stellen.

Gravy

Die ersten Siedler durchlebten teilweise schwere Zeiten und kämpften nicht selten um die nackte Existenz. Entsprechend der jeweiligen Lage waren dann auch die Vorräte meist nicht sehr üppig und häufig stellten Kartoffeln mit Pökelfleisch die tägliche Mahlzeit dar. War selbst das ausgegangen, wurde aus Speck, kleinen Fleischresten oder erjagtem Kleingetier eine Sauce gekocht und über Kartoffeln oder Kartoffelbrei gegossen. Wenn selbst diese nicht verfügbar waren, kamen *→Biscuits* *oder* *→Maisbrot* *auf den Tisch und die fertige Sauce wurde mit klein gehackten, hart gekochten Eiern angereichert.*
Auch heute noch steht in jedem Restaurant des Südwestens zu jeder Mahlzeit als Beilage „Biscuits and Gravy“ auf der Karte.

Pioneer Gravy

150 g **Speck – feingewürfelt**
2 EL **Weizen-** ***oder*** **Maismehl**
Salz und Pfeffer
500 ml **Milch**

Ergänzung für schlechte Zeiten
4 **hartgekochte Eier – kleingehackt**

Den Speck in einer Pfanne auslassen, braun werden lassen und aus der Pfanne nehmen. Das Mehl im Speckfett anschwitzen, salzen und pfeffern, die Milch langsam hinzufügen und unter Rühren auf kleiner Flamme zu einer dicklichen Sauce kochen. Den gebratenen Speck anschließend in die Sauce geben.

Onion Gravy

	Speck, fette Fleischreste *oder* **anderes – fein gewürfelt**	**2 EL**	**Mehl**
2	**Zwiebeln – fein gehackt**	**500 ml**	**Fleischbrühe**
3 EL	**Zucker**	**1 EL**	**Essig**
			Salz und Pfeffer

Den Speck oder das fette Fleisch in einer Pfanne anbräunen und herausnehmen. In dem Fett die Zwiebeln leicht anbräunen und bei niedriger Hitze weich werden lassen. Den Zucker darauf verstreuen und umrühren. Das Mehl einrühren und die Fleischbrühe und den Essig hinzufügen. Das Ganze ohne Deckel unter Rühren köcheln lassen, bis es eindickt. Mit Salz und Pfeffer abschmecken.

Jalapeño-Cheese-Sauce

Das Rezept stammt von der Cross Tree Ranch, 40 Meilen von San Angelo entfernt. Diese Sauce zusammen mit Kartoffeln oder Süßkartoffeln gehörte zum erklärten Lieblingsessen von Pater Benedictus, der sich Ende des 19. Jahrhunderts einmal wöchentlich mit seinem Einspänner auf den Weg machte, um die Kinder der Cross Tree Ranch und die ihrer Nachbarn zu unterrichten. Die Mädchen und die kleineren Jungs schliefen dann zusammen auf dem Dachboden der Scheune. Die älteren Knaben im Jungenzimmer, der Pater übernachtete im Mädchenzimmer der Ranch.
Waren jahreszeitbedingt keine Kartoffeln verfügbar, wurde die Sauce mit Nudeln, die leicht herzustellen waren, serviert.

1	**Jalapeños – fein gehackt**	**200 g**	**Cheddar**
1	**roter Chili – fein gehackt**	**½ TL**	**Rauchpaprika** *oder* **Chipotle**
40 g	**Butter**		**Prise Cayenne-Pfeffer**
2 EL	**Mehl**		**Salz und Pfeffer**
250 ml	**Milch**		

Die Butter im Topf erwärmen, das Mehl einrühren und anschwitzen lassen. Die Milch langsam einrühren, sodass sich keine Klümpchen bilden. Alles aufkochen lassen und die restlichen Zutaten einrühren. Die Sauce auf kleiner Flamme köcheln lassen, bis der Käse geschmolzen und die Sauce dickflüssig geworden ist. Anschließend sofort servieren
Über die Jalapeños und den Chili kann der Schärfegrad der Sauce gesteuert werden. Auch wenn der Käse einiges an Schärfe wegnimmt, wird man evtl. einen oder zwei Versuche benötigen, um für sich selber den richtigen Schärfegrad zu finden.

Limetten-Sauce

60 ml	**frischer Limettensaft**	**1 TL**	**Salz**
120 g	**Butter – geschmolzen**	**½ TL**	**Pfeffer**
1	**Knoblauchzehe – zerdrückt**		

Limettensaft, Knoblauch, Pfeffer und Salz vermischen und die geschmolzene Butter in kleinen Mengen einarbeiten. Zugedeckt kühl stellen.
Die Sauce kann warm oder kalt serviert werden und schmeckt sehr gut zu Fisch oder Schweinefilet.

Salsa

Salsa ist allgemein das spanische Wort für Sauce, doch verbindet man damit häufig mehr oder minder scharfe Zubereitungsformen aus der mexikanischen Küche. Der Südwesten befand sich lange Zeit unter mexikanischer Herrschaft, sodass etliche Gerichte nicht nur durch das dort wachsende Gemüse, sondern auch durch mexikanisches Personal in die Küche der eingewanderten Rancher Eingang fanden.
Fast jeder Haushalt bereitet seine Salsa ein wenig anders zu, insbesondere auf die Gewürze bezogen, denn Kreuzkümmel und Koriander zum Beispiel fanden nicht bei allen nordeuropäischen Einwanderern sehr großen Gefallen. Daher sind natürlich auch die beiden folgenden Rezepte nur Grundlagen, die man durchaus nach eigenem Geschmack abwandeln kann.

Green-Chili-Salsa Two River Ranch

1 EL	Butter	1	Büschel frischer Koriander – klein geschnitten
1	große Zwiebel – gehackt	1	Knoblauchzehe – gehackt
2 EL	Mehl	¼ TL	Kreuzkümmel – gemahlen
500 ml	Hühnerbrühe		Salz
6–8	grüne Chilis – fein gehackt		

Die Butter bei mittlerer Hitze in einer Pfanne schmelzen. Die Zwiebeln hinzufügen und glasig dünsten. Das Mehl über die Zwiebeln stäuben und die Hühnerbrühe einrühren. Die Hitzezufuhr etwas erhöhen und alle anderen Zutaten, außer dem Salz, hinzufügen. Unter Rühren etwa 15 Minuten köcheln lassen. Anschließend mit Salz abschmecken und warm servieren.

Tomato-Salsa Cotulla

1 kg	sehr reife, rote Tomaten *oder* eine große Dose	1 TL	Oregano – getrocknet
3	grüne Jalapeños – gehackt	½ TL	Kreuzkümmel – gemahlen
1	rote Paprika – gewürfelt	1 TL	Salz
2	rote Zwiebeln – gewürfelt	1 TL	Zucker
2	Knoblauchzehen – gehackt	2 EL	Zitronensaft
½ TL	Koriander – getrocknet		Öl

Den Zucker in etwas Öl in einem großen Topf leicht karamellisieren. Paprika und Zwiebeln einrühren. Alle restlichen Zutaten hinzufügen, umrühren und bei mittlerer Hitze so lange köcheln lassen, bis eine sämige Konsistenz erreicht ist. Den Topf vom Herd nehmen und die Salsa grob pürieren.

Warm oder kalt verbrauchen. Oder die Salsa noch heiß in sterilisierte Schraubgläser füllen und zum Auskühlen auf dem Deckel auf ein Küchentuch stellen, damit die Gläser luftdicht verschließen und die Salsa lange haltbar bleibt.

BBQ-Saucen

Ohne BBQ-Sauce ist ein zünftiges BBQ nicht denkbar. Jede Ranch, Farm oder jeder Haushalt hatte damals seine eigenen Rezepte, die sich geschmacklich unterschieden. Der erste Hersteller einer industriell produzierten BBQ Sauce war Heinz im Jahre 1948. Allerdings wurde BBQ-Sauce bereits 1871 im Bolivar Bulletin in Tennessee zum ersten Mal erwähnt und 1913 ein Rezept dafür in einem Kochbuch veröffentlicht. Geschrieben von Martha McCullogh-Williams, die das Kochen bei ihrer „Black Mammy" gelernt hatte. Es enthielt damals bereits →Tabasco.
Das originale Basisrezept für eine BBQ-Sauce findet heute wohl kaum Anklang.

Original Pioneer BBQ-Sauce

250 g	**Butter**	**1 TL**	**schwarzer Pfeffer**
2 EL	**Senf**		**Salz nach Geschmack**
½ TL	**roter Pfeffer**		**Essig**

Die Butter schmelzen. Senf, die beiden Pfeffersorten und Salz nach Geschmack einrühren. Anschließend so viel Essig hinzufügen, bis die Sauce einen stark sauren Geschmack hat.

Honey-BBQ-Sauce

60 ml	Honig	1 EL	Soja-Sauce
250 ml	Tomatensauce	1	Knoblauchzehe – sehr fein gehackt
60 ml	Zitronensaft		Tabasco nach Geschmack
1 EL	Worcester-Sauce		

Alles gut vermischen und eine Stunde lang ziehen lassen. Bis zum Gebrauch im Kühlschrank aufbewahren.

Grandpa Tyler's BBQ-Sauce

1 grDo	Tomaten	80 ml	Kaffee
1	roter Chili – fein gehackt	50 g	Zucker
2 EL	Weinessig	¼ TL	Rosmarin – fein gehackt
2 EL	Whiskey		Salz und Pfeffer
3 EL	Honig		

Die Tomaten ohne den Saft durch ein Sieb streichen und mit den restlichen Zutaten verrühren. Bei kleiner Flamme etwa 20 Minuten unter ständigem Rühren aufkochen lassen. Nach Geschmack mit Salz und Pfeffer abschmecken.
Die Sauce kann auch zum Bestreichen des Grillgutes verwendet werden, um ein schönes Aroma zu erreichen.

Old Fashioned Butter-BBQ-Sauce

250 ml	Ketchup	60 g	brauner Zucker
250 g	Butter	3 EL	Worcester-Sauce
2	Zwiebeln – fein gehackt	1 EL	Salz
1,5 TL	Chilipulver	⅛ TL	Pfeffer

Die Butter in einem Topf leicht erhitzen. Die Zwiebeln hinzufügen und glasig werden lassen. Die restlichen Zutaten einrühren und alles 5 Minuten simmern lassen.
Die Aufbewahrung im Kühlschrank für ein paar Tage ist möglich. Die erwärmte Sauce kann zum Bepinseln des Fleisches während des Grillens verwendet oder auch zum Fleisch als Sauce gereicht werden.
Die Sauce schmeckt auch sehr gut zu → *Burgern* oder → *Hackbraten.*

Old Henry's Whiskey-BBQ-Sauce

250 ml Bourbon
250 ml Ketchup
250 ml Apfelessig
250 g brauner Zucker
1 große Zwiebel – fein gehackt
2 EL Worcester-Sauce
Tabasco
Liquid Smoke
Salz und Pfeffer

Zwiebeln in heißem Öl glasig werden lassen. Den Zucker hinzufügen und unter ständigem Rühren leicht karamellisieren. Mit Apfelessig und Whiskey ablöschen. Das Ketchup einrühren und bei milder Hitze etwa 30 Minuten oder so lange einkochen, bis eine dickflüssige Masse entsteht. Dabei gelegentlich umrühren. Mit Salz, Pfeffer, Tabasco und Liquid Smoke abschmecken.

Beer-BBQ-Sauce

125 ml Ketchup
125 ml Chili-Sauce
125 ml Bier
1 Zwiebel – grob gehackt
1 Knoblauchzehe – zerdrückt
1 EL Apfelessig
½ Limette – ausgepresst
½ EL Chilipulver
½ EL Pfeffer

Alle Zutaten verrühren und 30 Minuten köcheln lassen. Dabei gelegentlich umrühren. Alles durch ein Sieb gießen. Die zurückbleibenden Zwiebeln und den Knoblauch pürieren, wieder in die Sauce zurückgeben und gut verrühren.

Devils BBQ-Sauce

200 g	Tomatenmark – 2-fach konzentriert	4 EL	brauner Zucker
		1 EL	Worcester-Sauce
200 ml	Wasser	1 TL	extrascharfer Senf
80 ml	Apfelessig	1–2 TL	Tabasco

Alle Zutaten in einen Topf geben und etwa 10 Minuten köcheln lassen, bis die Sauce eindickt.
Die Sauce hält bis zu zwei Wochen an einem kühlen Ort. Passt gut zu →*Burgern* und anderem gegrillten Fleisch.

Texas Ranch Dressing

250 ml	Buttermilch	½ TL	frischer Oregano – gehackt
250 ml	Mayonnaise	2	Lauchzwiebeln – gehackt
2	Knoblauchzehen – gehackt	½	Pfeffer
2 TL	frische Petersilie – gehackt	½ TL	Salz

Alle Zutaten verrühren und mindestens eine Stunde im Kühlschrank ziehen lassen. Die Sauce kann als Salatdressing, aber auch als Sauce zu gebackenen Kartoffeln oder Gegrilltem verwendet werden. In letzterem Fall wird je nach Geschmack die Buttermilch reduziert und die gleiche Menge Mayonnaise zusätzlich verwendet.

Grandma Ruth's Sour Cream Dressing

250 ml	Sour Cream	1	Lauchzwiebel – fein gehackt
2 EL	Essig	3 EL	Zucker
1 EL	Zitronensaft		Salz

Die Zutaten gut miteinander verrühren und eine Stunde in den Kühlschrank stellen.

Sour Cream Horseradish Dressing

250 ml	**Sour Cream *oder* Schmand**	**40 ml**	**Milch**
2 EL	**Meerrettich – frisch gerieben *oder* aus dem Glas**	**2 EL**	**Schnittlauch-Röllchen**
		½ TL	**weißer Pfeffer**

Alles verrühren und zugedeckt mindestens eine Stunde im Kühlschrank ziehen lassen.
Dieses Dressing schmeckt sehr gut als Sauce zu Fisch.

Ranch Dressing Pecan Hill Ranch

6 EL	**Pecanöl – ersatzweise Walnussöl**	**1 TL**	**scharfer Senf**
6 EL	**weißer Essig**	**50 g**	**Pecannüsse – ersatzweise Walnüsse – grob gehackt**
2 TL	**Cranberry-Sirup**		**Salz und Pfeffer**

Das Öl mit Essig, Sirup und Senf glattrühren und mit Salz und Pfeffer abschmecken. Eine halbe Stunde ziehen lassen. Dann nochmals gut durchrühren und die gehackten Pecans hinzufügen, bevor die Sauce unter den Salat gehoben wird.

Texas Nut Dressing

2 EL	**flüssiger Honig**	**1 EL**	**Rosinen – gehackt**
60 ml	**Maiskeim- *oder* Olivenöl**	**1 EL**	**Pecannüsse – gehackt notfalls Walnüsse**
1 EL	**Zitronensaft**		**Pfeffer**
1 TL	**grobkörniger Senf**		

Alle Zutaten miteinander verrühren, für etwa 15 Minuten oder bis zum Gebrauch in den Kühlschrank stellen. Bevor das Dressing über den Salat gegossen wird, nochmals gut durchrühren.

Dessert und anderes Süßes

Aunt Lilly's Pumpkin-Marmelade

An der Geschmacksrichtung von Aunt Lilly's Kürbis-Marmelade schieden sich die Geister. Während die Herren die Brandy-Variante bevorzugten, gewann die Marmelade mit dem ebenfalls von ihr hergestellten Orangen-Likör zweimal den County-Preis für die beste Kürbismarmelade. Ähnlich erfolgreich waren ihre *→Brownies*.

2 kg	**Kürbisfleisch – in 2 cm große Würfel geschnitten**	**2 kg**	**Zucker**
3	**Zitronen – in sehr dünne Scheiben geschnitten**	**1**	**Vanilleschote – das Mark herauskratzen**
1	**Orange – in sehr dünne Scheiben geschnitten**	**250 ml**	**Wasser**
		60 ml	**Orangen-Likör *oder* Brandy**

Das Kürbisfleisch in einen großen schweren Topf füllen und mit der Hälfte des Zuckers vermischen. Mit den Zitrusfrüchten abdecken, den Rest des Zuckers darüber verteilen und über Nacht stehen lassen. Am nächsten Tag das Wasser und das Vanillemark dazugeben, aufkochen lassen und 30 Minuten bei mittlerer Hitze ohne Deckel simmern lassen oder bis eine dickliche Masse entstanden ist. Zwischendurch immer mal wieder umrühren. Den Orangen-Likör oder den Brandy einrühren. Die Marmelade noch heiß in sterilisierte Schraubgläser füllen und zum Auskühlen auf dem Deckel auf ein Küchentuch stellen, damit die Gläser luftdicht verschließen.

Zwiebel-Marmelade

Diese einfach herzustellende Zwiebel-Marmelade war bei den Pionieren sehr beliebt. Sie war lange haltbar und passte nicht nur zu vielen Fleischsorten, sondern wurde in schlechten Zeiten notfalls als Brotaufstrich verwendet. Problemlos konnte man aus der Marmelade auch eine Sauce zaubern oder eine Sauce damit verfeinern.
Der Geschmack des Grundrezepts lässt sich durch schärfere Zwiebeln, die Hinzugabe von Knoblauch, Pfeffer, Honig oder auch anderen Gewürzen nach Wunsch ändern.

1 kg	**milde Zwiebeln – gewürfelt**	**300 g**	**Zucker**
6 EL	**Öl**	**400 ml**	**milder Essig**
	Salz		

Die Zwiebeln in dem Öl andünsten. Salz und Zucker einrühren und den Zucker etwas karamellisieren lassen. Den Essig eingießen und alles aufkochen lassen. Anschließend bei mittlerer Hitze ohne Deckel etwa 40 bis 50 Minuten köcheln lassen. Die Marmelade noch heiß in sterilisierte Schraubgläser füllen und zum Auskühlen auf dem Deckel auf ein Küchentuch stellen, damit die Gläser luftdicht verschließen.
Hält sich geöffnet etwa vier Wochen im Kühlschrank. Ungeöffnet bis zu 6 Monaten.

Green-Chili-Jelly

Im Originalrezept wurden flüssiges Pektin und Zucker verwendet anstatt wie heute üblich Gelierzucker und Saft. Die Schärfe des Gelees lässt sich über mildere Chilisorten oder auch durch Variieren der Chilimenge steuern.

400 g **grüne Paprika – fein gehackt**
120 g **Jalapeños *oder* anderer grüner Chili – sehr fein gehackt**
200 ml **Apfelessig**
1 EL **Zitronensaft**
250 ml **Apfelsaft**
250 g **Gelierzucker 2:1**

Paprika, Chilis, Apfelsaft, Apfelessig und Zitronensaft in einen großen Topf geben, gut umrühren und zum Kochen bringen. Unter ständigem Rühren 5 Minuten lang kochen lassen. Die Mischung durch ein Sieb gießen, um die Kerne und Schalen zu entfernen. Die aufgefangene Flüssigkeit in den Topf zurückgießen und abkühlen lassen. Falls erforderlich mit weiterem Apfelsaft auf 450 ml auffüllen. Den Gelierzucker hinzufügen und die Masse 3 Minuten unter Rühren kochen lassen. Sollte sich Schaum bilden, muss er abgeschöpft werden.
Das frisch gekochte Gelee noch heiß in Schraubdeckelgläser füllen, sofort verschließen und die Gläser zum Auskühlen auf dem Deckel (verkehrt herum) auf ein Küchentuch stellen. So bleibt das Chili-Gelee luftdicht verschlossen und sogar mehrere Jahre haltbar.
Das Green-Chili-Jelly schmeckt sehr gut zu Geflügel oder als Snack auf Frischkäse auf einem Cracker.

Red-Chili-Jelly

Das Red-Chili-Jelly ist eine leckere, feurig leuchtende Variante des Green-Chili-Jelly, bei der lediglich die Zutaten ausgetauscht werden. Die Zubereitung und Verwendung ist die Gleiche.

400 g **rote Paprika – fein gehackt**
120 g **roter Chili – fein gehackt**
200 ml **Himbeeressig**
1 EL **Zitronensaft**
250 ml **Himbeer- *oder* Cranberry-Saft**
250 g **Gelierzucker 2:1**

Orangen-Sirup für Pfannkuchen

Dieses Rezept kommt aus einem kleinen familiengeführten Restaurant in Hidalgo im Lower Rio Grande Valley. Das subtropische Klima des Rio Grande Valley im südlichsten Teil von Texas, in dem sich das Tal wie eine grüne Schneise durch die Landschaft zieht, begünstigt seit jeher den Anbau von tropischen Früchten und insbesondere Zitrusfrüchten jeder Art. Auch wenn man es sich kaum vorstellen kann: Texas ist der drittgrößte Produzent von Zitrusfrüchten in den USA.

180 ml	**Orangensaft – frisch gepresst**	**80 ml**	**Wasser**
160 g	**brauner Zucker**	**½ TL**	**geriebene Orangenschale**

Alles verrühren und zum Kochen bringen. Etwa 20 Minuten köcheln lassen oder bis die Masse eingedickt ist. Heiß servieren und über die Pfannkuchen gießen.

Kirsch-Sirup für Pfannkuchen

1 kg	**Kirschen**	**750 g**	**Zucker**
	***oder* 500 ml Kirschsaft**	**120 ml**	**Mais-Sirup**

Die Kirschen gerade vom Wasser bedeckt köcheln lassen, bis sie matschig werden. Anschließend durch ein Sieb passieren. Den Kirschsaft mit den anderen Zutaten unbedeckt etwa 15 Minuten oder bis die Masse eindickt bei mittlerer Hitze simmern lassen. Heiß servieren und über die Pfannkuchen gießen.

Fried Camp Apples

Äpfel	**Zimt**
Zucker	**Schmalz *oder* anderes Fett**

Die entkernten und geschälten Äpfel in dicke Scheiben schneiden. In einer schweren Pfanne eine dünne Schicht Schmalz oder anderes Fett erhitzen, bis es in der Pfanne brutzelt. Die Apfelstücke nebeneinander in die Pfanne geben und von beiden Seiten goldbraun braten. Dabei öfter umdrehen.
Die Äpfel heiß servieren und nach Geschmack mit Zucker und Zimt bestreuen.

Louise's Apple Dessert

Der Rum gehörte nicht zum eigentlichen Rezept. Aber Louises Urgroßvater kam aus einer Seefahrer-Familie und bestand immer darauf, auch wenn seine Frau heftig protestierte, seiner Portion einen kleinen Löffel Rum hinzuzufügen. Er behauptete, nur so sei das Dessert wirklich gut.

200 g getrocknete Apfelstücke
500 ml Apfelmus
4 EL Honig
200 g Rosinen – klein gehackt
200 g Pecannüsse – klein gehackt
4 EL Rum – falls gewünscht
Schlagsahne – optional

Alles zusammen etwa 15 Minuten köcheln lassen. Falls gewünscht anschließend den Rum einrühren und heiß mit einem großen Löffel Schlagsahne servieren.

Baked Apple Pudding Bandera County

3 große Äpfel – gerieben
160 g Zucker
100 g Butter
100 g Nüsse
1 Ei
130 g Mehl
1 TL Baking Soda
½ TL Zimt
½ TL Muskatnuss

Zucker, Butter und das Ei schaumig schlagen. Die Äpfel mit der Masse gut vermischen. Anschließend die trockenen Zutaten damit verrühren. In eine hitzefeste Puddingform geben und für 30 bis 40 Minuten bei 175 °C in den Backofen stellen. Dazu schmecken Vanillesauce oder Schlagsahne sehr gut.

Grandma Ruth's Cranberry Dessert

400 g **frische Cranberrys** ***oder***
160 g **getrocknete Cranberrys**
240 g **Zucker**
240 ml **Wasser**
2 EL **Zitronensaft**
1 TL **abgeriebene Zitronenschale**

Die getrockneten Cranberrys über Nacht einweichen. Zucker, Wasser und Cranberrys in einem Topf erhitzen, bis der Zucker sich aufgelöst hat. 10 Minuten bei niedriger Hitze köcheln lassen und mehrfach umrühren. Den Zitronensaft und die Zitronenschale einrühren und eine Stunde bei niedriger Temperatur weitersimmern lassen. Wenn das Kompott abkühlt, wird es dicker. Im Kühlschrank aufbewahrt hält es sich mindestens eine Woche.
Das Kompott kann zum Truthahnessen, zu Wild oder auch als Dessert mit Vanillesauce oder einem Tupf Schlagsahne serviert werden.

Orange-Flan Santa Elena Ranch

2 EL **Orangensaft**
3 EL **Orangenmarmelade**
180 g **Zucker**
4 **Eier**
240 ml **Sahne**
300 ml **Milch**
1 **geriebene Orangenschale**

Den Backofen auf 175 °C vorheizen. Den Orangensaft, die Marmelade und 60 Gramm Zucker miteinander verrühren und in einem Topf aufkochen. Die Mischung in einer kleinen, ofenfesten Form auf dem Boden verteilen. Die Eier mit dem restlichen Zucker verrühren und cremig schlagen. Sahne und Milch gut untermischen, am besten mit einem Schneebesen. Die Orangenschale in die Creme rühren und alles vorsichtig in die Form füllen, sodass der Bodenbelag erhalten bleibt.
Die Form in einer mit Wasser gefüllten Schüssel in den Backofen stellen. Den Flan etwa 40 Minuten stocken lassen. Wenn der Pudding ganz abgekühlt ist, stürzen und servieren.

Bread Pudding Kerrs Ranch

8	Scheiben Toast/Weißbrot – getoastet und gewürfelt	240 g	Rosinen
360 ml	heißes Wasser	120 g	Pinienkerne – gehackt *oder* Pecannüsse
120 g	brauner Zucker	120 g	Cheddar– gerieben
60 ml	Melasse	1 TL	Vanillezucker
2	Stangen Zimt	½ TL	Muskat
4	Gewürznelken	120 ml	Apfelsaft
2 EL	Butter		

Den Backofen auf 175 °C vorheizen. Wasser, Zucker, Melasse, Zimtstangen und Nelken in einem Topf aufkochen und anschließend etwa 15 Minuten lang bei mäßiger Hitze zu einer sirupartigen Flüssigkeit eindicken lassen. Die Butter einrühren. In einer Schüssel Brotwürfel, Käse, Rosinen, Pinienkerne oder Pecannüsse, Vanillezucker und Muskat miteinander vermischen und in einer gebutterten Auflaufform verteilen. Die Zimtstangen und Nelken aus dem Sirup entfernen, den Apfelsaft in den Sirup einrühren und alles über die Brotmischung geben.

Bei 175 °C auf der mittleren Schiene ohne Abdeckung etwa 30 Minuten lang backen. Der Brotpudding sollte eine leichte Kruste haben, aber nicht ausgetrocknet sein.

Der Brotpudding kann warm oder kalt mit Schlagsahne serviert werden.

Für 8 bis 10 Personen

Grandpa Tyler's Trail Pudding

1 l	Milch	1 TL	Salz
100 g	Maismehl	½ TL	Zimt
2 EL	Zucker	1	Ei – verquirlt
2 EL	zerlassene Butter	120 g	Rosinen – klein gehackt
240 ml	heller Rübensirup		

Milch zum Kochen bringen, Maismehl langsam einrühren und bei sehr schwacher Hitze unter Rühren eindicken lassen. Vom Herd nehmen und die übrigen Zutaten nacheinander unterrühren. Den Pudding in eine gebutterte Form geben und etwa 60 Minuten im Backofen bei mäßiger Hitze backen oder bis der Pudding in der Mitte fest geworden ist.

Den Pudding warm servieren. Er schmeckt sehr gut mit etwas Schlagsahne obendrauf, auf die die Cowboys damals allerdings verzichten mussten.

Ergibt etwa 8 Portionen

Old Fashioned Fudge

8 EL	Kakao *oder*	120 ml	Milch
80 g	Blockschokolade	2 EL	Butter
400 g	Zucker	1 TL	Vanillezucker
80 ml	Maissirup *oder* Honig		

Zucker, Sirup, Milch und Schokolade so lange köcheln lassen, bis ein Teelöffel der Masse, in kaltes Wasser getaucht, sich zu einem weichen Ball formt. Den Topf vom Herd nehmen und die Butter einkneten. Gut abkühlen lassen. Die Vanille hinzufügen und die Masse cremig schlagen. In eine gefettete Pfanne von 20 x 20 cm füllen und kühlen. In Vierecke geschnitten servieren.
Man kann dieses Fudge noch mit 240 Gramm feingehackten Nüssen anreichern, die zusammen mit dem Vanillezucker zur Masse gegeben werden.

Peanut Bars

120 g	Erdnussbutter	80 g	Milchpulver
120 g	fester Honig	120 g	Erdnüsse – fein gehackt

Die Erdnussbutter erwärmen, bis sie zu einer dicken Suppe wird. Den Honig und das Milchpulver langsam hinzugeben, gut verrühren, vom Herd nehmen und mit den gehackten Nüssen verrühren. Anschließend in eine viereckige Form füllen und in den Kühlschrank stellen.
Wenn die Masse kalt genug ist, in Riegel schneiden und einzeln in Folie wickeln. Kühl aufbewahren!

Pasteten, Kuchen und Gebäck

Pies

Im Gegensatz zu den seit Jahrhunderten in Europa zubereiteten herzhaften Pasteten, bei denen die teigummantelte Füllung aus Fleisch, Geflügel, Wild und anderem besteht, kann sich in Amerika anderes in der Füllung verbergen. Als Pie werden in den USA Gerichte bezeichnet, bei denen eine Mischung von Zutaten auf einem Teigboden mit oder ohne eine Teigdecke gebacken wird. Pies können süße Nachspeise oder deftiges Hauptgericht sein, warm oder kalt serviert werden und mit Obst, Gemüse, Creme, Fleisch oder auch Fisch gefüllt sein. Ihre Gemeinsamkeit stellt die Kruste dar, meist aus Mürbeteig oder Blätterteig, manchmal durch andere Zutaten auch ein wenig abgewandelt. So ist es nicht verwunderlich, dass es hunderte von Pie-Rezepten gibt, sodass man allein darüber ein dickes Buch schreiben könnte.

Grundteig für Pasteten

300 g	**gesiebtes Mehl**	**1 TL**	**Salz**
150 g	**Butter *oder* Kokosfett**	**1**	**großes Ei – verquirlt**
4 EL	**kaltes Wasser**		

Für eine ungedeckte Pastete nur die Hälfte aller Zutaten nehmen, nur das Ei ganz. Mehl, Salz und das Fett gut vermischen. Wasser und Ei in eine Schüssel geben und verrühren. Den Mehlteig hinzufügen und alles gut vermengen, bis sich der Teig zu einer Kugel rollen lässt. Den Teig zu 1 oder 2 Bällen aus jeweils 1/3 und 2/3 des Teigs formen, je nachdem, ob es eine gedeckte oder offene Pastete werden soll. Die Teigbälle auf einer gemehlten Fläche zu jeweils einem Kreis von 3 bis 4 mm Dicke ausrollen. Der erste Kreis mit dem größeren Teiganteil sollte 2,5 cm größer sein, als eine Backform von 23 cm Durchmesser. Den Teig in die Pastetenform drücken. Die zweite Kugel für die Abdeckung ebenfalls zu einem Kreis ausrollen.
Entweder wird jetzt bereits die entsprechende Füllung in die Form gegeben oder der Teig wird zur weiteren Verwendung 10 Minuten bei 230 °C im Backofen vorgebacken.
Bei der gedeckten Pastete die oberen und unteren Teigränder fest zusammendrücken und die Oberfläche des Deckels an ein paar Stellen mit dem Messer einstechen, damit während des Backens der Dampf entweichen kann und nicht den Deckel beschädigt.

Gedeckte Beerenpastete

	fertiger Pasteten-Grundteig	1/4 TL	Salz
700 g	Beeren – was immer da ist	1	Ei – verquirlt
250 ml	Sauerrahm	3 EL	Pecan-, Wal- *oder* Haselnüsse – fein gehackt
5 EL	Mehl	1,5 EL	Butter
300 g	Zucker		
1 TL	Vanille-Pulver		

2/3 des Teigs in eine Pastetenform von 23 cm Durchmesser drücken. Sauerrahm, 2 Esslöffel Mehl, Zucker, Vanillezucker, Salz und das Ei gut miteinander vermischen. Die Beeren vorsichtig einrühren, die Masse auf dem Pastetenboden verteilen. Mit dem ausgerollten restlichen Drittel Teig bedecken. Im vorgeheizten Backofen bei 200 °C etwa 25 Minuten backen. In der Zwischenzeit die Nüsse, die restlichen drei Esslöffel Mehl und die Butter zu Streuseln verarbeiten. Die Pastete kurz aus dem Ofen nehmen, damit bestreuen und weitere 10 Minuten backen. Vor dem Servieren auskühlen lassen.

Pecan-Pie Turner Falls

	fertiger Pasteten-Grundteig	60 g	Butter
3	Eier	1 TL	Vanille-Pulver
120 ml	Honig *oder* Maissirup	200 g	Pecannüsse – gehackt
100 g	brauner Zucker		Pecan-Hälften zum Garnieren

Die Eier schaumig schlagen. Zucker, Honig, Salz, Vanille und gehackte Pecannüsse hinzufügen. Gut miteinander verrühren und in eine mit vorgebackenem Teig ausgelegte Pasteten-Backform von etwa 23 cm Durchmesser füllen. Im vorgeheizten Backofen 10 Minuten bei etwa 220 °C backen. Dann auf 175 °C herunterschalten und 30 Minuten backen oder bis die Pastete gar ist. Die halben Pecannüsse zur Garnierung auf der Oberfläche verteilen.
Gekühlt servieren.

Pumpkin-Pie Saint Jo

Thanksgiving ist ohne eine Kürbispastete nicht denkbar.

Für den Teig:

120 g	**Hafermehl**
240 g	**Mehl**
120 g	**brauner Zucker**
120 g	**Butter**

Zum Garnieren

120 g	**Pecannüsse**
2 EL	**Butter**
120 g	**brauner Zucker**

Für die Füllung

500 g	**Kürbis – klein geschnitten**
400 ml	**Milch**
180 g	**Zucker**
2	**Eier**
½ TL	**Salz**
½ TL	**Ingwerpulver**
1 TL	**Zimt**
½ TL	**gemahlene Nelken**

Alle Zutaten für den Teig vermengen, in eine Pastetenform pressen und 15 Minuten bei 175 °C backen.
Die Zutaten für die Füllung gut miteinander verrühren und auf dem Pastetenboden verteilen. Bei 175 °C 20 Minuten backen. Für die Garnierung Nüsse, Butter und Zucker gut miteinander verrühren und über der Pastete verstreuen. Noch etwa 20 Minuten bei 175 °C weiterbacken.
Die Pastete kann kalt oder warm gegessen werden. Kalt serviert schmeckt sie sehr gut mit Schlagsahne.

RUSTY T RANCH

Apfel-Kürbis-Pastete

Diese Pastete weicht lediglich in der Füllung von der Pumpkin Pie Saint Jo ab und wird ansonsten genauso hergestellt.

500 g	**gekochtes Kürbisfleisch – gestampft**
500 g	**Apfelkompott**
240 ml	**Milch**
80 g	**brauner Zucker**
3	**Eier**
½ TL	**Zimt**
¼ TL	**Ingwer**
¼ TL	**Muskatnuss**
¼ TL	**Salz**

Kürbis, Apfelkompott, braunen Zucker, Zimt, Salz, Ingwer und Muskatnuss vermengen. Die Eier hinzufügen und in der Mischung verrühren. Die Masse in eine Form mit vorgebackenem Teig geben.

Butterscotch-Pie

	fertiger Pasteten-Grundteig	**3 EL**	**Karamell-Sirup *oder* anderen**
3	**Eier – getrennt**	**½ TL**	**Muskatnuss**
200 g	**brauner Zucker**	**2 TL**	**Zucker**
6 EL	**Mehl**		
500 ml	**Milch**	***Karamell-Sirup***	
4 EL	**Butter**	**100 g**	**Zucker**
1 TL	**Salz**	**80 ml**	**kochendes Wasser**
2 TL	**Vanille-Pulver**		

Den Pastetenboden vorbacken. Für den Karamell-Sirup den Zucker in einer Pfanne erhitzen, bis er goldbraun wird. Das kochende Wasser einrühren und köcheln lassen, bis die Flüssigkeit dicklich wird.
Die drei Eigelb mit Zucker schlagen, mit Mehl vermischen und so viel Wasser hinzufügen, dass eine glatte Paste entsteht. Zu der Mischung Milch, Salz und Karamell-Sirup hinzufügen, in einen Topf gießen und köcheln lassen, bis die Masse dicklich wird. Den Topf vom Herd nehmen, Butter sowie 1 Teelöffel Vanille-Pulver zugeben und die Masse auf den Pastetenboden geben.
Den Backofen auf 200° vorheizen. Die drei Eiweiß steif schlagen und mit den zwei Teelöffeln Zucker und dem restlichen Vanilleextrakt verrühren. Die Eiweißmasse auf der Pastete verteilen und 5 bis 6 Minuten backen, bis die Eiweißmasse leicht braun wird.

Cranberry-Muffins

200 g	**Cranberrys *oder***	**1**	**Ei – verquirlt**
100 g	**getrocknete Cranberrys**	**1 TL**	**Backpulver**
150 g	**brauner Zucker**	**60 g**	**geschmolzene Butter**
250 g	**Mehl**	**¼ TL**	**Salz**
180 ml	**Buttermilch**		

Falls getrocknete Cranberrys verwendet werden, über Nacht einweichen. Die Cranberrys grob zerhacken, mit 60 Gramm Zucker vermengen und 30 Minuten ziehen lassen. Alle trockenen Zutaten vermischen. Anschließend die flüssigen Zutaten einrühren. Die Cranberrys hinzufügen und die Masse gut vermengen. Den Teig in eine Muffin-Form geben, dabei jede Mulde nur zu zwei Drittel füllen. Ungefähr 20 Minuten bei 200 °C backen.
Der Teig ergibt etwa 18 Muffins.

Apfel-Nuss-Muffins

60 g	Butter	120 ml	Milch
120 g	weißer Zucker	120 g	brauner Zucker
1	Ei	½ TL	Zimt
300 g	Mehl	120 g	Nüsse – gehackt
¼ TL	Salz	250 g	kleine Apfelstücke
3 TL	Backpulver		

Die Butter und den weißen Zucker cremig schlagen. Das Ei einrühren. Mehl, Salz und Backpulver mit der Milch vermischen. Anschließend die Apfelstücke einrühren. Den Teig in eine Muffin-Form geben, dabei jede Mulde nur zu zwei Drittel füllen. Den Teig mit den Nusstücken, braunem Zucker und Zimt bestreuen.
Auf der mittleren Schiene bei 190 °C 20 bis 25 Minuten backen.
Der Teig ergibt etwa 18 Muffins.

Sour Cream-Berry-Cake

120 g	Butter – Zimmertemperatur	½ TL	Salz
200 g	Zucker	240 ml	Sour Cream
3	Eier	1 TL	Vanille-Pulver
250 g	Mehl – fein gesiebt	400 g	Beeren – welche gerade vorhanden sind
1 TL	Backpulver	100 g	brauner Zucker
1 TL	Baking Soda		

Butter und Zucker miteinander verrühren. Die Eier nacheinander hineinschlagen und jeweils vorher gut mit der Butter-Zucker-Mischung vermengen. Alle trockenen Zutaten miteinander vermischen, in den Teig einrühren und die Sour Cream hinzufügen. Wenn alles gut vermischt ist, kommt als Letztes die Hälfte der Beeren dazu, die sanft unter den Teig gehoben werden.
Die Hälfte des Teigs in eine gefettete Backform (Größe etwa 23 x 32 cm) füllen und glatt streichen. Die restlichen Beeren darüber verteilen und mit dem braunen Zucker bestreuen. Anschließend die zweite Teighälfte darüber verstreichen.
Bei 160° für 45 bis 50 Minuten backen. In der Form 10 Minuten stehen lassen, dann auf einem Rost ganz auskühlen lassen.

Cranberry-Nut-Cake

Dieser Cranberry-Kuchen mit Orangengeschmack stammt von einer kleinen Ranch im Süden von New Mexico. Er gehörte in der Familie unabdingbar zur Weihnachtszeit dazu. Die Urgroßmutter des Ranchbesitzers hatte ihn in der Adventszeit oder zu Weihnachten nicht nur gerne für ihre Familie gebacken, sondern auch, um den Padre, der in dieser Zeit herumfuhr und kleine Andachten auf den Ranches hielt, zu beeindrucken. Er soll niemals auch nur einen Krümel übrig gelassen haben.

250 g **Mehl**
200 g **Zucker**
1,5 TL **Backpulver**
½ TL **Baking Soda**
1 TL **Salz**
100 g **Butter – zimmerwarm**
180 ml **frischer Orangensaft**
1 EL **abgeriebene Orangenschale**
1 **Ei – gut verquirlt**
100 g **Nüsse – fein gehackt**
400 g **frische Cranberrys *oder***
200 g **getrocknete Cranberrys – über Nacht eingeweicht**

Den Ofen auf 175 °C vorheizen. Die trockenen Zutaten miteinander vermengen. Die Butter hinzufügen und gut verrühren, bis der Teig etwas krümelig wird. Den Orangensaft, die Orangenschale und das Ei miteinander verrühren und zu den trockenen Zutaten geben und vermengen. Anschließend die Nüsse und Cranberrys unterheben. Den Teig in eine gefettete Kastenbackform füllen und etwa 70 Minuten backen.
Nach kurzem Abkühlen aus der Form nehmen und erkalten lassen.

Angel Cake

Angel Cake, auch Angel Food Cake genannt, ist ein sehr leichter, heller amerikanischer Kuchen aus einer Biskuitmasse, der traditionell in einer von den Deutschen eingeführten Gugelhupf-Form gebacken wird. Der Name Angel Cake ist in den USA seit etwa 1870 bekannt.

130 g	**Weizenmehl – gesiebt**
300 g	**Zucker**
½ TL	**Salz**
12	**Eier**
1,5 TL	**Backpulver**
2 TL	**Zitronensaft**
1 TL	**Vanille-Pulver**

Den Backofen auf 180 °C vorheizen. Das Mehl, 100 g Zucker und Salz in einer Schüssel vermischen. Die Eier trennen und die 12 Eiweiß in einer Schüssel steif schlagen. Das Eigelb wird für diesen Kuchen nicht benötigt und kann anderweitig verwendet werden. Sobald das Eiweiß anfängt zu schäumen, Backpulver, Vanillepulver und Zitronensaft hinzufügen.
Auf höchster Stufe des Mixers die Masse weiter steif schlagen und den restlichen Zucker einrieseln lassen. Die Eiweißmasse sollte eine wolkenähnliche Konsistenz haben. Schlägt man sie zu lange, wird die Masse zu steif.
Die Mehl- und Zuckermischung langsam mit einem Schneebesen vorsichtig unter das steife Eiweiß heben. Den Teig anschließend in eine ungefettete Gugelhupfform geben und den Kuchen auf mittlerer Höhe etwa 45 Minuten backen. Nach 30 Minuten sollte der Kuchen mit einer Alufolie abgedeckt werden, damit die Oberfläche nicht zu dunkel wird.
Den Kuchen auf ein Kuchengitter stürzen und etwa 1 Stunde abkühlen lassen.

Devil's Cake

75 ml	**Wasser**
1 EL	**klarer Honig**
75 g	**halbbittere Blockschokolade – kleingehackt**
150 g	**Butter – Zimmertemperatur**
175 g	**Zucker**
3	**Eier – getrennt**
120 g	**Mehl**
1 TL	**Backpulver**
6 EL	**Kakaopulver – ungesüßt**

Für die Glasur:

150 ml	**Sahne**
175 g	**halbbittere Blockschokolade – kleingehackt**
1 EL	**Puderzucker**
75 g	**Butter – Zimmertemperatur**

Den Backofen auf 180 °C vorheizen. Eine flache, eckige Backform von ungefähr 20 x 20 cm oder eine Springform von 26 cm Ø gut mit Butter einfetten. Wasser und Honig aufkochen, den Topf von der Kochstelle nehmen und die Schokolade einrühren. Butter und Zucker cremig rühren. Erst die Eidotter, dann Mehl, Backpulver und den Kakao hinzufügen. Wenn alles gut vermengt ist, in die inzwischen abgekühlte Schokoladenmasse einrühren. Das Eiweiß steifschlagen und vorsichtig mit der Schokoladenmasse verrühren. In die Form geben und 40 Minuten backen. Den Kuchen in der Form 10 bis 15 Minuten abkühlen lassen, dann aus der Form lösen und ganz auskühlen lassen.
Für die Glasur die Sahne in einem kleinen Topf aufkochen lassen. Den Topf von der Kochstelle nehmen, die Schokolade, den Zucker sowie die Butter hinzugeben und rühren, bis die Schokolade geschmolzen ist. Die Glasur, wenn sie halbflüssig geworden ist, langsam auf den Kuchen gießen, gleichmäßig verteilen und trocknen lassen.
Der Guss wird nicht ganz hart, sondern nur etwas fest und schmeckt sehr fein.

Norma's Beer-Cake

400 g	**Rosinen – klein gehackt**	**½ TL**	**Salz**
200 g	**Pecan-** ***oder*** **andere Nüsse**	**2 TL**	**Baking Soda**
2	**Eier**	**1 TL**	**Zimt**
400 g	**Mehl**	**½ EL**	**Gewürznelkenpulver**
100 g	**Butter**	**480 ml**	**Bier**
360 g	**brauner Zucker**		

Eine Gugelhupf-, oder Kranz-Backform einfetten und bemehlen. Den Backofen auf 175 °C vorheizen. Die Rosinen und Nüsse mit 50 g Mehl verrühren. Butter, Zucker und Eier cremig schlagen, die trockenen Zutaten miteinander vermischen und hinzufügen. Nach und nach das Bier einrühren. Anschließend die Rosinen und Nüsse hinzufügen und den Teig in die Backform geben. 60 Minuten bei 175 °C backen.

Chili-Apfelkuchen

Für den Teig:

100 g	**kalte Butter – in Stücke gehackt**
150 g	**Mehl**
1 EL	**brauner Zucker**
3 EL	**Cheddar – gerieben**
1 Prise	**Salz**

Für die Streusel:

75 g	**Mehl**
75 g	**Pinienkerne – grob gehackt**
60 g	**brauner Zucker**
60 g	**Butter – zerlassen**

Für die Füllung:

4	**große, säuerliche Äpfel – geschält und in Stücke geschnitten**
1	**kleiner, grüner Chili – sehr fein gehackt**
120 g	**weißer Zucker**
60 g	**brauner Zucker**
35 g	**Maisstärke – notfalls Kartoffelstärke**
1 Prise	**Salz**
½ TL	**Zimt**
1	**Zitrone – ausgepresst**

Für den Teig die trockenen Zutaten mit dem Käse mischen und die Butterstücke dazu geben. Alles zu einem Mürbeteig verkneten. Sollte der Teig zu krümelig werden, einen Esslöffel Wasser zugeben. Den Teig kühl stellen.
Den Backofen auf 220 °C vorheizen. Für die Füllung alle Zutaten in einer großen Schüssel gut miteinander vermischen. Den Mürbeteig ausrollen und in einer gefetteten, bemehlten Springform auslegen und einen drei Zentimeter hohen Rand stehen lassen. Die Füllung darauf verteilen.
Für die Streusel Mehl, Pinienkerne und Zucker miteinander vermischen und die flüssige Butter einrühren, bis Streusel entstehen. Die Streusel gleichmäßig auf dem Kuchen verteilen. Etwa zehn Minuten auf der mittleren Schiene bei 220 °C backen, dann auf 190 °C runterschalten und 40 Minuten lang weiter backen.
Nur leicht abkühlen lassen und noch warm mit ungesüßter Schlagsahne servieren.

PITCHFORK LAND & CATTLE CO.

Kuchen aus der Pfanne

Die beiden folgenden Kuchen werden in einer Pfanne mit Deckel gebacken. Dazu sind nur schwere Pfannen geeignet, die eine gute Wärmeleitfähigkeit besitzen. Die Kuchen können auch im Dutch Oven gebacken werden.
Der Pfannendurchmesser bei den Rezepten beträgt in der Regel 26 cm. Bei größeren oder kleineren Pfannen wird der Kuchen entsprechend dicker oder dünner und braucht etwas mehr oder weniger Zeit zum Durchbacken. Auch die Außentemperatur kann die Länge des Backvorgangs beeinflussen.

Helen's Special Chocolate-Cherry-Cake

1	**kleines Glas Kirschen – gut abgetropft *oder***	**7 EL**	**Zucker**
250 g	**frische, entsteinte Kirschen**	**120 g**	**Mehl**
5 EL	**Butter**	**120 ml**	**Milch**
3	**Eier**	**2–3 EL**	**Kakao**
		1 Pck.	**Backpulver**

4 Esslöffel Butter, die Eier und den Zucker in einer Schüssel schaumig rühren. Mit Mehl, Backpulver und Kakao gut vermengen. Anschließend mit der Milch zu einem glatten Teig verrühren. Den restlichen Esslöffel Butter in der Pfanne zerlassen und die Kirschen darin erhitzen. Den Teig über die Kirschen geben und den Deckel auflegen. Den Kuchen bei niedriger Temperatur 15 Minuten backen. Anschließend vom Herd nehmen und 15 Minuten bei geschlossenem Deckel ruhen lassen.

Cook Gary's Apple-Cake

3	**säuerliche Äpfel – geschält, entkernt, in Schnitzen**	**100 g**	**Butter – Zimmertemperatur**
		120 ml	**Milch**
2 TL	**frischer Zitronensaft**	**3**	**Eier**
150 g	**Rohrzucker**	**1 TL**	**geriebene Zitronenschale**
210 g	**Mehl**	**1 TL**	**Zimt**
1 EL	**Backpulver**	**1 M**	**Muskatnuss – optional**

Die Äpfel schälen, entkernen und in Schnitze schneiden. 2 Esslöffel Butter in einer Pfanne schmelzen lassen. Äpfel, 2 Esslöffel Zucker und Zitronensaft in die Pfanne einrühren und einige Minuten dünsten. Die Eier mit dem Zucker schaumig schlagen. Anschließend Mehl, Backpulver, Zitronenschale, Zimt und Muskatnuss dazugeben und gut vermengen. Nach und nach die Milch hinzufügen, zu einem glatten Teig verrühren und alles über die Äpfel geben. Den Teig glattstreichen, den Deckel auf die Pfanne legen und den Kuchen 10 Minuten bei mittlerer Hitze backen. Anschließend auf niedrigste Hitze stellen und 15 bis 20 Minuten weitergaren lassen oder bis der Kuchen durchgebacken ist.

Aunt Lilly's Brownies

160 g	Butter	4	Eier – verquirlt
300 g	Zartbitterschokolade	120 g	Mehl
80 g	Vollmilchschokolade	240 g	Pecan- *oder* Walnüsse
200 g	Zucker	¼ TL	Salz
2 EL	Vanillezucker		

Die Schokolade und die Nüsse klein hacken. Den Ofen auf 175 °C vorheizen. Die Butter mit der Zartbitterschokolade in einem Topf schmelzen lassen. Zucker, Vanillezucker und Salz mit der Masse vermischen. Die Eier langsam unterrühren. Mehl, Nüsse und Vollmilchschokolade hinzufügen. Den Teig in eine flache, gefettete Backform (20 x 28 cm) füllen und 30 bis 35 Minuten oder bis sich der Teig vom Rand löst, bei 175 °C backen.
In der Form auskühlen lassen und stürzen. In ungefähr 4 x 4 cm große Stücke schneiden.

Trail Cookies

80 g	Butter	2 TL	Backpulver
100 g	Zucker	200 g	gehobelte Mandeln
120 ml	heller Sirup	180 ml	Milch
1	Ei	300 g	Rosinen – fein gehackt
200 g	Weizenmehl	100 g	Haferflocken
60 g	geröstete Weizenkeime		

Butter, Zucker, Ei und Sirup gut verrühren. Weizenmehl, 60 ml Milch, Weizenkeime, Backpulver und Salz hinzufügen und gut vermischen. Den Rest Milch hinzugeben. Haferflocken, Rosinen und die Mandeln einrühren. Den Teig in eine gefettete Backform von etwa 22 x 30 cm geben und gut verteilen. 30 Minuten oder bis der Teig gar ist, bei 175 °C backen. In der Backform abkühlen lassen und in riegelförmige Stücke schneiden.

Pecan-Cookies

180 g	**Pecan-** ***oder*** **Walnüsse – klein gehackt**	**1 TL**	**Vanillepulver**
240 g	**Mehl**	**½ TL**	**Backpulver**
60 g	**Puderzucker**	**1 Prise**	**Muskatnuss**
100 g	**Butter**	**1 Prise**	**Salz**

Den Backofen auf 150 °C vorheizen. Butter und Zucker cremig rühren. Die restlichen Zutaten dazugeben und die Masse durchkneten. Bällchen von 2,5 cm Durchmesser formen. Auf einem gefettetes Backpapier verteilen und mit dem Handballen auf ein Zentimeter Höhe platt drücken. 20 Minuten oder bis die Kekse goldbraun sind, backen.

Barbara‘s Sunflower-Cookies

Dieses Rezept stammt von einer kleineren Ranch in Süd-Oklahoma. „Wir Kinder liebten diese Cookies, die es an speziellen Familienabenden gab, wenn Grandpa und Pa wilde Geschichten aus der alten Zeit erzählten und alle in der Stube zu Uncle Johns Fidelmusik um den Tisch tanzten“, erzählte Barbara Hutton, die 1999 mit 91 Jahren starb. Ihr Vater und ihr Großvater hatten sowohl den Comanche-Häuptling Quanah Parker sowie auch einige andere bedeutende Häuptlinge gekannt.

400 g	**Sonnenblumenkerne – geschält**	**2 TL**	**Salz**
720 ml	**Wasser**	**6 EL**	**Maismehl**
		120 ml	**Sonnenblumenöl**

Die Sonnenblumenkerne mit dem Salz im Wasser etwa eine Stunde lang unter gelegentlichem Umrühren köcheln lassen. Die eingekochte Masse pürieren. Das Maismehl unterrühren, sodass ein fester Teig entsteht. Auf Zimmertemperatur abkühlen lassen.

Aus dem Teig flache, runde Kekse formen. Das Öl in einer Pfanne erhitzen und die Kekse auf beiden Seiten darin braun backen. Auf Küchenkrepp legen und das Öl abtropfen lassen.

Peanutbutter-Cookies

225 g	Butter	400 g	Mehl
180 g	brauner Zucker	1 TL	Backpulver
180 g	weißer Zucker	½ TL	Baking Soda
240 g	Erdnussbutter	½ TL	Salz
2	Eier	60 g	Erdnüsse – grob gehackt
1 TL	Vanille-Pulver		

Den Backofen auf 175 °C vorheizen. Butter, Zucker und Erdnussbutter gut miteinander verrühren. Die Eier hinzufügen und nochmals gut verrühren. Mehl, Vanille-Pulver, Backpulver, Salz und Erdnüsse zu einem Teig verkneten. Daraus 2 bis 3 cm große Kugeln formen und im Abstand von etwa 5 cm auf ein gefettetes Backblech legen. Die Kugeln mit einer Gabel kreuzweise platt drücken, sodass Cookies von etwa 0,5 Zentimeter Höhe entstehen. Auf der mittleren Schiene 10 bis 12 Minuten goldbraun backen. Da sie schnell verbrennen, gut aufpassen.
Anschließend auf einem Gitter abkühlen lassen.

Cowboy Bars

400 g	kernige Haferflocken	120 g	brauner Zucker
120 g	Pinienkerne	½ TL	Vanillepulver
120 g	Pecannüsse – fein gehackt	120 ml	dunkler Rohrzucker-Sirup
200 g	getrocknete Aprikosen – sehr fein gewürfelt	½ TL	Salz
120 g	Kokosfett	1 TL	Zimt
120 g	Butter	½ TL	Muskat

Den Backofen auf 170 °C vorheizen. Die trockenen Zutaten und Gewürze miteinander vermischen. Kokosfett, Butter, Zucker und Sirup in einem kleinen Topf bei mittlerer Hitze verrühren und köcheln lassen, bis der Zucker sich aufgelöst hat. Anschließend zu den trockenen Zutaten geben und gut vermischen.
Den Teig etwa 1 cm dick auf einem mit leicht befeuchtetem Backpapier ausgelegten Backblech verteilen. Ein weiteres Backpapier oben auflegen und den Teig fest andrücken. Das obere Backpapier entfernen und den Teig auf der mittleren Schiene bei 170 °C etwa 20 bis 25 Minuten backen.
Nach dem Abkühlen noch für eine Stunde in den Kühlschrank stellen und anschließend mit einem scharfen Messer in Riegel schneiden.
Die Riegel sind mehrere Tage haltbar.

Getränke

Pioneer Lemonade

Diese Limonade ist nicht unbedingt für den gesellschaftlichen Teil des heutigen Ranchlebens empfehlenswert, wurde allerdings früher so zubereitetet. Das Getränk war eine Abwechslung zum Wasser, insbesondere in Gegenden, in denen zu manchen Zeiten frisches Obst und Gemüse Mangelware waren. Neben der geschmacklichen Abwechslung enthielt das Getränk auch notwendige Vitamine.
Zwei Esslöffel Apfelessig mit 350 ml Wasser und zwei Esslöffeln Rohrzucker verrühren.

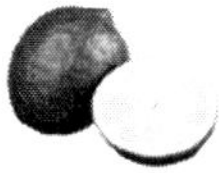

Lynn Campbell‘s Lemonade

500 g Zucker
750 ml Wasser
500 ml Zitronensaft
250 ml Orangensaft
2 TL Zitronenschale – gerieben
2 TL Orangenschale – gerieben
100 g Minzblätter – fein gehackt
viele Eiswürfel
gekühltes Wasser
***oder* Mineralwasser**

Zucker und Wasser zusammen aufkochen, bis sich der Zucker ganz aufgelöst hat. Dann noch fünf Minuten weiter kochen. Die geriebenen Zitronenschalen und die Pfefferminzblätter einrühren. Zugedeckt eine Stunde ziehen lassen und anschließend in den Kühlschrank stellen.
Zum Servieren 80 ml des Getränks in ein hohes, mit drei bis vier Eiswürfeln gefülltes Glas gießen und mit Wasser auffüllen.

Limonade und Limeade

1,5 l Wasser
150 g Rohrzucker *oder* Honig
1 Prise Salz
120 ml Zitronensaft für Limonade
oder
100 ml Limettensaft für Limeade

Wasser, Zucker und Salz in einem Topf zum Kochen bringen und umrühren, bis sich der Zucker oder Honig ganz aufgelöst hat. Mindestens zwei Stunden lang kaltstellen. Erst dann den Zitronen- oder Limettensaft dazugießen und gut umrühren. Mit Eiswürfeln in hohen Gläsern mit einer halben Zitronen- oder Limettenscheibe am Rand servieren.
Die tatsächliche Zuckermenge richtet sich danach, wie süß man es mag!! Das Salz sorgt dafür, dass die Limonade nicht bitter schmeckt!

Fruchtpunch

5	Zitronen	3 l	Wasser
5	Limetten	350 g	Zucker
5	Orangen		

500 ml Wasser mit dem Zucker zum Kochen bringen. Anschließend köcheln lassen, bis eine sirupartige Masse entsteht. Anschließend gut kühlen. Jeweils vier der jeweiligen Früchte auspressen und den Saft durch ein Sieb gießen. Den Fruchtsaft und das restliche Wasser mischen. Mit dem Sirup nach Geschmack süßen. Die Mischung vor dem Servieren in eine geeignete Karaffe oder Punschschale mit Eiswürfeln gießen. Das restliche Obst in halbierte Scheiben schneiden und als Garnitur in die Schale geben.

Ice-Tea

1 l	Wasser	1,5	Zitronen – dünne Scheiben
12 TL	schwarzer Tee		Zucker
1,5	Zitronen – ausgepresst		viele Eiswürfel

Den Tee mit dem Wasser aufbrühen, drei Minuten ziehen lassen und mit dem Zitronensaft vermischen. Den heißen Tee über die Eiswürfel gießen. Der Tee wird sofort kalt und schmeckt sehr erfrischend. Man kann den Eistee auch schon vorher zubereiten, im Kühlschrank kalt stellen und dann mit Eiswürfeln und einer Zitronenscheibe im Glas servieren. Den Eistee nach Geschmack süßen.

Tea Cooler

1,5 l	schwarzer Tee	330 ml	Limetten- *oder* Zitronenlimonade mit Kohlensäure *oder* Ginger Ale
125 ml	Zitronensaft		viele Eiswürfel
125 ml	Orangensaft		
200 g	Zucker		

Den Zucker im heißen Tee auflösen. Den heißen Tee, Zitronen- und Orangensaft miteinander vermischen und stehen lassen, bis das Getränk kalt ist. Anschließend Limonade oder Ginger Ale dazu gießen. Eiswürfel in eine Punschschale oder ein großes Saftgefäß füllen und den Tea Cooler darübergießen.

New Mexico Hot Chocolate

250 g	**Zucker**	**1 TL**	**Zimt**
60 g	**Bitterschokolade – geraspelt**	**1 Prise**	**Salz**
		1 l	**Milch**

Zucker und Schokolade vermischen. Die Milch erhitzen und Zimt und Salz einrühren. Mit einem Schneebesen etwas aufschäumen und anschließend das Zucker-Schokoladengemisch dazugeben. So lange rühren, bis die Schokolade ganz geschmolzen ist und keine Klümpchen mehr zu sehen sind.

Texas Ranch Water

Der genaue Ursprung des auf Tequila-Basis beruhenden Getränkes, „Ranch Water" genannt, das man in West-Texas in Pubs und auf vielen Ranchpartys findet, ist nicht bekannt. Die Einheimischen gossen Tequila, frischen Limettensaft sowie einen Spritzer einfachen Sirups zusammen und füllten es mit der wichtigsten Zutat, dem „Topo Chico Mineralwasser", auf. Dieses sprudelnde Mineralwasser aus einem inaktiven Vulkan in Nord-Mexiko wird seit 1895 in Monterrey/Mexiko in Flaschen abgefüllt. Eine Legende besagt, dass das nährstoffreiche Wasser eine aztekische Prinzessin von einer Krankheit befreit habe, die kein Arzt heilen konnte.
Ranch Water war jahrelang eine Standardbestellung aller Durchreisenden in der White Buffalo Bar des 1927 vom Rancher Alfred Gage gegründeten Gage Hotels in Marathon im Südwesten von Texas, das heute noch existiert. Er fügte dem Getränk wegen des intensiveren Geschmackes auch den Orangenlikör hinzu.

45 ml	**Tequila Silver**	**120 ml**	**Mineralwasser Classic**
60 ml	**Limettensaft**	**1**	**Limettenscheibe**
20 ml	**Orangen-Likör**		

Ein hohes Glas zur Hälfte mit Eiwürfeln füllen. Tequila, Orangen-Likör und Limettensaft hinzufügen. Anschließend mit Mineralwasser auffüllen. Mit einer Limettenscheibe am Glasrand garnieren.
Gelegentlich findet man auch einen Salzrand am Glas.

Texas Two-Step

Ohne Texas Two Step geht es nicht!

Ob im größten Honky-Tonk der Welt bei „Billy Bobs“ in Fort Worth, einem kleinen Saloon, bei großen Veranstaltungen oder auf privaten Partys

Two Step zählt zu den ältesten Western Dances, dessen Ursprung weit ins 19. Jahrhundert zurückreicht. Er basiert auf Tänzen, die die Einwanderer aus Europa mitbrachten, und war ursprünglich eine Mischung aus Foxtrot, One Step und zwei anderen Tänzen. Im Laufe des letzten Jahrhunderts hat der Two Step viele Veränderungen erfahren und trennte sich ganz vom Foxtrot. Begünstigt dadurch, dass im Süden der USA die Country Musik sehr populär war. Insbesondere in Texas tanzten viele Leute den Two Step, der deshalb auch häufig als Texas Two Step oder Country Two Step bezeichnet wird.

Ich tanzte den Texas Two Step das erste Mal am 3. November 1992 im Main Street Pub von Gainesville/Texas. Es war der Abend der Präsidentschaftswahl. Im Pub gab es keinen einzigen freien Platz mehr, obwohl die Anzahl der Tische und Stühle für diesen Abend verdoppelt worden war. Die Gäste verfolgten auf einem großen Fernseher an der Wand die Wahlergebnisse. Demokraten und Republikaner, wobei letzte in der Überzahl waren, friedlich zusammensitzend.

Als feststand, dass der neue Präsident der USA Bill Clinton hieß, erhoben sich alle und sangen die Nationalhymne. Einer meiner Tischnachbarn, ein Republikaner, äußerte anschließend:
“I don’t like that possumface. But it’s ok. He now is the new president. Let’s dance.”
In dem nicht für Tanzvergnügen ausgelegten Raum entstand durch Zusammenrücken der Tische schnell eine Mini-Tanzfläche, auf der sich die Tanzenden drängten. Denn niemand ging nach Hause, weder die Demokraten noch die Republikaner. Der Pub blieb an diesem Abend lange über die in Texas üblichen und erlaubten Zeiten hinaus bis weit nach Mitternacht geöffnet. Ein Abend, den man so schnell nicht vergisst.
Der Pub wurde zwar erst 1982 eröffnet, doch die gesamte Geschichte von Gainesville wurde durch historische Fotos an den Wänden und Gegenstände auf hohen Regalen dokumentiert. Den Main Street Pub gibt es heute nicht mehr. Er schloss seine Pforten Mitte 2020 für immer, da der Besitzer den Pub aufgrund der Corona-Auswirkungen nicht mehr halten konnte.

Texas Two-Step

Keine Ranchparty ohne Texas Two-Step, der zu fast allen Country Songs getanzt werden kann. Beim Two-Step werden vier Schritte zu sechs Musiktakten getanzt. Zwei schnelle Schritte auf einen Takt und zwei langsame Schritte, die zwei Takte umfassen. Die räumliche Länge der Schritte ist gleich. Die Tänzer fangen mit schnell-schnell an.
Der Mann legt die rechte Hand auf das linke Schulterblatt der Partnerin. Diese hakt den Daumen der linken Hand in die Gürtelschlaufe des Partners oder hält die linke Hand auf dessen Taille, Hüfte oder Oberarm. Die linke Hand des Mannes ergreift die rechte Hand der Frau.

Schrittfolge Mann:		**Schrittfolge Frau:**
1. linker Fuß nach vorn	*schnell*	*1. rechter Fuß nach hinten*
2. rechter Fuß nach vorn	*schnell*	*2. linker Fuß nach hinten*
3. linker Fuß nach vorn	*langsam*	*3. rechter Fuß nach hinten*
4. rechter Fuß nach vorn	*langsam*	*4. linker Fuß nach hinten*

Hat man den Rhythmus verinnerlicht, kann man beliebige Figuren tanzen, d. h. sich beim Tanzen drehen, die Füße kreuzen, die Dame drehen oder was gefällt. Auf einer größeren Tanzfläche tanzen die Paare sich ständig vorwärts bewegend außen im Kreis auf der Kreislinie entlang. In der Mitte des Kreises tanzen gelegentlich Paare, die noch nicht so tanzerfahren sind.

Mein allerherzlichster Dank

gilt den vielen netten und aufgeschlossenen Menschen im mittleren Südwesten der USA, deren Bekanntschaft ich seit 1991 machen durfte. Auch wenn hier nicht alle namentlich erwähnt werden können.
Ohne sie wäre es mir nicht möglich gewesen, dieses Buch zu schreiben. Menschen, die mir mit großherziger Gastfreundschaft begegneten, mir die Geschichte ihrer Familie erzählten, die manchmal sehr ergreifend und berührend war, mir ihre Familien-Rezepte gaben und manchmal auch Fotos überließen.
Viele von ihnen leben heute nicht mehr. Doch ich trage die Erinnerung an sie in meinem Herzen, denn die Zeit, die wir gemeinsam verbrachten, obwohl es meist nur kurz war, wird unvergessen bleiben.

Menschen, ihre Geschichten und Rezepte

Geschichten zu einzelnen Gerichten

Bilderverzeichnis

(Einige der Jahreszahlen sind nur geschätzt, da keine genauen Angaben existieren)

Bildnachweis

Ich möchte mich ebenso bei all denen bedanken, die mich bei meiner Arbeit nicht nur mit Bildern jeder Art und dem Zugang zu Archiven, sondern auch mit historischem Fachwissen unterstützt haben. Ob Privatpersonen, Fotografen oder Mitarbeiter von Museen und anderen Institutionen.
Ich danke für die freundliche Genehmigung zur Veröffentlichung.

Museen und Historische Institutionen
Library of Congress, Washington/DC (12, 24, 25, 26, 29, 31, 32, 45, 48, 129, 145, 191) – Institute Of Texan Cultures, San Antonio/TX (11) – Ranch- and Heritage- Center, Lubbock/TX (12, 15, 31) – National Cowboy and Western Heritage Museum, Oklahoma City/OK (10, 13, 16, 17, 28, 32, 72, 74) – University of Texas Libraries, Austin/TX (13, 81) – Oklahoma Historical Society, Oklahoma City/OK (18) – Palace of the Governors Archives, Santa Fe/NM (20, 160) – National Heritage Archives, Washington/DC (21, 24, 31) – Legends of America, Warsaw/KS (22) – Panhandle-Plains Historical Museum, Canyon/TX (33, 51) – Buffalo Bill Historic Center, Cody/WY (90) – Denver Public Library, Denver/CO (99) – North Fort Worth Historical Society, Fort Worth/TX (122) – American Heritage Center, University of Wyoming, Laramie/WY (141) – Pennsylvania States Archive, Harrisburg/PA (159) – Texas State Capitol Austin, Austin/TX (11)

Fotografen
© Jeremy Enlow – Trailer mit Pferden (28)
© Darrel Gulin – Mann im Schnee (73)
© Darryl Jacobs – Chuck Wagon (Cover Backside)

Aus dem Besitz von Privatpersonen
12, 14, 76, 92, 97, 100, 102, 116, 117, 118, 120, 122, 142, 151, 153, 200

shutterstock.com
© Porchanok Anukoolprasert – (Cover Frontside)
© Nong2 (47 + 57 + 144) – © Georgia Evans (59)
© Brent Hofacker (138) – © mgpremier (147) – © 13388953 (148)
© Alexander Sviridov (158) – © maxvoran (180)

depositphotos.com
© urban_light (75 + 130) – © DesignPicsInc (137 + 154)

bigstockphoto.com
© Georgia Evans (27) – © erickson (96) – © Jeanne Provost (125 + 163)
© jrssr (172) – © Steve mc (189)

pixabay.com
© MrMac2 (170)

Kochbücher und mehr aus dem Buffalo Verlag

Die Autorin und Journalistin Ute Tietje, eine begeisterte Fotografin und langjährige erfolgreiche Westerntrainern, bereiste seit 1991 bis heute für ihre verschiedenen Bücher und Artikel in Magazinen teilweise mehrmals im Jahr den nordamerikanischen Kontinent. Insbesondere den Südwesten der USA. Sie verbrachte zudem einen großen Teil des Jahres 2007 in Kanada.
Auf diesen Touren sammelte sie bei unzähligen Kontakten und Einladungen bei der gastfreundlichen Bevölkerung auf Ranches, bei den Nachfahren der Ranch- und Trailköche, in kleinen familiengeführten Restaurants oder auch bei den Ureinwohnern die häufig noch aus Pionierzeiten überlieferten Rezepte.
Die Recherche für alle Bücher der Autorin erfolgt immer vor Ort. So gehörten im Hinblick auf weitere Werke – darunter auch Belletristik – seit 1999 auch Andalusien sowie weltweit viele andere Regionen zu ihren Reisezielen.

Cowboy- und Ranchküche – Ute Tietje

Cowboy- und Ranchküche des mittleren Südwestens

208 Seiten – ISBN 978-3-9468600-3-7

Buffalo Verlag, Verden 2020 – 19,90 €

Die Cowboy-, Ranch- und Chuck Wagon-Küche hat viele Facetten, je nachdem, wo, wann und für wen welches Gericht zubereitet wurde. Außer zu bestimmten Anlässen, zu denen es teilweise recht arbeits- und zeitaufwändige Gerichte gab, überwog eine dem Alltag angepasste, unkomplizierte Küche.
Die zumeist mehr als 100 Jahre alten Rezepte wurden von Cowboys, Ranch-Köchen, Rancherfrauen und den ersten Restaurantbesitzern der damaligen Zeit an ihre Nachkommen weitergegeben. Das Kochbuch ist eine kulinarische Reise in die Vergangenheit von Texas, Oklahoma und New Mexiko, deren Geschichte und Besiedlung sehr unterschiedlich verlief.

Texas-BBQ – Ute Tietje

Grillen wie die Rancher und Cowboys

112 Seiten – ISBN 978-3-946860-40-2

Buffalo Verlag, Verden – 4. Auflage 2018 – 12,90 €

BBQ hat in Texas Tradition und wird ganzjährig zu vielen Gelegenheiten mit verschiedenen Grillmethoden zelebriert. Neben dem Hauptgrillgut bietet dieses Kochbuch nicht nur hundert Jahre alte Rezepte für Rubs, Marinaden und BBQ-Saucen, sondern auch die beliebten Beilagen und Getränke, ohne die ein zünftiges Texas-BBQ nicht denkbar ist.

Indian Cooking – Ute Tietje

Indianische Küche des Südwestens und der Plains

108 Seiten – ISBN 978-3-9809141-1-6

Buffalo Verlag, Verden – 5. Auflage 2010 – 11,90 €

Trotz der leidvollen Vertreibungsgeschichte der einzelnen Indianerstämme bei der Eroberung ihres Lebensraumes durch europäische Siedler haben die überlebenden Stämme ihre Kultur nicht nur teilweise bewahrt, sondern pflegen sie heute wieder mit angemessener Würde und Stolz. Zu ihrer Kultur gehören die traditionellen Gerichte ihrer Vorfahren, die noch heute sowohl zuhause, wie auch auf Familienfeiern und insbesondere auf Pow-Wows zubereitet werden.

Kanadische Küche – Ute Tietje

Kulinarisches Erbe der Pioniere und Indianer Ontarios

112 Seiten – ISBN 978-3-9809141-5-4

Buffalo Verlag, Verden – 3. Auflage 2018 – 12,90 €

Bodenständig, naturnah und gesund präsentiert sich die Küche Ontarios. Mussten die britischen und französischen Pioniere in den Anfängen ihre Essgewohnheiten zunächst noch dem einfachen Leben in der Wildnis anpassen, entwickelte sich allmählich aus den Gerichten der indianischen Ureinwohner und Einwanderer eine vielfältige Küche. Viele Gerichte können statt am heimischen Herd auch auf oder in einem Grill, im Dutch Oven oder zum Teil am Lagerfeuer zubereitet werden.

Nordamerika vegetarisch – Ute Tietje

Kulinarisches Erbe der Pioniere und Indianer

112 Seiten – ISBN 978-3-946860-43-3

Buffalo Verlag, Verden – 2. Auflage 2018 – 12,90 €

Die Einwanderer aus der Alten Welt mussten ihre Essgewohnheiten den harten Bedingungen des neuen Kontinents anpassen und auch bei den Indianern waren vegetarische Gerichte verbreiteter, als man annehmen möchte; selbst bei den nomadischen Jägerstämmen. Vielfältig und naturnah zeigen sich die überlieferten Rezepte aus der Küche der Pioniere und Indianer – vom Frühstück bis zur Nachspeise –, nach denen ihre Nachkommen noch heute die Mahlzeiten zubereiten.

Andalusische Küche – Ute Tietje

Iberische Köstlichkeiten mit maurischem Erbe

108 Seiten – ISBN 978-3-9809141-4-7

Buffalo Verlag, Verden – 2. Auflage 2010 – 11,90 €

Die mediterrane Küche des Südwestens der iberischen Halbinsel, beeinflusst von den Mauren, hat die andalusische Esskultur geprägt. Die Speisen in Andalusien sind – den warmen Temperaturen angemessen – zumeist leicht und gut bekömmlich. Der Einfluss des Orients ist in vielen Gerichten spürbar. Die Mauren kombinierten auf kreative Weise Fleisch und Fisch mit Früchten, Kräutern, Nüssen, aber auch scharfen Gewürzen. So gehören Beigaben von Mandeln, zerstoßenen Nüssen, Pistazien, Pinienkernen, Korinthen, Feigen, Melonen, Orangen und anderen Früchten, ja selbst Schokolade zu Fisch- und Fleischgerichten zu ihrem Erbe.

Camping-Kochbuch – Ute Tietje

210 leckere Rezepte schnell und einfach zubereiten

160 Seiten – 190 Farbbilder – 13 Tabellen – ISBN 978-3-9468600-0-6

Buffalo Verlag, Verden 2019 – 19,90 €

Auch als E-Book

Ob mit dem Zelt, Mini-Camper oder Wohnwagen unterwegs – in diesem Rezeptbuch ist für jeden Outdoor-Fan etwas dabei. Die altbewährten Rezepte aus der Küche der Pioniere und Indianer Nordamerikas eignen sich perfekt für das Kochen in der freien Natur. Vom leckeren Frühstück über den Eintopf, Gegrilltem mit vielfältigen Beilagen bis hin zu köstlichen Kuchen aus der Pfanne für zwischendurch ist alles zu finden. Schnell und frisch mit einfach zu beschaffenden Zutaten zubereitet, ohne viel Firlefanz und trotzdem abwechslungsreich.

Trail-Training – Vom Playday bis zur Meisterschaft

Ute Tietje

220 S. – 240 Grafiken aus der Reiterperspektive– gebunden

ISBN 978-3-9813009-7-0 –Buffalo Verlag 2014 – 24,90 €

Nicht nur das furchtlose, aufmerksame Herangehen an ein Hindernis zählt, sondern auch die Technik, die Auswirkungen auf die Präzision und Geschwindigkeit bei den Abläufen hat. Mit 240 Graphiken aus der Reiterperspektive auf 220 Seiten lädt das Buch ein, sich diese Fertigkeiten anzueignen. Egal ob als Trail-Anfänger auf einem Playday oder bereits auf einem Meisterschafts-Level, der die Bewältigung der anspruchsvollen, von Tim Kimura kreierten Trails verlangt. Ein vielfältiges Spektrum der Verwendungsmöglichkeiten einzelner Hindernisse soll dazu anregen, sich für jeden Level individuellen Bedürfnissen folgend, die richtigen Übungen zusammenzustellen.

100 Übungen für Westernreiter – Band I

Hubertus Ott

108 Seiten – mehr als 100 Graphiken – ISBN 978-3-9809141-2-3

Buffalo Verlag, Verden, 4. Auflage 2014 – 18,90 €

Die Übungen sind in aufsteigendem Schwierigkeitsgrad geordnet, um das Training methodisch organisieren zu können. Klar und verständlich werden die Übungen anhand von Graphiken erklärt, so dass jeder seine Trainingsarbeit abwechslungsreich gestalten kann. Neben Übungen zur Rittigkeit (Übergänge, Gymnastizierung usw.) sind allgemeine Horsemanship- und Trailaufgaben enthalten sowie für das EWU-Westernreitabzeichen Horsemanship- und Geländeaufgaben.

100 Übungen für Westernreiter – Band II

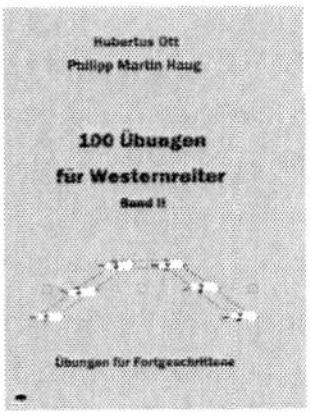

Hubertus Ott und Philipp Martin Haug

144 Seiten – ca. 150 Graphiken – ISBN 978-3-9809141-9-2

Buffalo Verlag, Verden, 3. Auflage 2012 – 18,90 €

Die Übungen dieses zweiten Bandes, die wie in Band I aus der Praxis entstanden sind, richten sich mit ihren anspruchsvolleren Lektionen an den bereits fortgeschrittenen Westernreiter. Sie geben wertvolle Tipps zum Ausbildungs- und Trainingskonzept für das tägliche Training. Hauptthemen sind Übungen zur Gymnastizierung, Galopparbeit, zu fliegenden Wechseln, Stopps und Spins.

100 Übungen für Freizeit- und Turnierreiter

Aus der Praxis für die Praxis – Hubertus Ott und Ute Tietje

128 Seiten – ca. 150 Grafiken – ISBN 978-3-98113009-0-1

Buffalo Verlag, Verden, 4. Auflage 2014 – 18,90 €

Nur stetes Training ebnet den Weg zu entspannten, befriedigenden Ausritten und guter Leistung im Turniersport. Kreative Übungen erhalten die Aufmerksamkeit des Pferdes und motivieren es zur Mitarbeit. Ziel ist es, durch inspirierende Übungen für individuelles Training ohne Langeweile für Pferd und Reiter Korrektheit und Gelassenheit bei der Aufgabenbewältigung zu erreichen.

Lexikon Westernreiten – Praxiswissen von A bis Z

Ute Tietje

180 Seiten – weit über 100 Grafiken - ISBN 978-3-9468604-9-5

Buffalo Verlag, Verden, 2. Auflage 2019 – 16,90 €

Aktuelles Wissen rund um den gesamten Westernreitsport; für Turnier- oder Freizeitreiter, gleichermaßen interessant. Mit mehr als 1.500 Begriffen von „A" wie Appaloosa bis „Z" wie Zero Score und seinen zahlreichen Querverweisen sowie vielen Grafiken lässt dieses Werk keine Frage offen.